◎ 中国现代文化世家丛书

孔庆茂 著

丹桂满庭芳

——无锡钱氏家族文化评传

郑州大学出版社

图书在版编目（CIP）数据

丹桂满庭芳：无锡钱氏家族文化评传/孔庆茂著.—郑州：郑州
大学出版社，2013.12（2014.1重印）
（中国现代文化世家丛书）
ISBN 978-7-5645-0969-9

Ⅰ.①丹…　Ⅱ.①孔…　Ⅲ.①家族－文化研究－无锡市
Ⅳ.①K820.9

中国版本图书馆CIP数据核字(2013)第209902号

郑州大学出版社出版发行
郑州市大学路40号　　　　　　　　　邮政编码:450052
出版人:王　锋　　　　　　　　　　　发行部电话:0371-66966070
全国新华书店经销
河南省瑞光印务股份有限公司印制
开本:710 mm×1 010 mm　1/16
印张:14.125
字数:229 千字
版次:2013年12月第1版　　　　　　　印次:2014年1月第2次印刷

书号:ISBN 978-7-5645-0969-9　　　定价:36.00 元

中国现代文化世家丛书
编辑委员会名单

◎

贯通时空的力量

◎

在中华民族五千年的文明史上，"家"与"国"总是作为一个不可分割的社会有机体相伴而存。历史的长河滚滚向前，更迭不已的朝代衍生的名门望族难计其数。这些显赫家族中的一部分在繁衍存续中以文化为纽带，形成独特的群体，成为文化世家。这些文化世家及其杰出人才为华夏文化的传承与发展发挥过巨大的示范作用，在一定程度上影响着中国历史与文化发展的进程。如，齐鲁大地上以孔子肇始的孔氏世家，享誉儒林两千余年，堪称"中国第一文化世家"；义宁的陈氏家族以陈宝箴、陈三立、陈寅恪而富盛名；杭州钱塘的钱氏家族，因千余年来文风昌盛、人才辈出而被誉为江南望族；安徽桐城方氏家族，自明末至今一直享誉文坛，有"中国近世三百年第一文化世家"之称。

改革开放以后，特别是20世纪90年代以降，中国进入新的文化复兴时期，国人比以往任何时代都更加重视科技、教育和文化，也更加珍视人才。事实表明，代表先进文化最高水平的社会群体，正是那些位居学术最高领域的专家、学者等文化精英。中国现代转型以来，那些文化、思想领域的领军人物，对推动社会变革和学术创新等方面贡献巨大。研究发现，这些专家、学者和精英人物，大都出身于文化世家，有着良好的家庭文化背景和丰厚的学养。文化世家所呈现的人才辈出的现象，成为中国现代史上一道亮丽的景观。

在我国文化典籍中，"世家"一词早有所见，其注解也多有不同。《孟子·滕文公下》中出现"仲子，齐之世家也"①之说；《史记》以"世家"记述王侯诸国大事，有《世家》30篇；欧阳修所撰《新五代史》，沿用司马迁《史记》的体例，书中也开举《列国世家》10篇。我国古代王侯开国，子孙世代承袭，所以称世家。后来，人们将世代显贵、以某种专业世代相承的家族或大家泛称为世家。《现代汉语词典》第6版对"世家"有如下三种解释："封建社会中门第高，世代做大官的人家"；"《史记》中诸侯的传记，按着诸侯世代编排"；"指以某种专长世代相承的家族"。

根据研究和多方因素理解，"世家"当指有特殊职业或专长、社会地位显赫，或代表某一领域、阶层特色并世代传承的家族。考虑到文化的特殊性，文化世家则是文化在家庭、家族中长期积淀，并经过多代人不断赓续、传承而形成的特有文化现象，是以家风、家训、家教等文化单元为标志，以家族杰出人物群体为代表的世代相传的家族体系。

现代文化世家则是源自19世纪末，成长于20世纪初，繁盛于20世纪中期并延续至今的，以家族文化传承为基本特色的不同家族的集成。中国现代文化世家总是以家族的一个或多个、能够影响或引领某一时代或某一领域发展的杰出人物为代表，进而形成一个具有浓郁的家族特色、对社会产生广泛而重要影响的群体。

中国现代文化世家的兴起和成长大致在19世纪末20世纪初至今100年左右的时间。历史地看，20世纪以来的中国文化留给我们许多值得深思的空间。1840至1949年这段充满屈辱的历史，国人经受的痛苦是空前绝后的；然而，这一时期的中国却呈现出文化多姿、人才辈出的局面，

---

① 《孟子》，中华书局，2006年9月北京第1版，第142页。

所谓"国破山河在,家脉代代传"。这是中国根亲文化的魅力和生命力之所在。

实际上,中国现代文化世家的家族脉络根须还可以上溯至更早300余年的明末清初。那时,中国开始出现资本主义萌芽。商业资本的发达不仅带来经济繁荣和人口大量流动,也促使人们思想的开放和转变。封建的小农经济依然占统治地位,人们在获取物质的有限满足后,也伴随着精神上更加新异的追求。特别是到了清朝末年和民国年间,西方列强的入侵和洋务运动的助推,让许多有钱人家对家族的振兴和子女的抚养有了颠覆性的设想。尽管"学而优则仕"的思想根深蒂固,但富家子弟求学读书并非单一的科举及第。由于视野的开阔,富裕人家往往不惜重金聘请名师对子女进行一对一的培养,或让年幼的子女体面地进入私塾,或挤进洋人的教堂,甚至远渡重洋,为的是让子孙后代冲出家门,获取更加宽阔的人生发展空间,去施展抱负,光宗耀祖。这样,官富子弟不仅躲避了战乱的袭扰,更能浸染异域文化,从而成就了大批人才。

晚清至民国时期,中国历史经历了前所未有的动荡局势。一方面,清廷的腐败无能引起民众造反,另一方面,外族入侵加剧了中国的贫弱。相对而言,社会贫富悬殊,阶层急剧分化。当时的局面应当是,寻常百姓不仅生活窘迫,甚至生死难测;富豪家族生活安逸,甚至花天酒地,更可破财消灾,让自己的子弟躲避人祸,享受现代优质教育。即使是落草为寇的军阀,也往往处心积虑地让自己的亲属弃武从文,期望发迹于文化世家。时局动荡,社会倒退,却难以遏制文化的萌动与繁荣。而乱世时期的富家子弟往往不乏有志之士,他们倾心文化功名,客观上造就了家族文化的繁荣,使文化世家风起云涌。

从人才学的角度进行考察,文化世家的整体成长往往又伴随国运兴衰而行,其历程也往往变幻纷呈,瑰丽多姿。中国的历史就是这么怪异,有时越是动荡不安,文化越是奇异多姿。春秋战国时期是这样,三国两晋南北朝是如此,近代的清末民国时期也概莫能外。

20世纪初,中国最后一个封建皇帝被赶出宫廷,伴随频仍的天灾和人祸(战乱和政治腐败),裹挟中西文化泥沙的巨浪席卷中国大地,中国彻底沦为半殖民地半封建社会。民国时期虽时局动荡,军阀混战,但文化却一直未能断裂，反而出现极度繁荣的景观。这一时期，军阀的利益、地盘纷争不断，文化的发展空间相对宽松；军阀的粗野庸俗，反而衬托出文化的精细高雅与尊贵，追求风雅成为时尚，文人地位也随之攀升，这在客观上促进了人才成长和文化繁荣的局面。现有史料足以证明，即使在1928年那样战火纷飞的动荡年月，成立伊始的国民政府"中央研究院"仍然做着遴选院士的长远计划，并终于在20年后的1948年成功地评选出中国首届81名院士。首届院士不乏文化世家子弟，如梁思成、梁思永兄弟，冯友兰、冯景兰兄弟等。这一现象值得我们研究和探讨。

1949年中华人民共和国的成立，标志着一个新时代的到来。由于时局稳定，加上国家恢复生产和经济建设都亟需大批各行各业的人才，许多流亡于海外的专业人才多为旧时代文化世家子弟纷纷回国。他们在参加新中国建设的同时，因为其卓越成就和高尚品德，成为科技文化领域的典范，从而使家族文化成为优化社会环境的重要因素，促进了家族文化繁荣时期的来临。随着时局的动荡变迁，特别是"十年动乱"，许多家庭遭遇灾难，甚至出现家族内部政治斗争，相互陷害，亲戚无存、文化割裂；加上中国计划生育政策的实施、家庭结构的变化，家族文化遭遇内外夹击，影响了家族文化的繁荣与发展。时至今日，已经难以见到中国传统家庭四世同堂、子孙满院的格局，而文化的一度断裂，也从根本上影响了文化世家的发展，我们也很难见到20世纪中期那样的文化世家了！

沉舟侧畔千帆过，病树前头万木春。20世纪90年代至今，随着科教兴国战略的实施，中国对科技和人才的重视程度前所未有，迎来了科技发展和人才成长的最佳机遇。同时，随着时局的稳定、和谐社会的发展，人们在享受现代科技带来的现代化便捷生活的同时，也渴望回归自然，怀念旧日民族文化传统。从20世纪乡土文学受热捧，到同乡会、同学会、恳亲会、姓氏寻根、家谱赓续等活动，无不带有浓郁的中华民族传统文化色彩，同时也为家族文化的凝练创造了良好的氛围。中国家族文化在和谐发展的当世焕发出勃勃生机。

随着人类社会的不断进步，家族文化必然也会有新的发展。虽然嫡亲家族还需等待时日，而松散的家族联系必然也能够成就新兴的文化世家，成为新的人才成长的独特环境。况且，随着国家计划生育政策的调整和综合国力的不断增强、人们生活水平的不断提高、和谐社会的健康发展，新时期中国文化世家也必然会以新的形态展现并在人才成长链中发挥出榜样和示范的作用。

中国现代文化世家根植于中华民族的肥沃土壤，浸润着民族文化的深厚根基，有着鲜明的特色。

中国现代文化世家中的家族文化根基源自中华民族传统文化。我们选入的所有现代文化世家，都弥漫着中华民族的文化氛围。不管是新会的梁氏家族，还是无锡的钱氏家族，或者是唐河的冯氏家族、湘乡的曾氏家族、义宁的陈氏家族，他们首先是以中国传统文化为主要特征的书香门第。这些家族的杰出人物不仅有着良好的家风和深厚的家学渊源，而且其中的杰出代表人物从私塾开始多有大师引路，并大都出国留学，深受异域文化的影响，可谓学贯中西，所以在他们身上总能闪现出新异文化的光芒，通透着文化的锐气。如东至周氏家族中的周一良，在其出生的次日，母亲萧琬即患急病猝然离开人世，幸被父亲周叔弢的德国朋友牧师卫礼贤抱回家让夫人用牛奶喂养了一年才送还周家，再由周一良的三姑母（旧式的文化女性、孀居而又无子女）扶养。周叔弢对儿子煞费苦心，不惜重金请来名宿大儒坐馆家塾。周一良的老师如张忞、毓康、温肃、唐兰等，或为当世鸿儒，或是文化名流，或与"大清天子同学少年"（陈寅恪语），还有外籍教师教学外语，使其通晓英、德、日等国语言，成为中国著名的历史学家。又如，义宁的陈氏家族中，陈寅恪是中国现代最负盛名的诗人之一，还是中国现代历史学家、古典文学研究家、语言学家，被称为清华百年历史上四大哲人之一。其父陈三立是著名诗人，"清末四公子"之一；其祖父陈宝箴曾任湖南巡抚。因陈寅恪身出名门而又学识过人，在清华任教时被称作"公子的公子，教授之教授"。

综观中国现代文化世家展示的家族文化，有着明显的世代传承特色。每一个家庭中的杰出人物都不是单打独斗的，而是呈现出群英荟萃、相映生辉的局面（这一点在梁启超的子女中展示得更加明显）。他们或是科举精英，或是乱世怪才，有人甚至当上了皇帝的老师（翁同龢曾是同治、光绪两代帝师）。这些家族成员文化层次极高，职业新潮，特色明显。比如东至周氏家族中的周馥为一品监生，周学海为两榜进士的良医，周学熙曾任民国时期的财政大员，周明夔（叔迦）为佛学大师，周绍良是著名的红学家、敦煌学家、佛学家、收藏家和文物鉴赏家，周一良是著名的历史学家。又如新会梁氏家族中的梁启超自然是国学大师，他的子女梁思顺、梁思成、梁思永、梁思忠、梁思庄、梁思达、梁思懿、梁思宁、梁思礼等，也都成为当世英才。再如唐河冯氏家族的冯沅君、冯友兰、冯景兰、冯宗璞，分别在文学、哲学、史学、地质学等方面成就卓著。这些代表人物堪称时代精英，他们从事的职业、徜徉的领域都留下了时代光辉；他们的成果都能够荣登当世的最高境界。他们身上的人文精神也成为时代楷模，激励了一代甚至数代人在人生的道路上健康成长，并在后人的追捧中不断发展、完善。

中国现代文化世家中的家族动辄几十甚至几百年的家族史，在当地声名显赫、德高望重，也大多恭行自律、家教严谨、讲究门风，形成独特的家训。如无锡钱氏家族的"姓钱但不爱钱"，常熟翁氏家族的"读书""为善"，湘乡曾氏家族的"耕读传家"等。中国现代文化世家以姓氏血缘为纽带，各个家族都有自己严格的宗祠家谱，家族特色明显；重视独特文化的凝练和世代延续，在传承中注重创新。如湘乡的曾氏家族能够在继承中兴名将遗风的同时，不仅人才辈出，还使良好的家风得以传承和创新。家族文化的兴衰与家族精英关系密切，一个家族的文化兴盛与衰落往往都离不开精英人物引领潮头、发扬光大。

中国现代文化世家的兴盛年代处于晚清、民国向现代转型时期，许多世家穿插了家学深厚、贤良德高的优秀女性。旧式中国社会，虽说女性的地位总体不高，但人们往往又把家风的树立、门户的筑垒寄望于良家女子，所谓"妻贤夫祸少，子孝父心宽"。这些家族中的女性不仅践行家族文化，而且以卓越的成就承担起家族文化的传承与创新。那时，相对稳定的大家庭模式和女性主内的家庭管理方式，客观上给女性施展管理才能提供了平台。殷实的家境使妇女可以免于生计所迫，让她们安心在家操持家务，教育孩子；有些女性从幼年即经受先进文化的熏陶，接受良好教育，成为女中豪杰。同时，女性受到的良好教育，形成更加浓郁的文化氛围，并通过生活中悉心关心幼年家庭成员，以其无微不至的人文关怀、女性崇高的品德和良好的言行举止，影响家族成员健康成长。

在家庭成员成长过程中，女性发挥作用最典型的当属曾氏家族中曾国藩次子曾纪鸿之妻郭筠（字诵芳）。郭筠一岁即由父亲郭沛霖（曾国藩好友）做主许配曾家，12岁不幸丧父，幼年已成曾家女主人。因忙于家务无暇读书，直到和曾纪鸿完婚郭筠才有饱读诗书的机会。更为不幸的是，郭筠34岁又丧夫成寡。令人钦佩的是，郭筠持家教子有方，成为曾家富厚堂拿得起放得下的第一夫人。在富厚堂，曾家子孙几十口人都听她的号令！郭筠写有《曾富厚堂日程》，并有以自己的艺芳馆书斋名目、王闿运作序而传世的《艺芳馆诗存》。郭筠晚年立有六条"家训"，策勉男女儿孙谋求自强自立，同时不要求年幼女性缠足，不赞成八股文章，也不愿孙辈去考秀才，却要他们学外国文字，接受新式教育。①正是曾家有了这位贤惠的郭夫人，使得曾氏家族能够在曾国藩等长辈中的晚清中兴名将虽过世经年，仍然呈现一派繁荣昌盛的景象，并且这种景象在传承曾国藩治家精神的同时，又有新的、与时俱进的历史性转变。

中国现代文化世家的精神动力来自兼容并蓄的开放心态和中西贯通的文化精神，这种精神催生人才的花丛枝繁叶茂，使得家族文化总能跟上时代的步伐，文化生命力强健。

中国现代文化世家开放的文化心态使得家族文化深受异域文化浸染，形成文化锐度，易于人才的脱颖而出。由于其时间跨度正处于中国社会的转型时期，时局的动荡、中西文化的碰撞，彻底颠覆了国人一贯的保守矜持、故步自封的性格，生存的需要逼迫他们在被动了解西方文化（其实早期更应该是科学和宗教文化）的同时，开始审视中国传统文化。他们发挥了自己的聪明才智，溅出奇异的光华，形成高锐度的思想和科学成果。这样，这些家族的子弟往往能够在同一时代、同一群体中或特立独行，或鹤立鸡群，或脱颖而出。

---

① 岳南《南渡北归·南渡下》，湖南文艺出版社，2013年第1版，第521～522页。

中国现代文化世家宽阔的文化视野形成兼容并蓄的文化发展路径，使得家族文化总能跟上时代的步伐，文化生命力强健。经济实力的增强往往能够带动精神境界的进一步提高，国家是这样，民族是这样，家庭也同样如此。成长于跨世纪的中国现代文化世家，由于世代显赫，随着经济、政治地位的提高和家族影响力的增强，其文化心态也逐步开阔。其家族代表不仅对中国传统文化批判、审视和合理吸纳，也同时关注西方文化，做到兼容并蓄；同时，新的事物、新的思想也成为他们的关注对象，所以他们总能成为时代的弄潮儿，紧跟时代步伐，在守成的同时不乏创新，使家族文化具有极强的生命力。现代文化世家群体彰显的中国家族文化，是中国现代文化的主要组成部分。其涵盖的勤奋进取、艰苦奋斗、自强不息、爱国爱家、亲情友谊等人类先进文化的重要因素，将贯通时空，成为民族富强、家庭兴旺、个人成才的重要动力。

"中国现代文化世家"丛书已列入国家出版基金项目。根据策划者的总体目标，这套丛书要汇集20～30个在中国现代史上文化渊源比较深厚、影响力巨大的家族。这是一项内容丰富、任务艰巨的工程。为兼顾学术高度，丛书所选作者大都在各自承担家族的研究方面积累有丰富的史料和扎实的学术功底，具有较强的书稿撰写和文化品位把握能力。在承担丛书任务时，他们对前人已有的研究成果认真梳理，并多有创新。这些，都为丛书的品牌形成打下了坚实的基础。

"中国现代文化世家"丛书将影响中国现代历史进程的文化世家集中整理并大规模展示，以史学和传记文学的视角进行研究，意义重大。以家庭作为社会细胞进行文化解剖，以大量鲜活的中国现代杰出人物群体和翔实的史料展示跨世纪文化环境，表现健康向上、和谐进步的优秀文化，必将丰富和创新社会主义先进文化内容，对整个社会产生积极的影响。以展示影响中国历史的文化家族及其杰出人物群体为追求目标，不仅对国人产生示范效应，在世界范围内也会引起关注，从而丰富国际文化内涵，具有更加长远的文化战略意义。以时代、家族、人物作为研究、建设和传播中国文化的方法和路径，不仅创新了文化研究和文化传播的方法，也为民族文化的传承与创新提供了参考依据。深刻挖掘家族

丹桂满庭芳——无锡钱氏家族文化评传

文化的伦理内涵、凝练和传承家族文化中的传统文化、通过家族文化与现代文化的冲突与融会，能够全新缔造中国人文精神，丰富国学内涵，推动民族文化复兴。

文化世家中的家族文化是中华民族优秀传统文化的重要组成部分，它源自中国传统文化，又富于创新，是民族文化传承创新的重要典范。从目前关注的这些文化世家看，其之所以能够在所处时代世代显赫，最重要的原因是这些家族沉淀了最精华的民族文化，吸收了最富于生命力的民族精神；同时，这些家族往往又能够冲破中国传统文化藩篱，吸收异域文化精华，其家庭成员往往能够进取守成，跨世系、跨时代延续发展。可以毫不夸张地说，中国现代文化世家的存在和发展，最典型地体现了中国文化的传承与创新。

中国现代文化世家展示的人才群体及其依存的文化体态，是国家和谐文化建设的重要载体。文化世家在历史上的成长和发展，曾经为中国社会的和谐稳定以至崛起发挥重要作用，也是传统文化中不可或缺的构成要素。这些家族中优秀人物的荣辱沉浮以及家族的兴衰变迁，从一个侧面展示中国近代社会发展的痕迹，透视了中国知识分子忧国忧民的心路历程。我们完全可以通过中国现代文化世家的发展史去了解中国社会生态发展演变的梗概和脉络。

家庭教育、家族文化传承及其凝成的文化环境等对培养和造就杰出人才的重要作用，传承和创新民族文化，在更广阔视野下探寻优秀文化对人才的影响，都是当今不可忽视的文化命题。"中国现代文化世家"丛书首次以家族文化的形式作为切入点，系统挖掘中国传统文化和世界先进文化碰撞产生的独特文化，探究在这一背景下的中国家族文化及其对人才成长、家族兴起、国家富强的影响，推动我国学界对中国现代家族文化的重视和研究，其学术意义非同寻常。

党的十八大报告中明确指出，"文化是民族的血脉，是人民的精神家园。全面建成小康社会，实现中华民族伟大复兴，必须推动社会主义文化大发展大繁荣，兴起社会主义文化建设新高潮，提高国家文化软实力，发挥文化引领风尚、教育人民、服务社会、推动发展的作用。"中共中央十七届六中全会通过的《中共中央关于深化文化体制改革推动社会主义文化大发展大繁荣若干重大问题的决定》指出，"优秀传统文化凝聚着中华民族自强不息的精神追求和历久弥新的精神财富，是发展社会主义先进文化的深厚基础，是建设中华民族共有精神家园的重要支撑。"党中央高度重视包括中国优秀传统文化在内的先进文化建设，确定了文化大发展大繁荣的宏伟目标，肯定了优秀传统文化在"文化强国"战略中的基础性地位，倡导传承与创新文化。我们试图通过"中国现代文化世家"丛书的出版，并通过遴选出来的在中国现当代具有代表性的文化家族群体，挖掘中华民族传统文化中的精髓，展现中国文化在近代社会的传承与发展，理清中国传统文化血液流淌和分布的脉络，进而为当下的文化大繁荣大发展提供有益的借鉴和参考，为实现中华民族复兴的梦想发挥积极作用。

骆玉安

2013年10月，郑州

·代序·

无锡故居绳武堂

◎

　　无锡老家钱绳武堂阅尽了人间沧桑，屡屡遭劫，多年前的一次拆迁造成的破坏尤为严重。由于海内外各界人士的关怀和要求，进行了部分修复，2002年10月，"钱锺书纪念馆"正式对外开放。值得骄傲的是钱绳武堂深远的历史意义。钱绳武堂家族"爱国爱民爱学问"的精神，已深入人心。我深切怀念父兄辈的艰苦创业和爱国精神。2003年10月回无锡看看，亲自见到钱绳武堂修复工程遵循了修旧如旧的原则，按原样恢复建筑格局和构件装饰，恢复原来风貌。面对"钱锺书纪念馆"中大哥钱锺书的铜像，我不由得思绪万千。

　　钱绳武堂是我无锡钱氏兄弟成长的场所。无锡钱氏是五代十国时吴越钱武肃王后裔。我祖父钱祖耆是钱武肃王三十一世孙，也是当时无锡钱氏家族族长，一直掌管无锡惠山最大宗祠"钱王祠"。1923年，我伯父钱基博奉祖父命在无锡七尺场建新居"钱绳武堂"，占地面积二亩四分八厘八毫，全屋七开间三进。第一进中间为六扇大墙门，东西各三间，东偏间是家祠，安放我钱氏祖先神位，这是我家神圣之地，不能轻易入内。东面两间是伯父钱基博的书房，很多文学著作在此成文。同时，此处也是海内文人来访的接待场所，如前南洋大学校长唐文治，文学大师钱穆，著名学者顾毓琇等均是我伯父的常客。西三间由大伯母和钱锺书大哥居住，后西面第一间住房曾成为二堂兄钱锺纬的新房。

第二进中间为大厅三间，祖父自题大厅曰"钱绳武堂"，省长韩国均所书"钱绳武堂"匾额，高高悬挂在大厅中央。厅中间安放一长案，为过节时供奉天地和财神之用。厅中间有红木椅子和茶几，为招待贵宾用。暑期时，伯父钱基博从外地回无锡，在大厅设帐为我们兄弟授经史，因而这里是我们兄弟的家庭大学堂。我们不仅在这里受到极其严格的经史文学的熏陶，而且学到"爱国、爱人民"的做人之道。我伯父和父亲对子女家教极其严格，还立了"五不准"（不准抽烟，不准赌博，不准跳舞，不准玩女人，不准仗势欺人）的家规，这些戒律我父辈自己严守力行，拒绝社会一切声色犬马之好，廉洁奉公，并一再教导我们"不要追求金钱，一旦迷信钱，就丧失高尚的人格"。所以，我们钱氏子弟都终身恪守"姓钱不信钱"的信条。三间大厅极其宽敞，不仅是我们的大学堂，也是我们的游乐场所。少年时代寒暑假，我们堂兄弟十余人在大厅中相聚，做"猫捉老鼠""捉迷藏"等游戏，欢乐叫喊之声，响彻大厅。有时两边放两张乒乓球桌，轮番进行单打和双打比赛。我们兄弟辈幼年在此建立的深厚友爱之情，终身难以割舍。钱锺书等堂哥一直友爱善待我们年轻堂房兄弟，我们也十分尊敬堂房大哥先哥（钱锺书），武哥（钱锺纬），牛哥（钱锺英）。锺书大哥一直称道："我们堂兄弟情谊胜过亲兄弟。"

第二进大厅旁东西书房各两间。西书房内间最宽大，是我祖父钱祖耆的寝室，外间是会客、宴会和岁时祭祖之所。伯父钱基博和伯母住东书房。我伯父非常严格，我们都很怕他，但伯母极其慈祥和蔼，十分能干，我们兄弟都很喜欢她。钱绳武堂大小事都由伯母掌管。她烧得一手好菜，我们特别喜欢吃她做的年夜饭过节菜。七月十五的茄饼和过年时自做的鱼丸汤，都是我们童年过节时钟爱的钱家传统食品，至今仍不能忘怀。

第二进大厅后是一小天井和高墙，也是通后花园的通道。高墙中间开两扇大门通向后花园，这又是一处我们兄弟喜爱的场所。花园中四季花常开，春季桃花，夏季石榴花，秋天菊花，冬天腊梅花。春天花园中蝴蝶纷飞，将花园装扮得非常艳丽。花园中瓜果累累，有李光桃、蜜桃、葡萄、石榴、桑果、鲜枣，爬上树摘果吃，也是我们童年时代最大的乐趣。小天井东端有一花坛种有一棵大石榴树，西端有一棵大腊梅花和天竹子。当腊梅花盛开和红色的天竹子相映时，预示春节来临。在此处放一荷花缸，夏季荷花盛开，荷叶飘香，确有异趣。小天井东端有一常开的小门，是我父亲后来建造的楼房与前屋的通道。

父亲钱孙卿因子女众多，在后园建楼房三间，后在东西各扩充一上一下楼房。原三间楼房楼下东间是我父母的寝室，中间是通道，西间是会客书房，在此曾接待工商界一些知名贵客如荣德生、唐星海、杨瀚西等。工商界一些重大事务，我父亲首先邀请一些关键人物到我家磋商。我父亲和二哥钱锺汉曾在此书房接见过地下党代表，共商迎接解放大计。这次历史性的会见，促成无锡工商界和中国共产党紧密合作，积极参与推翻国民党反动统治和解放革命斗争取得一系列胜利。楼上是我们兄弟的住房和读书场所。

东面扩建的梅花书屋，解放前夕苏北地下党派来的代表曾隐蔽在此。东面新楼第一个居住的主人是锺书大哥和季康大嫂，他们参加我祖父七十寿辰，我母亲邀请大哥大嫂在此小住一夜。1950年我和陈霞清结婚的新房就在新东楼，我的三个儿女钱敏汝、钱祥汝和钱汝象都在此出生。后来又成为我父亲和二哥的寝室。西新楼原为我父亲读书工作的书房，但隔壁新建的三医院将太平间设在附近，我父亲十分厌恶，才搬东楼去住。

前面大门东侧有一两扇门，日常一直开着，内有一陪弄，弄内有一侧门通大天井，为日常进出的通道。大门旁左右照墙，东边墙脚有"钱绳武堂"界石。东面有一长弄，人称"钱家弄"，有一侧门，为后面我家楼房出入要道，我父亲钱孙卿每天回家时乘包车直接进"钱家弄"入内室。一些要好的亲友和地方重要的人，都通过此弄拜会我父亲，我经常开门接待来访的客人。1948年底我开门接待地下党派来的代表，与我父兄会面商谈。此侧门曾订有"光荣之家"铭牌，为纪念我四哥钱锺仪烈士。钱锺仪惨遭反动派杀害，为革命献出了年轻的生命。

新建的"钱锺书纪念馆"在钱绳武堂前面部分，共二进十四间，占地700多平方米，建筑面积约500余平方米。钱锺书曾经在这里度过他的小学中学时代。如今，粉墙黛瓦，竹丝镶门，修竣的钱锺书故居依旧是典型的江南庭院式民居。按原尺寸修复的六扇竹丝板门两侧挂着一副"文采传希白，雄风劲射潮"对联，传达出钱家"诗书传家"的心志。钱锺书故居内所陈列的家具均为清末民国初的物品，匾额楹联的内容形制也均按原样恢复。

设在故居内的"钱锺书纪念馆"由著名学者顾毓琇题写馆名，著名艺术家钱绍武先生设计制作的钱锺书半身铜像位于门厅内。纪念馆共分"敏而好学、人中之龙""辛勤耕耘、文学大师""著作等身、学术泰斗""饮誉全球、光照后人""钱氏家庭、英才辈出"等五个部分，展示了大哥钱锺书勤奋求学、著书立说的非凡一生。

钱锺鲁

小引 ·· 001

第一章
二十世纪初的
时代与家庭

诗礼之家的家学渊源 ···················· 003
孪生兄弟：钱基博与基厚的少年··· 006
传统与新学 ··························· 011
初出茅庐，跃跃欲试 ················· 012

第二章
新的一代及其教育

钱锺书与钱锺韩的童年 ············· 020
钱基厚跻身政坛 ···················· 024
从圣约翰到光华大学 ··············· 029
钱基博在无锡国专 ·················· 032
钱锺书与钱锺韩的中学时代 ······· 039
钱锺韩：走出传统的文史之路 ····· 044

第三章
大学时代

"横扫清华图书馆" ·················· 053
石遗老人的座上客 ················· 055
敢与权威论短长 ···················· 058
初识杨绛 ···························· 060
父子相聚在光华大学 ··············· 061
钱锺韩在交大 ······················ 064

第四章
国外留学

英伦聚首 ··························· 067
钱锺书在英国 ······················ 070
在"东方的剑桥" ··················· 071
西南联大最年轻的教授 ············075

坚持民族气节……………… 077

"谢家宝树"…………………… 082

第五章　　　　　　父子同为系主任…………… 086

上海沦陷时期　　　沦陷区里的钱锺书………… 089

《谈艺录》成书始末………… 098

在暨南大学………………… 106

第六章　　　　　　抗丁与抗税…………………… 109

钱孙卿在无锡　　　仗义执言………………… 114

解放前夕　　　　　改选面粉市场场长风波………… 118

转向共产党………………… 120

留在国内……………………… 122

第七章　　　　　　迎接解放………………… 124

殊途同归向光明　　投奔共产党……………… 127

由苦闷到光明………………… 130

第八章　　　　　　上书中央忠肝沥胆………… 138

政治热情与右派　　严格的家教……………… 140

为共和国出力………………… 143

第九章
反右与"文化
大革命"

钱锺书参加"毛选"英译⋯⋯⋯⋯ 146
选本名著《宋诗选注》⋯⋯⋯⋯⋯ 149
翻译毛泽东诗词及其他⋯⋯⋯⋯⋯ 153
"文化大革命"劫难⋯⋯⋯⋯⋯⋯ 154
《管锥编》：中国文化的宝库⋯⋯ 157

第十章
新中国的第一代
科学家

上课多面手⋯⋯⋯⋯⋯⋯⋯⋯⋯ 160
从反右到"文化大革命"⋯⋯⋯⋯ 163
科学狂想曲——钱锺韩在"文化大革命"
后期的思想⋯⋯⋯⋯⋯⋯⋯⋯⋯ 167
科学的新生⋯⋯⋯⋯⋯⋯⋯⋯⋯ 169

第十一章
晚年岁月

"钱学热"中的钱锺书⋯⋯⋯⋯⋯ 175
甘添白发守校园⋯⋯⋯⋯⋯⋯⋯ 181
为霞尚满天⋯⋯⋯⋯⋯⋯⋯⋯⋯ 183

结语·绳武堂的启示⋯⋯⋯⋯⋯⋯⋯⋯ 190
后记⋯⋯⋯⋯⋯⋯⋯⋯⋯⋯⋯⋯⋯⋯ 193
钱氏家族简表⋯⋯⋯⋯⋯⋯⋯⋯⋯⋯ 198
主要参考文献⋯⋯⋯⋯⋯⋯⋯⋯⋯⋯ 199

小引

◎

　　中国近代是一个充满内忧外患的时代，但这个时代上承清代乾嘉时的学术繁荣，下逢西学东渐的潮流，形成近代特殊的社会文化氛围，这时的文人既受传统的国学熏陶，又经历了时代的变革，唤起了参与社会政治的意识。旧的国学与新的西学并起，形成一个学术文化的复兴期，涌现出许多学贯中西的大学者。

　　家学是中国文化中的一个特殊现象，一个大家庭可以说是一个社会的缩影。一家父子兄弟齐名并称的代不乏人。清代的家学更盛，如易堂九子，桐城二方，高邮王氏父子，等等。延及近代，时代风气与家族文化更兴盛，有的一家几代都是有名的学者，这些是不胜枚举的。无锡钱氏，大概可以算作近代较著名的一个。钱氏是无锡的望族。他们都是吴越武肃王钱镠的后代，同族而不同支，我们这里所写的主要是无锡钱氏堠山丹桂堂一支，即钱基博、钱基厚兄弟，以及他们的子侄钱锺书、钱锺韩等人。钱穆曾说："江浙钱氏同以五代吴越武肃王为始祖，皆通谱。无锡钱氏在惠山有同一宗祠，然予与子泉（基博）不同支。年长则称叔，遇年高则称老前辈。故余称子泉为叔，锺书亦称余为叔。"①

　　整个无锡的钱氏，可以说人才辈出，不胜枚举，国学方面有钱基博、钱穆、钱锺书等，理工类有钱锺韩、钱伟长、钱临照、钱宝均等，艺术上有钱松岩等。这些都是在某一学科里卓有成就的人物。如果再把这个范围缩小的话，钱基博一家可以作为无锡钱氏的一个典型。钱基博是近代的国学大家，著述等身；他的长子钱锺书是一代学术宗师，作家兼学者；其孙钱佼汝是翻译家，南京大学教授，联合国教科文总部高级译审；他的胞弟钱基厚（孙卿）是当地著名社会活动家，在无锡甚有影响。钱孙卿的长子钱锺韩又是一个著名的机械、热电和自动化专家，三子钱锺毅是一个著名的土木专家，五子钱锺鲁是兵器工业部的柴油发动机专家，六子钱锺彭是电力系统有名的汽轮机专家，幼子钱锺泰曾任中国计量科学研究院副院长，我国著名的电学计量专家。这一家有好几位在中国近现代有成就的人物，文史、理工兼有。选择这样一个家庭，可以从中理出近现代家学的一丝脉络。

　　中国人很重视"家学渊源"，有家训、家规、家塾，讲究"诗书传家"，在封建时代的社会环境中，家学在子女教育方面发挥着不可替代的作用。但在我们现代的教育体制中，家学几乎荡然无存。重温一下传统的家学教育，对于弥补现代教育的缺失，或许不无意义吧。

---

① 钱穆《果育学校和江苏省第三师范学校——钱穆回忆录之一》，《无锡文史资料》第十四辑。

第一章
二十世纪初的
时代与家庭

◎

诗礼之家的家学渊源

无锡钱氏是吴越武肃王钱镠的后裔，钱基博为武肃王第三十二代孙。钱孙卿说："余得姓于彭祖，授世自武肃，实为吴越武肃王三十二世孙世系。"

钱家是当地一个乡绅。虽然这一家在之前没有出过多么有影响的人物，但一直是一个读书人家。钱基博的祖父钱维桢，一字寄香，字榕初，清廪贡生，候选训导。因为他的儿子福炜做官的缘故，诰封朝议大夫。他生于嘉庆十六年（1811），卒于光绪十一年（1885），有子五人，即福炜、熙元、福煐、福炯、福炽。钱维桢虽然没有什么事功，但在当地是一个士绅，交游相当广泛。他的老师中，有常州著名的文学家李兆洛，还有江阴的陈良显等；在他交往的友人中，有道光十七年丁酉科江南解元江阴的郑经，有道光进士、官太子宫允的冯桂芬等，都是当时社会上很有影响和名望的人。

钱维桢青年时代居江阴，与江阴县学生余治（字莲村）创办江阴全县义塾，规模大、时间长，得到当时江苏巡抚丁日昌的嘉奖。丁氏封江阴全县义塾作为全省的楷模。他与余治有"善人"之称。直到晚年，钱维桢才回到无锡东亭，又独自办了崇仁、向义两大义塾，招收当地无钱请师读书的贫穷人家的孩子入塾学习。因为办义学的缘故，他多次受到无锡县府表彰。这两所义塾一直办了三十年。钱维桢的仁爱宽厚在当地是出了名的。如当时有人为了财产的纠纷，打起了官司，想到钱维桢重理公平，就请他说一句公道话以断是非，并馈赠八百金。他想，如果不接受这个要求，那么此人还会去找别人，如果找错了，不仅花冤钱，而且讼争不已，就笑着答应下来。他通过一番言辞，把两人的事儿平息了，免了一场官司，然后又把八百金当面奉还，说："办事情怎么可以靠贿赂呢？"此人感激涕零，逢人便称道"钱善人"的大德。[①]

钱维桢有五子。老大福炜，同治丁卯（1867）补行辛酉（1861）科举人，大挑二等，考取咸安宫教习，以知县铨选，但他自称才力不及，改补长洲县学教谕。老二熙元，原名福焕，光绪戊子科（1888）副榜。三子福焌、四子福炯、五子福炽，皆诸生。五个兄弟中两个举人三个秀才，是相当不容易的。秀才入学尚不是太难，但举人的名额有限，要考上相当不容易。考上了举人就算有了功名，所以《儒林外史》里的范进中了举之后，竟高兴得发了疯。其四子福炯，字祖耆，生于道光二十九年（1849）七月，卒于民国十五年（1926），寿七十八岁。钱福炯为附贡生，试用训导。他就是钱基博的父亲，钱锺书的祖父。

钱福炯虽然只是个秀才，但是他的两个哥哥都是举人，所以人们也很尊重他们这种书香门第，把他当一个小乡绅看待。也正因为有两个中举的哥哥，显得他没有本事。但他的性格比

新修后的钱绳武堂内厅

① 钱孙卿《孙庵私承》，1943年铅印本。

较豪爽，足智多谋。从唐文治为他所作的墓志铭中可以看出，钱福炯热心于公益事业，勇毅敢为。某年江南饥，米价腾贵，无锡百姓没有粮食，钱福炯只身到安徽购买赈米，成交后，他雇舟装运，舳舻数百，返回无锡。半路上，舟子魁首登上他的船舱探头探脑，觊觎他篓中的金钱。他灵机一动，呼其他的舟子来，把要付的船费预先给他们，使船老大计谋不能得逞。这人一计不成，又生一计，到南京大胜关时，纠合其他舟子，以无粮为炊要挟，停开船只。钱福炯非常从容地下船，众舟子一愣，不知他这是何意，要他上船来。他说：我不要上船了。他从怀中拿出雇票，

钱福炯

扬了一扬，说道：我一纸状书告到无锡县衙，你们能飞上九天乎？原来他在雇票上面把各位船主的姓名、籍贯、住址一一详细开列。这些船主没想到这一招，都惊呆了，慌忙叩头请罪。

　　光绪戊戌年（1898）的夏天，大旱，赤地千里，庄稼无收，闹了饥荒。钱福炯与几个朋友把自己积蓄的粮食拿出来平价粜给百姓，但这一善举惹来了麻烦。一些不法之徒趁机来抢劫，数百个强盗来势汹汹，人们吓得四处逃散。而钱福炯却正襟危坐在门口，一丝不动。原来他已暗中派人报了官府。劫贼来时，他对为首的秃头说："你如果明白事理，就赶快带着这班人回去！迟了就来不及了。"这些想趁火打劫的人被他的"空城计"吓愣了，还没来得及转身，官府人已经赶到，这伙人被抓了起来。事后别人问钱福炯为什么能够临大敌从容镇定，他说："这些劫匪也是人，他们是被迫而为此的，难道他们内心不害怕吗？正义如果被邪恶吓倒，如果我再一逃，这些粮食不就全完了吗？我是为了我们的乡民啊。"

　　宣统元年，江阴璜塘乡有一位奸僧趁着百姓缺粮少食、生活维艰，大放高利贷，垄断敛财。这个奸僧鱼肉百姓，为非作恶。面对奸僧的罪恶行径，全乡百姓怒不可遏，放火烧了他的房子。这个奸僧纠集土豪劣绅，共同捏造百姓白昼抢劫财产的罪名，向官府交了讼状，县府将兴大狱。人们

束手无策，请福炯往为解说。钱福炯对江阴县令说："如果这些百姓果真是盗贼的话，那么他们应当入室抢劫，为什么他们不抢劫财物而只焚烧其房屋呢？可见是这人犯了众怒，民愤不平。"几句话讲得县令顿然醒悟。最后以笞一人、枷二人作为惩处，一场大狱就这样化大为小了。[①]

钱福炯有四个儿子，长子基成、次子基治（早夭），叔季基博、基厚是孪生。基成，字子兰，附贡生，同治十二年（1873）生，民国九年（1920）卒。钱基成的夫人毛氏娘家是江阴的大地主，拥有许多船只。因她生长在很有钱的人家，婆家虽是书香门第，毕竟没有毛家那么富有，所以有点瞧不起钱家。而婆婆孙氏是溧水县教谕、同知的女儿，出身读书人家，也瞧不起这个出身于暴发户的儿媳，所以婆媳关系不太好。基成无子，以弟基博的长子锺书为嗣子。

钱基博，原名基来，字子泉，别号潜庐，光绪十三年（1887）二月初二日（公历3月16，阴历二月初二相传为孟子生日），与弟基厚孪生。钱基博后来历任江苏省立第三师范学校国文经学教员兼教务主任、上海圣约翰大学国文教授、国立清华大学国文教授、私立光华大学国文系主任教授兼文学院院长、私立无锡国学专修学校校务主任、中立第四中山大学国文系主任教授、国立浙江大学国文系教授、国立师范学院国文系主任教授、私立华中大学国文系教授。新中国成立后任华中师范大学中文系教授，1957年去世。

钱基厚，字孙卿，后以字行。钱基厚青年时代投身地方社会政治活动，长期担任无锡县商会主席职务，左右无锡地方政治几十年，尤其是对解放无锡和无锡的平稳过渡起了重要的作用。解放后，钱孙卿历任苏南行署副主任、江苏省工商联主任委员、江苏省政协副主席等职。1973年去世。

孪生兄弟：钱基博与基厚的少年

钱基博与钱基厚为孪生兄弟，兄弟二人长相酷肖，除了他们父母外，别人几乎难以分辨。他俩从小在一起长大，关系十分亲密。他们的母亲是石塘湾孙家的女儿，很有一些文化素养。基博与基厚二人，从小就是由母亲启蒙教育的。

---

① 钱基博《先府君行状》，《堠山钱氏丹桂堂家谱》"行述第三"，1948年印。

光绪十六年，钱基博四岁，一天随仆人到无锡县衙游玩，不小心被人贩子拐走，失踪数日。后在西门外见一煤炭店伙，小小的钱基博认错了人，喊了一声"大哥"，拐匪丢下他惊逃。有好心人在城门口见钱家寻人启事，始辗转送还。

兄弟二人五岁那年的清明前后，母亲开始教他们识字。至重阳节时，他们已学了五百个左右的汉字，母亲开始教他们读《孝经》，第一日即授"开宗明义"全章。母亲口授三遍，他们居然成诵。自背二十遍，即能倒背如流了。背书是传统私塾的授课方法，虽然并不一定能理解所背的内容，但在孩子内心尚是一片空白的时候，熟读背诵养成一种强记的习惯，中国所谓的博闻强记，也就在"博"与"强"上下功夫。从小养成良好的记忆习惯，读书读得很细，记得很牢，一辈子受用不尽。兄弟二人中，钱基厚的天资尤为过人，远比兄长记忆好。基厚六岁开始读"四书"，一年毕其功，继读《礼记》，由母亲及长兄授读。每日饭前，读前日所教的生书、带书、带熟书、熟书，均两遍，以能背为度。饭后，由母亲和长兄各管一人，令背饭前的书，不能有一字错误或夹生，如果有误，必须重背。背完之后，再教新的内容，读二十遍始许散学。每天如此。用这种方法，他们次第背完了"四书"、《礼记》《尚书》《毛诗》《尔雅》《周易》《周礼》，《春秋左传》都能背诵之后才开始延请老师，开讲"四书"。由于已将原书内文背得滚瓜烂熟，所谓的熟极生巧，所以，不用先生讲，《论语》的内容大都能够理解了。

曾经有个客人到他家来，看到他们背书，惊叹不已。长兄基成对来客说："这两个双胞胎兄弟，小的较聪明，每天能背一百多行，二千五六百字的书，哥哥较差一点，一天也能背八九十行一千七八百字。"言下对两个弟弟很得意。背熟四书五经是科举时代的基本功，凡是想入学参加科举的，都必须学，许多人在小的时候就能背熟四书和五经中的一经。

老二基恒，字仁卿，比基博基厚大十岁左右，也很聪明早慧，出语惊人，舅舅孙勋烈对他最欣赏，曾说"此无愧吾甥"！基恒跟一位族叔举人读书，十六岁那年，忽然患重病，这位族叔为他用《四书》占了一卦，得辞"子哭之恸"。这是《论语·先进》"颜渊死"章第二句，这位举人即感到不祥。后来仁卿的病越来越重，昏迷不醒之际，仍高声诵读《左传》《文选》诸书，朗朗上口。请来的医生一看，说恐怕无药可医了。之后不久，基恒即夭逝了。①

　　光绪二十二年（1896），甲午中日战争已过，中国惨败于日本，签订了丧权辱国的《马关条约》。一时群情激愤，学习西方先进科学文化知识的呼声越来越高，新学在全国风起云涌，科举考试中也大量增加了新学的知识。不光作八股文，还要学习机器气学知识。基成参加童试，以"条对汽学详明"，被江苏学使龙湛霖拔为生员，补金匮县（后并入无锡县）廪生。他的父亲很高兴，就用这件事来勉励弟兄两个（见《孙卿私乘》）。但据钱锺书先生说，伯父钱基成考中秀才后，回家就挨了父亲一顿打，说是杀杀他的势气，因为他父亲本身也不过只是一个秀才而已（见杨绛《记钱锺书与〈围城〉》）。但不管怎么说，钱基成中了秀才，并且接触了一些新学的知识。次年他应乡试，这是末了一科的制义乡试，他没有中举。

　　等到基博、基厚兄弟入学时，正值康有为、梁启超的维新变法运动开始，科举考试中的八股文改为策论，这比起空洞的八股文当然是好一些了。长兄因为没有中举，遂绝意科举，在家理经课子，读书持家。所以基博、基厚兄弟又由长兄指授作史论。每天晚上为他们点读《纲鉴易知录》，兼作史论，由父亲批改。如作《孟子见梁惠王论》《萧何荐韩信论》。父亲与叔父对他们的作文批改甚勤，谓读书作文须寻题间，读书贵有特识，并以亲手批点的吕祖谦《东莱博议》与明代张溥《历代史论》作为他们作论的范本。策论虽比八股较有一些现实性，但由于科举的功利性，策论也多是空洞的套话，并不能抒发真正的思想。所以，科举进身的举人进士很多，名论却很少，就是因为不能抒发真正的思想，没有多少现实意义。叔父告诫他们说，文章贵在有用，引古证今，使人通过此文，知道古今兴衰得失。经义史论，不仅宜援古，更当证今。贾谊的《过秦论》为后世史论之祖，就在于它上推先王，下及秦世，批评秦的历史功过，揭示出它灭亡的原因，对汉初的政治有很大的借鉴意义。两年多的史论生活，使他们训练了一种意志品质，就是作文说话要有自己独立的思考、独立的意见，辨别事理，不轻易随人俯仰。这虽然是少年的事，但对以后他们的处世为人，都有很大的影响。民国五年钱基博把兄弟二人少年时代所作的史论文字及师父的批阅文字汇为一编，名曰《衣钵集》。

① 钱基厚《孙庵年谱》卷上，1943年铅印本。又见《堠山钱氏丹桂堂家谱》"行述第三"。

戊戌变法失败以后，慈禧太后重新垂帘听政，又恢复了八股取士的科举考试，所以塾学又以八股制义为主。钱基博、钱基厚不喜作制义，觉得空洞无物，仍以作史论为主。由于受康梁新学影响的长兄的教导，他们二人在家里养成良好习惯，喜欢议论社会时事。钱基博说自己把《资治通鉴》、毕沅《续通鉴》圈阅七遍，详考历代地名，对顾祖禹《读史方舆纪要》尤精贯前后，洋洋洒洒写起史论文章（《钱基博自传》）。在作史论的同时，也开始时评。无锡当地有位周慕藩老先生，家居授徒，倡导少年会课，以时事命题作论，基博与基厚二人偷偷跑去参加。在会课的弟子中，他俩年最幼，写的文章，却被周老夫子列为前茅，别人对二人都刮目相看。光绪二十八年（1902），他们十六岁的时候，科举考试又废八股，改为策论。他们益自发愤，两人每日独自点阅《资治通鉴》、《读史方舆纪要》、《经世文编》诸大部头的书，兼及诸子百家。钱基博下笔不能自休，写了四万多字的长文《中国舆地大势论》，投到梁启超主编的《新民丛报》，分四期全文发表，又在刘师培主编的《国粹学报》上发表《说文》，意气甚盛，崭露头角。[①]

基博与基厚各有特点。基厚天资过人，记忆力特好；基博稍迟钝，但读书尤勤奋刻苦，勤能补拙，所以也不落后。两人互相砥砺，自是好议论古今成败得失以及军事形势。同时，他们转益多师，又赴邑人许彝定门下学习。许先生是光绪丁酉（1897）科江南乡试举人，踵门请益者屡屡不绝。许先生初见二位少年的文章，就赞叹道："能文章，异日必有名于世。"二人因此更是得意，侃侃而谈，每领题作文，总与这位举人先生上下古今抵掌而谈，不可一世，旁若无人。同辈都觉得他们可笑，觉得他们狂妄自大，目为狂生，许老先生却能优容，且因此大加褒奖。父亲钱祖耆对兄弟俩锋芒外露的做法很不满，告诫他们谨守朴学的传统，不允许他们"接宾客、通声气"，约束他们闭门读书，不得以文字相标榜，沽名钓誉。

十六岁那年，他们两人参加县学覆试，钱基博作《李忠定上十事疏论》，借古讽今，一千余字，多针对时政而发。因为大触时忌而被摈落，

---

① 钱基博《钱基博自传》（《江苏研究》第1卷第8期），又1952年《自我检讨书》中也提到此事，说梁启超亲自写信勉励他。又说《中国舆地大势论》的观点受到于右任的批驳，在报刊上与钱基博打起了笔墨官司。

而许先生特赏之，谓"可当名臣奏疏读"。当时衡文者，是无锡名宿华若溪老先生，虽然是一个有眼光的儒者，但对这样触及时人眼目的文章也不敢做主。其父钱祖耆说科举文章"伤时非宜"，断定他不能被取中。江苏优级师范学堂设于苏州，他们二人又去应考，这次主考的是大学问家罗振玉。虽然还是四书义，但罗振玉毕竟是学者，所以不拘旧格。罗振玉看到基厚的试卷，对其文章不循旧说、见解独立非常欣赏，觉得孺子可教，但在口试时，词锋甚厉，钱基厚年少气盛，睥睨一世，不为所屈，所以罗振玉最终又把他摈诸门外。同学中有徐微生者，颇与二人沆瀣一气，议论时事，多所契合，常相交流畅谈。三人各取古仁人志士的名号以自号，以古人的襟抱自期。基博字子泉，取其谐音为"潜夫"（汉王符有《潜夫论》，取以为名）。基厚字心卿，取谐音"孙卿"（荀卿在后代又称孙卿）。徐微生借了管仲的字为号，自号"夷吾"，大有孔子"微管仲，吾其被发左衽"之意，抱负甚高。他们三人也参加科举考试，但作四书义（此时的四书义只是没有破承和偶股的八股文，其他并没有多大的改变）时，不本注疏，而好牵引时政，借题发挥，以违背程式不被录取。

中国在经历了甲午战争的惨败，尤其是八国联军入侵和《辛丑条约》的签订等一系列丧权辱国的事件之后，意识到从根本上学习西方先进的科学技术，学习西方文化的重要性，所以有关新学的研究十分兴盛。特别是东南沿海一带，靠近上海，到西方和日本留学的青年人也多，受西方影响更大，西学较内地更为发达。1903年，从日本留学回来的无锡人杨荫杭、蔡文森、顾树屏等在无锡创办了理化研究会，提倡研究数理化自然科学和英语，在当地年轻人当中成为一种风潮。在这种风气的影响下，其他的科学方面的研究会及学堂也开了不少，如1904年的俟实学堂，延名数学家华蘅芳的弟弟华世芳授算学（后改为小学）；城外钱业工所设的商会，创设演讲会及商课补习学校，常有一些留学生及商界年轻人登台演讲。基博与基厚兄弟常往那里作义务演讲。他俩只有十八岁，在所有演讲的人中年龄最小，但他们俩很重视这项活动，事先预拟草稿，作充分的准备，演讲时往往观点新颖，旁征博引，语惊四座。在座的多是商界人物，一般有一百多人，他们总能赢得好评，博得阵阵掌声，被称为"小演说家"。钱基厚的口才最佳，反应机敏，给商界人士的印象更深，为他以后在商界崭露头角，成为无锡工商界的代言人打下了基础。

传统与新学

钱基博、钱基厚兄弟在此时对数学产生了浓厚兴趣，参加了杨荫杭等组织的理化研究会。杨荫杭就是钱基博后来的儿女亲家，三十年后他的长子钱锺书娶了杨荫杭的女儿杨季康（即杨绛）为妻，不过这是后话了。

却说钱基博在理化研究会一段时间以后，与一群年轻人，如吴锦如、沈西苑、赵艳清、曹仁化、高涵叔、张佩绲等将之扩大为理科研究会，共为学员，请了一些学有专长的人，如华实甫讲物理，华纯甫讲生理卫生，顾绍衣讲化学、博物，学生也有许多人。学制两年，两年毕业后，钱基博又组织理科学堂，与秦卓夫、吴锦如、沈西苑、蔡载涵等同为讲师。他们用翻译过来的数学书为教材，如当时制造局所译的《笔算数学》《代数备旨》等一些数学著作。当时他们醉心于科学，苦于无钱，有时甚至瞒着父兄把家中藏的经史拿到书铺换取上海制造局新出版的各种理化书籍。（钱基博《自我检讨书》）又用在《国粹学报》征文获得的银币二十元奖金，购买日本出的科学新书。钱基博把每本书都演算好几遍，一定到全部弄通为止。他还与友人黄君星合译过外国数学方面的书籍。次年他被无锡洋务派名家薛福成的儿子薛南溟聘为家庭算学教师，为其子育津、汇东讲授陈文译的查理斯密的《小代数》。由于钱基博讲解得十分细致明晰，薛南溟许为"良师"。钱基厚也应聘任城西小学堂副教习，以及苏州木渎小学数理教员，业余时间也没有停止演算数学。钱基厚的数学主要靠自学，他学完了代数部分，而他的哥哥则连三角、微积分也都学习研究过。

当然，比起后来他们的子弟如钱锺韩、钱锺毅、钱锺泰等数理专家、学者，他们的数学水平可能是很一般的，算不上什么家。但是，想一想，在清末那个时代，一个专治传统的国学家庭里，能够不受传统的束缚，去一个自己完全陌生的领域里钻研，这种精神是非常可嘉的。数学的训练，培养了他们的科学精神与严密的逻辑思维，不管对后来的治文还是从政都有所帮助。虽然以后他们都没有在数学上继续钻研下去，而是走了文科的道路，但年轻时这段学习数学的经历锻炼了他们头脑的缜密、行文处事的逻辑性，确实给予了他们不小的帮助。钱基厚后来在他的年谱中曾说："余自信一生得力，在遇事能耐心苦思，其功夫实自演习算学而来。故尝勖子弟以学算，谓可锻炼心思，所谓科学头脑愈练愈细，于凡事皆有益也。"后来他的孩子中有好几个是从事数理学科的，可能与他的这段经历和看法有一定关系吧。

初出茅庐，跃跃欲试

钱基博与钱基厚二人，后来走的路不太相同。兄长基本上是以治学为主，成为一代国学家；而弟弟虽不废学问，但更多的精力，投身于地方的社会事务之中，成为一名对地方卓有贡献的乡绅和领导。两人性格的不同，在青少年时代即已看出来。钱基博说："惟吾孙卿，慷慨敢任事，不仅欲以文字见，排难解纷，居乡有所尽力，乡人亦雅重之。……凡地方大利害，主者有所设施，不知于地方人士意何如，必且曰：'且以咨钱某'。地方人士于主者有所建白，亦必曰：'咨钱某'。作官民交通之枢，宣主者意而导地方人士之隐，实惟吾孙卿是赖。"从这一段简短的话中，我们当能窥见钱基厚性格的一斑。虽然兄弟二人后来走的路有所不同，但他们有着相同的一面，就是对社会对政治十分关心。初出茅庐，所走的路仍是相近的。

转眼之间，他们已逾弱冠，各自都要成家立业了。光绪三十三年（1907），兄长基博结婚，娶的是本邑王莘锄的侄女儿。王莘锄先生名王绰，同治二年（1863）癸亥科进士，光绪二年曾任福建乡试同考官，制举文很有点名气。他的弟弟名缤，无锡县附贡生，候选训导。由于弟弟与弟媳去世很早，其女儿由兄长养大。因为她从小孤苦伶仃，在伯父家长大，似有一点寄人篱下的感觉，所以虽然没有多少文化，但性格非常好，安分守己，勤俭持家。她就是钱锺书的母亲。锺书的母亲比父亲小一岁。

1910年，钱基博的长子钱锺书出生。据说，钱锺书出生时，适逢有人送来一套《常州先哲遗书》，故名仰先，字哲良。

第二年，弟弟钱基厚也结婚成家。那时，基厚还在苏州木渎两等小学堂任数理教习，平时不常回家，他的父母也不经过他的同意，在家中自作主张为他物色好了妻子，然后召他回来完婚。他事先一点都不知道，回到家中才知道他的妻子是当地名流、县副贡生高映川先生的长女。这桩婚事是他的父母请他的朋友吴锦如介绍的。高先生是本地德高望重的长者，在县衙任事。钱基厚记得很清楚，他们弟兄两曾经有一次演讲时当面冲撞高先生，对高先生很无礼，但高先生笑笑，并不以为忤，现在又以女儿相许，这说明高老先生很有眼光，不计较小事得失而慧眼识人。以后在为地方利益奔波的岁月中，翁婿合作共事多年，非常融洽。

兄弟各自成家立业，有各自的事情。白天各忙各的事情，晚上回来互相探讨学问，渐渐地，两人的兴趣倾向显示出来了。基博的古文已经非常出名，当地许多碑铭诔记等文章皆请他写。基厚应廉泉（南湖）的聘请，至上海曹家渡小万柳堂坐馆授课，教他的三个孩子。小万柳堂在苏州河畔，河上风帆片

钱基厚（孙卿）

片，有风物之美，可以赏玩。更可贵的，廉泉可是晚清一个非常了不起的人物。他字惠卿，号南湖，清末官部郎，为官正直，诗歌自成一家，是著名诗人。他的妻子吴芝英是清末大文豪吴汝纶的女儿。廉南湖的诗歌、吴芝英的书法，都有名于当时。吴芝英还是革命烈士秋瑾的密友。秋瑾被清廷杀害之后，作为清朝命官的廉泉与妻子非常佩服秋瑾的侠义精神，亲敛其遗骸，葬于西湖之滨。这件事当时在社会上掀起轩然大波。廉泉被京御史弹劾，差点为此去职，一时义声震朝野。像这样的人，在清末的官场上是不多的。钱基厚很钦佩这样有肝胆的人，所以才乐于为其西席。

这时，兄长基博被江西按察使陶大均聘为书记，江西一省的碑版文字多出其手。陶大均为晚清高官，早年受业于黎庶昌，为曾国藩的再传弟子。他看过钱基博的文章，非常欣赏，惊为"龚定庵（自珍）复生"，托廉南湖的介绍，招之入其幕府，筹办司法改良。月俸白银百两，这是相当优厚的待遇。钱基博把所得的俸钱悉数寄回家中交给父亲，依然敝衣旧服不改当初。别人问他何苦如此节俭，他说："我自知嗜欲过人，稍一放纵，就不能回头。故手中不留一文余钱，以此约束自己不陷于淫谣。"有

一天半夜已经入睡，大均突然使人召之入见，他以为有要事相商，急忙披衣过去。到了幕府，众宾环坐，热闹非常，大家正在欣赏歌舞。陶大均指着一名美人，对他说："此女即是花榜状头，驰名久矣，白天召之人言可畏，故晚上请你过来欣赏。"钱基博一时默然，缓缓道："公为纠弹官吏、掌管风宪的按察使，长夜召妓，何以仪型百官？"说完转身离开。同座笑为迂腐，大均说："此人是真君子。"次日，大均登门长揖，谢曰："君少年如此，乃令我辈愧死。然微君不能诤我，亦非我不能容君。"从此再不召妓，对少年钱基博更加敬重。（《钱基博自传》）钱基博在江西，本想做两件事，一停止刑讯，一改良监狱。但当时司法腐败，停止刑讯根本不可能，他只好致力于改良监狱，虽然做了很大的努力，只是减少一些酷刑而已。

不久以后，陶大均病故，钱基博就辞职回乡了。

直到宣统二年母亲病革时，二人才各自从外地回来，兄弟又聚于一起。1911年，钱基厚曾在南京两江法政学堂法科学习一段时间。到了南京一看，钱基博不觉失望。这里的提学使为江西吴某，总教习为湖南何某，官僚习气甚重，上课的教师都是日本法政速成毕业的学生，教材也是抄袭翻译日本的速成教材，错误百出，钱基厚的日文水平只是粗通一点而已，都能看出其破绽。钱基厚常常拿原书对照，引证材料诘难，教师个个答不上来，对他颇为侧目。他觉得这些人并没有什么水平，正好局势不宁，就趁机回去了。

这时已是清朝的最后一年了，反清革命的烈火已经在各地燃起。清廷诏谕各县筹备自治，无锡也成立了无锡城自治公所，设议事会、董事会两会。议长为史问耕，副议长为秦效鲁；总董裘保良，董事高映川。高映川为基厚的岳丈，副议长为他的好朋友。秦效鲁名毓鎏，字效鲁，1902年留学于日本早稻田大学，与孙中山相识，为同盟会的早期会员。秦效鲁在日本即组织学生运动，创青年会。日本警察受清廷唆使逮捕中国留学生，他率众力争。日本开博览会，将中国福建展品列于台湾之内，秦效鲁认为这是国之大耻，集合青年留学生举行抗议，最终纠正过来，因此他在日本三岛赫赫有名。秦回国后在上海、长沙等地宣传革命，组织武装起义，是最早从事反清革命的人物之一。钱基博与钱基厚兄弟受其影响较大。1911年武昌起义时，秦效鲁也在无锡积极策划起义。当时武昌起义的宣言书尚未到达无锡，秦效鲁即与吴锦如以及钱基厚的表兄孙审懿等密谋潜约，举起义旗。当时无锡有较有利的条件，金匮（本无锡县，清代从无锡县中析置，治所在无锡城内）知县何某庸懦无能，而无锡知县孙某是刚从山东调任，对地方事不熟悉。因此他们很快就推翻清朝的旧官府，成立军政分府。

无锡光复后，秦效鲁自任总理，后改为司令，孙审懿为财政部长，薛南溟为司法部长，基博、基厚兄弟也参与其事。统治中国三百年的清王朝终于被人民推翻，这些受革命影响的年轻人当然是极为兴奋的。钱基博特著《无锡光复志》以志其事，为新成立的民国政府"润色鸿业"。这时基厚的次子恰巧刚出生，取名锺汉，也正是取"大汉光复"之意。他们意气风发，希望能在新的时代施展自己的理想。传统儒生积极从政的理想此时在他们这两个青年人身上表现得十分明显。

民国初肇，百废待兴，投笔从戎，此其时也。这往往是文人从政的途径，他们也不例外。1912年钱基博应援淮总司令顾忠琛之聘作参军。顾忠琛是无锡人，辛亥革命时，他是苏浙联军的总参谋，率兵攻克南京，立下了很大的功劳。他素慕钱基博的文名，所以革命成功后，他延请钱氏为他的陆军第十六师副参谋官，授职陆军中校。后随同驻镇南京，又调江苏都督府。这样，钱基博开始了文人从军的戎马生活。

而钱基博的弟弟却热心于地方的建设。民国元年，无锡县成立临时县议事会，钱基厚当选为议员，后又被选为临时参事会参事员，复被选为正式县议会议员，这是他从事地方政治的开始。这时当政的当然是革命有功的国民党了。无锡当地的国民党支部，部长就是秦效鲁，议长为胡雨人。钱基厚以最年轻的资历当选为议员，肩上的担子很重，面临的矛盾也很复杂。这些矛盾主要体现在两个方面。一方面是城乡之间的矛盾。无锡由于区域的析与并，城乡的畛域明显，议员多数来自乡间，也有一部分来自城里，代表不同的利益。双方的意见分歧很深，不易沟通。他既为乡人所瞩目，但作为议员，城里的人对他也不能不有厚望。他打定主意，要以全县利益的大局为前提，不稍参以城乡私见，坚持自己的立场，不为所屈。另一方面是党派的矛盾。民国成立后，同盟会成员及现在民国政府任职的官员成立国民党，这当然是执政党。革命前全国原来的党派如统一党、民社、国民协进会、国民公党、国民公会、共进会等，合并为共和党，似乎是在野党。章太炎先生为共和党的理事长，南通张謇为江苏分部部长。共和党在无锡设立支部，公推钱基厚为部长。他之所以被推上部长的职位，最主要的原因是无锡地方势力的总头子薛南溟不愿让国民党实权人物秦效鲁、蒋哲卿独揽大权，自己又不愿直接出面，所以以年少英锐的钱孙卿为自己的心腹骨干。钱基厚的担子自然就更重了。他心里想，大概是自己年少气盛，足与国民党的秦效鲁相颉颃罢。国民党因为自负对革命有功，故与共和党之间又有重重的矛盾与斗争。①

　　他看到民国虽已成立，国体已经改变，但有许多地方仍是换汤不换药，"民意未伸，军阀肆虐，甚于专制。有政客而无舆论，有议会而无民意，道路以目，民不堪命"。他慨叹君主时代尚有诤臣，而今民国乃无诤民，自己忝列议会，不能出一言为民代言，私心痛之。这不是辜负民意愧对祖宗吗？所以从他当选议员后，就下定决心，"不作军阀走狗，不跟政客尾巴"，一定要代民喉舌。他遇事侃侃而论，绝不违背民意。所以一时负敢言之誉。在这种大原则下，钱基厚坚持自己的立场，为本党说话，但同时从大局出发，致力于两党间的团结合作。后众议院和江苏省议会在镇江举行选举，钱基厚以共和党部长的资格与秦效鲁一道前往主持第一届省两会选举，他主动放弃参加竞选，促进两党间的协调。他同时兼任县署学务课长，1914年学务课改为第三科，他被委任第三科科长。他将城区原有两高小改编为第一第二高小，在乡区分设四所高小，添办乙种师范讲习所，逐渐停办女子师范。这也带来许多矛盾，但他处事极有耐心，办事条理性极强，矛盾最后一一化解，因而赢得了人们的信任。

　　民国肇兴的欣喜之情没过多久，民国社会黑暗腐败的弊端就显现出来了。1913年，革命者用血汗换来的成果被袁世凯窃取，民国的政权落入袁的手中。无锡新任县知事严伟是一个名士习气太重的人，不知政体，刚上任即与秦毓鎏意见抵牾，待人也多傲慢自得之色，完全是一副清代进士外放知县的官僚作风。但严伟对钱基厚相当恭敬，且礼貌有加。县衙其他人虽没有什么表示，钱基厚却内心甚不平，觉得难以共事，遂主动辞职，宁愿受朋友侯鸿鉴的邀请，任竞志中学国文教师，并兼县立女子师范国文、历史等课，借以韬光养晦。这一段时间，他辑录《文章举隅》《授诸生

---

① 钱基厚《孙庵年谱》，1943年铅印本。

序》《詹詹录》诸书。

袁世凯签订《善后借款合同》后，引起全国人民的反对，二次革命开始。李烈钧宣布江西独立，黄兴促使江苏都督程德全在江苏宣布独立，自任江苏讨袁军总司令；柏文蔚在安徽宣布独立，袁世凯的党羽在所难逃。秦效鲁驱逐县知事严伟而自任知事，对此钱基厚内心也认为不是太妥，告诉秦勿轻忽处事，恐怕会招来兵祸。果真不久讨袁失败，袁世凯的势力卷土重来。新任知县姓朱，是一个猾吏，穷纠治罪，将兴党狱，秦效鲁被逮，与此有关的国民党人也多所牵连。一些势利之徒胆小怕事，甚且挟机报复，落井下石。眼看一场灾难又要降临，钱基厚联络同县名人侯鸿鉴、孙北萱、程颂嘉联名上书县官，引袁世凯"勿究胁从"及刑律"诬告犯罪"的规定，告诫他并请转呈都督、省长明白宣布，义正词严。当时见者相顾惊愕，为他捏一把汗，但他无所畏惧，毅然递呈。而韩国钧此时适为江苏省省长，对于地方的人士颇知保护，所以一场党狱始息，局势转危为安。

从这些事中可以看出，钱基厚有从政的才能与胆识。他的同胞兄长基博，在这方面不如他，更显出狷介不苟的书生本色。他似乎不适合从政，更不擅长兵戎。他最大的爱好就是文学，说到底，仍是一个文人。在随军的过程中，钱基博时刻不离书本，他的文名已经很高，许多军阀争相礼聘。他的名文《吴贞禄传》席地而草，文章出来，一时传诵，都觉得文章传神阿堵，尽在个中。当时革命成功，原来革命的人做了官，恣意声色狎妓，歌舞升平。每到夜晚，军部就阒无一人，都寻欢作乐去了。钱基博独自留守，挟一册书，长吟琅琅，自得其乐。以其中有至乐，不知外界的狗马声色。卫兵值守门外，总觉得这人真奇怪，常常偷看，或相互指语以笑乐。二次革命失败后，北方军阀如直隶都督赵秉钧、江苏都督冯国璋，知道他的名声，而且知道他是一个不与世争，又能进诤言谠论的正人君子，皆高薪招之为秘书。他内心清楚，孙中山的民国与袁世凯以及那些大大小小的军阀是根本不同的。自己既然立身于孙中山的民国政府，就不再受军阀的职务。平日自己的议论，只是为救世难，而非以图身利，大丈夫立身行事，岂容反复。他经过这几年的事情，目睹世乱方兴，一些文士飞书走檄，不过以文字为藩府作口舌。文章不能用来经国，而仅用莠言乱政，匪所思存。所以他宁愿保持书生本色，坚决不肯投身军阀。如当年他的朋友章士钊善于政论，主办《甲寅》杂志，名声很大，钱基博则写信规劝说：

"昔人连称名德，名者公所自有，德则愿以交勉。独念民国肇造，谈士蜂起。尚集权，则肇洪宪之帝政；言联邦，又启强藩之割据。民亦劳止，迄欲小休。而文士之笔杆，乃与武人之枪支，同恶相济，祸国殃民，然后知诸葛公淡泊明志、宁静致远为高识。"钱基博以"不吸烟，不赌博，不挟妓，不纳妾"四事自约，严格要求自己，说："自以为节性之和，不如太仓唐文治；制行之谨，不如同县顾倬高文海；治事之勤，不如上海王宝仑嘉定廖世承；识度之渊，不如同县徐彦宽；学问之密，不如慈溪裘毓麐，而文事则差有一得之长，人固不易知，自知亦未易也。"①

恰在此时，无锡县立第一小学缺少教员，校长顾祖瑛想延请他，但深知钱基博的名声很大，在军阀手下每月都是二百元以上的高薪，又有赵秉钧、冯国璋争着延请，而无锡第一小学月薪只有二十元，简直拿不出手。当他来请钱基博时，嗫嚅良久，不好意思开口，生怕钱基博耻笑，或被当面驳回。他试探性地问一下，没想到钱基博一听，笑说："你为何把我看得这么肤浅？我家三世传经，为童子师，我有什么不满足的呢？"他十分爽快地答应了，并马上开始上课。顾祖瑛想，像钱基博这样一个有才气、眼界宽广的人会不会马马虎虎得过且过呢？他每一次去课堂看时，钱基博总是十分认真，没有一丝懈怠之意。讲课精，改学生习作勤，学生非常佩服他。他在第一小学的两年时间内，未尝一日旷课，这位校长大喜过望。钱基博常对人说起自己在这里的感受："吾从前月薪二百，往往萧然块处时有遐思。而今则哓口瘏音，自朝至于日中昃不遑，乃益以此收放心焉。"②

两年之后，1915年，钱基博应吴江丽则女中校长任传薪之聘，任丽则女校国文教师。钱基博在教书之余，写了大量的文章，如《无锡识小录》《技击余闻补》。《无锡识小录》是关于无锡的掌故旧闻，《技击余闻补》则是他看到《小说月报》上连载的林纾的《技击余闻》之后，写他所知道的拳师故事，也投到《小说月报》。主编恽铁樵非常欣赏，连载出来。钱基博取名《技击余闻补》，是想增广林纾没有的"余闻"，其实和林纾的书并没有任何雷同，但却引起了林纾的不满。林纾，字琴南，是当

①② 钱基博《钱基博自传》，《江苏研究》第1卷第8期，1935年12月。

丹桂满庭芳——无锡钱氏家族文化评传

时炙手可热的大名家，商务印书馆出版的成套的"林译小说"风靡全国。他心高气傲，觉得钱某这样做是抢他的风头，特别是当时有读者认为钱氏的文章在他之上。他即致书《小说月报》主编，说"此后愿让贤路，不再贡拙"。他叮嘱商务印书馆不出钱基博的书。北京师大本拟聘请钱氏为国学讲座，林琴南也从中作梗，致未成行。钱基博后来知道后说："博以为真正读书人，正当化矜释躁，征其学养，何乃畏庐六十老翁，不能宏奖后进，而党同妒道若是。胜我不武，不胜见笑。"新文化运动后，林琴南被作为"桐城谬种选学妖孽"代表遭到批判，钱基博在《现代中国文学史》中，仍能"平情而论"，对林纾的古文给以客观公正的评价。

1917年，钱基博任无锡江苏省立第三师范学校教师。同族钱穆也在该校任教，二人始相识。钱穆说在三师的所有教师中，钱基博是最勤奋最认真的。钱基博在此任教六年，其间1918年，钱基博被聘为无锡县志总纂，基厚被聘为提调官，两人坚谢不获，勉力为之。基厚尝草修志大纲，定了修志的五条体例。基博草拟修志说明，对无锡志的沿革及其体裁言之更详。后因地方意见不洽，迄未成书。到1923年他离开无锡，去上海约翰大学任教。

钱基博的人生道路从此发生了转变，他不再热心于从政，而全身心投入文学与教育事业之中，最终成为一名学者、教育家。

第二章

新的一代及其教育

◎

钱锺书与钱锺韩的童年

清末宣统二年，公元1910年11月21日（农历庚戌年十月二十日），钱锺书出生，为钱家这个大家庭带来了无限希望与欢乐，因为他是这个诗礼之家的长孙。在封建社会里，"长孙"这个称谓的意义是不言而喻的。因此，在那个早婚早育的时代，六十多岁才抱上孙子的钱祖耆老先生自然喜出望外。

钱锺书的大伯父已三十多岁，膝下只有一女，面临着"无后"的危险，祖父便按封建家族的传统规矩，做主把钱锺书出嗣给长房，由大伯父抱养。据当地的风水先生称，钱家的"风水"是"不旺长房旺小房"，长房往往无后，即使有，也不会有多大出息。大伯父无子，已应了"风水先生"的预言，他为此惊恐不安，领养了钱锺书以后，视为掌上明珠，连夜冒雨到乡下为他物色了一个身体健壮的乡下寡妇做奶妈。

钱锺书出生那天，恰巧有人送来一部《常州先哲遗书》，大伯父就取"仰望先哲"之意，为他取名仰先，字哲良，小名阿先，昵称先哥、先儿。但这"先哥""先儿"很容易使人联想到"亡兄""亡儿"之类不吉利的话，于是又改"先"为"宣"，称为"阿宣""宣儿"。旧时儿童有周岁"抓周"的习俗，《红楼梦》中贾宝玉抓周抓的脂粉，而钱锺书抓到的却是一本书，他的祖父、伯父和父亲十分高兴，正式为他取名"锺书"。[①]

第二年，钱基厚的长子钱锺韩出生。因为此时其父正在读《韩文公集》，故取名锺韩，小名阿文。因为他比锺书实际上只小半岁，与堂兄一直在一起接受教育。哥俩从私塾、小学到中学形影不离。

钱锺书四岁时，由大伯父教他与锺韩识字。大伯父基成与祖父一样，只是个秀才，一辈子读书没读出什么名堂，倒深受读书之苦。大伯父年已四十，过于溺爱锺书，不愿他过早地读书受苦，每天宝贝一般带着他们四处游玩，进茶馆，听说书，逛大街，形影不离。锺韩回去有母亲教育，而锺书一早到晚跟着他玩。

钱锺书的生父钱基博看着长兄每天只带着孩子玩耍，荒废学业，心里甚是着急，担心他把锺书宠坏了。但在比他大十四岁的兄长面前，家教甚严的钱基博也不便说什么，更不敢直接管教锺书，只好委婉地建议哥哥，早点把锺书送入学校。这样，1915年，钱锺书虚龄六岁那年，便与锺韩一同进入附近的秦氏小学。秦氏小学是个私办的蒙学，在家里被伯父惯养坏了的他也学不到什么东西，只是混混沌沌地学识字、造句，一点也不知用功。上学不到半年反而生了一场病。有一次大概病得相当重，一家人大为恐慌，手足无措，甚至请来巫祝为之"招魂"。

病好以后，伯父心疼他，干脆不要他上学了，就在家中休息。钱锺书与堂弟锺韩两人在一起玩，一同读书识字，很要好。后来，家里把他们哥俩送往附近一亲戚家上学，随亲戚的小孩一起读私塾，锺书读《毛诗》，锺韩读《尔雅》。每天上学都由家中送去接回，非常不便。不仅如此，几个小孩在一起，难免调皮打闹，很不知用功。于是大伯父又把他们接回家中，决定由自己统一看管教育他们。基博与基厚兄弟有些担心，钱基成摆出长兄的架势说："连你们两兄弟都是我启蒙的，我还教不了他们？"两个弟弟当然谁都不敢反对。

---

① 本节主要参考杨绛《记钱锺书与〈围城〉》。《杨绛作品集》，中国社会科学出版社1987年版。

钱锺书的父亲与叔叔都有职业，家务由伯父料理。伯父只在下午教他们读书。锺书在七岁以前已囫囵吞枣地读完了家中所藏的《西游记》《水浒传》《三国演义》等古典小说名著，虽然有许多字还不完全认识，把"獃子"读成"岂子"，也不知《西游记》里的"獃子"就是猪八戒，但对小说产生了深厚的兴趣。读完了这些小说，他觉得还不过瘾，又在街头书摊上租了不登大雅、家中不屑收藏的《说唐》《济公传》《七侠五义》等侠义小说，吃了酥饼就钻在书摊上贪看小说。他完全被小说的故事情节吸引，陶醉于小说的世界中，坐在那里一动不动地读，读得津津有味，连回家也忘了，总要等伯父来叫他，才依依不舍地跟伯父回家。他的记忆力很好，一回到家中，便能把书上的内容原原本本一五一十讲给两个弟弟听，连人物的对话、武打的场面也记得清清楚楚。讲到兴高采烈时，滔滔不绝，手舞足蹈。祖父、伯父和父亲、叔父都很惊奇：他的记忆力这么好！他不仅记忆力好，口才好，还善于想象和联想，常常思考一些"可笑"的问题。看了《说唐》以后，他想：《三国演义》里的关公如果进入《说唐》里，他的青龙偃月刀只有八十斤重，怎能打过李元霸那一对八百斤重的锤子？可是李元霸那一对锤子到了《西游记》里面，又怎能比得上孙行者那一万三千斤的金箍棒呢？他比来比去，一直纳闷："为什么一条好汉只能在一本书里称雄？"这只是一个孩童幼稚的想法，虽不免有些可笑，但他从小就善于在阅读中前后联想与对照比较，这种好学深思却不能不令人吃惊。一般人往往满足于读懂故事，哪有心思去比较好汉兵器的斤两轻重？可见他的心细程度。如果用学究的眼光看，也许这可以说成是做学问最初萌芽吧。在他日后的治学中，常常把古今中外的东西拿来作"比较"或"打通"的研究，也许正是小时培养的兴趣和习惯的发扬光大吧。他的家人发现了他过目不忘的天赋，他能把每条好汉所使用的兵器的斤两记得清清楚楚，实际上这时却连阿拉伯数字"1、2、3"都不认识。这让他的家人非常惊奇而且高兴。

小时候的钱锺书还有绘画的爱好。大约八九岁，他常用家中包药的透明纸来临摹伯父藏的《芥子园画谱》或《唐诗三百首》上面的插图。每临好一幅图画之后，他总要大笔一挥，署上自己的大名。这大名不是"钱锺书"，而是他给自己取的一个颇有气魄的大号："项昂之"。他佩服"力拔山兮气盖世"的西楚霸王项羽，"昂之"大约是想象中项大王昂首朝天

丹桂满庭芳——无锡钱氏家族文化评传

022

不可一世的气概。他始终对绘画怀有很大的兴趣，只恨自己不善画。上大学以后，欧洲留学之时，绘画都是他的业余爱好，在笔记本上画，在夫人脸上画，在女儿肚皮上画，甚至到了不惑之年，兴犹未减，还央求当时正在中学读书的女儿阿圆为他临摹好多西洋"淘气画"。其中一幅画着一个魔鬼逃跑，其后部撒着气，拖着浓浓的黑烟，吹喇叭似的，杨绛为这幅"淘气画"取了个"淘气名"《魔鬼临去遗臭图》。

除了读小说、画图画之外，再一件高兴的事就是跟着伯父玩。伯父在他上课之余，还教他"练功"，即用绳子从高处吊下一个棉花袋，教他左右开弓练拳，说是打棉花拳可以练"软功"。小时候的钱锺书体弱多病，据说也与"风水"有关。他家那时是租居流芳声巷朱氏的旧宅。这座住宅共有三进，最外一进房子是叔父钱基厚一家住的，伯父伯母和他住在中间一进，他的父母亲因侍奉祖父住在最后的堂屋里。这是一座明清时代的老式宅院，房子阴暗潮湿，据说自从他家搬进去以后，便一直没有离开过药罐儿。

最有趣的就是跟随伯父、伯母到伯母的娘家江阴去玩。伯母娘家是江阴的大富豪，家中除了七八只运货大船之外，还有两个大庄园和十数名庄客。锺书一去往往就是一两个月，整天跟着外婆家的庄客到田野里闲逛、捕鱼、捉青蛙，优美的田园景色令他着迷。他在外婆家生活得很好，半夜里起来还有夜宵吃。吃足了，玩够了，穿着外婆给他做的非常帅气的新外褂，神气活现地回家来。但一踏进家门就发愁，担心父亲又要盘问他的数学。

钱锺书在这个大家庭里地位相当特殊，出嗣给伯父之后，他就是这一家的长房长孙，有伯父的宠爱娇惯，没有人敢管教他。在伯父的溺爱之下，他自然学不到什么东西。锺韩放学回家后，有自己的母亲教，而伯父与锺书却是"老鼠哥哥同年伴儿"。锺书的父亲看到儿子连阿拉伯数字"1、2、3"都不认识，暗中着急。他为人忠厚，一贯表情严肃，孩子们对他都很敬畏。他赞成说理教育，不主张体罚，可是他发现儿子跟着伯父变得吊儿郎当，游手好闲，时常不完成功课，而且晚睡晚起，贪吃贪玩，气得不得了，又不敢当着哥哥的面教训他，只好瞅准时机，趁哥哥一不注意，就把锺书抓去，教他学数学。虽然父亲曾是薛南溟家的算学教师，可是锺书就是对数学不感兴趣，教来教去总不开窍。父亲发狠要打，又怕伯父听见，只好使劲拧他，还不许他哭出声来，不准让伯父知道。锺书忍着痛不哭不说。后来，锺书晚上脱下衣服，伯父看到他身上青一块、紫一块，又气又恼又心疼，很生气地把父亲训斥一番。

由于伯父的宠爱纵容，其他人不敢管他。锺书在家里的兄弟中，以老大自居，他嘴又能说，兄弟们亲的、堂的共十人，不管他和哪一个人吵骂，都是他有理。这养成了他自高自大、目中无人的狂态。他对什么人、什么事都不在乎，并敢随意批评挖苦和当面嘲弄。当然，只有表情威严的父亲除外。

钱基厚跻身政坛

基博与基厚兄弟俩，"少相狎，长相爱"，一起长大，几十年在学习上互相砥砺，互相批评，但从不言财产事。他俩性格上有差别，基博资质似稍鲁，不太善于应酬，遇事性较急，耐力不如弟弟强；而基厚能言善辩，反应敏捷，办事心细。因此，两人在兴趣上也就有所不同，走的路也有所不同。兄长肆力于文章与治学，而弟弟却热心于地方事务，为地方服务。

钱基厚在民国八九年的时候，有一段时间，身体不是太好。尤其是民国九年秋，病得更重，经常说昏话胡话，而病中呓语所说的都是有关县里事务的话。一次在书斋倒下，家里人都担心他快不行了，将他移至寝室。他笑着告诉家里人说："我自知还有许多事要做，没有事的。"所以家人也就没有再移他。后来病愈，将起身时，觉得内心有一种遑遑不安的感觉。他翻阅别人送的佛书，无所收获。别人送的基督教《圣经》，看后更觉浅俚。再后来他翻阅《王阳明先生全集》，看到阳明贬至龙场日，从者皆病，王阳明自信得失荣辱颇能超脱，独生死一念未能忘记，因念圣人处此更有何道。忽中夜大悟，乃为石椁，自誓曰：吾惟俟命而已！又看到王阳明平宸濠后，颇为权贵嫉阻，及门弟子都不自安，而王阳明却成功不居。钱基厚感觉到阳明真是圣贤襟怀。全书翻过一遍，不觉矜平躁释，身心俱泰，仿佛得到一种解脱似的。从此以后二十余年，即未曾多卧病，可见人的心理作用对人的影响有时会很大。

1921年，无锡县立女子师范更聘顾毅绥女士为校长，学生极力反对。无锡女子师范的矛盾向来很大，历任校长都是男性，这与女子师范名不副实。钱基厚认为，女子师范，就要以女子为校长，才能体现其特色。钱基厚认为，如果县里的做法正确，学生无拒绝女子校长之理由。他坚持自己的观点，决不让步，令顾女士到校任职。事实证明，他的做法是对的。不久，江苏教育议会改选第三届成员。江苏省教育厅命钱基厚为无锡劝学所所长。他辞谢未就，并为女子师范学校事引咎辞职。

没有多久，钱基厚复任县署学务课主任，后学务课改为三科，他就是三科科长，一直到1921年他就任江苏省第三届省议员为止。1921年，钱基厚在当地有钱的乡绅的赞助下，不费分文，就和无锡的工商界人物一起当选为江苏省议员。他长期周旋在矛盾复杂的关系中，既取得了薛南溟的信任，又与其他新兴的官僚商人如蒋哲卿、杨翰西相处得来，成为联系众多方面的一个人物。[①]

此时钱锺书与钱锺韩已经开始受启蒙教育，由于子泉、孙卿兄弟二人都在外面工作，教育这两个孩子的责任，就落在在家中操持家务的长兄身上。锺韩在五岁的时候先由其母教他认方块汉字，背点诗词。锺书读《毛诗》，锺韩读《尔雅》，两人读的不一样。锺韩特别羡慕堂兄读的书有意趣、好记，而让他读的书却枯燥无味。《尔雅》即使是在清代也不是儿童启蒙的读物，而钱家却以这本佶屈聱牙的训诂书来教育锺韩，这等于是钱家人拿他做的一个小小的试验。基成和基博兄弟都认为，孩子现在小，记忆力好，通过学《尔雅》早一点正音读、辨字意，可以为以后的发展打下坚实的基础。锺韩每天不知所云地背这一大堆枯燥而无意义的字，后来除了开头几句尚能背诵之外，其他全都不记得了。钱锺韩认为用《尔雅》作教材教育他的试验，完全是一次失败的试验。但不管怎么样，他硬是把这本书一字一字地啃了下来。

这时候，钱锺书与钱锺韩刚刚进无锡县第二高等小学（即东林小学）读书，钱基博正好在无锡第三师范任教，因此教育这两个后代的任务，就落在钱基博的肩上。钱基博每天要儿子与侄儿下课后同到三师来学习，他自编了一套名为《斯文宗统》的古文选本，严格地逐日授读，奠定了钱锺书与钱锺韩的古文功底。所以在小学时，锺书、锺韩的国文水平已经与一般的小孩有所不同。姚方勉《三年东林小学生活》说："三年中给我印象

---

① 钱孙卿《孙庵年谱》，1943年铅印本。

最深刻的也有好几位同学。……记得在再得草庐后面的走廊里，设有一个学生成绩的提示处，我曾见到过许多好文章，其中署名的大多是钱锺书、钱锺韩、孙佐钰、姚宏胄等同学。他们是我上一届同学，因此引起我的注意和敬佩。有的文章，开头就用一个'夫'字，我初见时，不知其意，原来钱、孙等同学，家学渊源，对古文已有较深的造诣，发语词作语助的'夫'字，早已见多用惯。……钱锺书、钱锺韩昆仲是有杰出成就的杰出人才，我对钱锺书先生小学时代的音容笑貌还记得比较清楚。他眉目清秀，声音清脆，走路姿势，不同于一般同学。作文篇篇都是好文章。小学毕业，兄弟俩考上苏州教会学校桃坞中学。某日返母校探望级任教师须先生，师生交谈时，我亦在座。听他讲述桃坞中学的外籍教员都住校，随带家属。外国孩子与中国学生同玩耍、开玩笑，把孩子的手帕，放在他的背上，孩子俯身寻找不着，引起中国学生的阵阵笑声。须先生和我听了也都发笑。"[1]

钱锺韩和堂兄虽然性格不同，却都养成了博览群书而又独立思考的习惯。他从私塾转入东林小学时，算术基本上是空白，比同班同学落后了四年，他完全是靠着自学补上了这四年间的算术知识。他发现，做一道题，答案虽然一致，方法却有好几种，于时他就着迷于对一个问题的不同的解法，然后在比较中找出最直接、最简捷的办法来。在他小小的头脑中，悟出了一个道理：重要的不是求得一个具体的答案，而是要掌握解决的方法，并在若干种可行的方法之中进行优选，选择最佳的方案。有了这样的思维，在读完初中时，他的数学成绩已经一下跃居全校之首，远远地超出了其他同学。

1924年，杨翰西策动孙济如暗中先和江苏省省长公署总务科的无锡人蔡子平通风，遭人向省长韩国钧控告市总董薛南溟纵容属员贪污渎职。省里把控案发下查办，薛南溟得了风声，以年老体弱为由呈请辞去无锡自治公所总董的职位。不过杨翰西认为薛的潜在势力不可小看，不便取而代之，于是仍和孙济如密谋，在1924年10月改选时抬出钱基厚接任。他们知道钱基厚和薛南溟素有渊源，不致引起薛南溟多大的反感。杨翰西从此拉拢了钱基厚，并在以后一个较长的时间里密切合作，互相支持。至于钱基

① 姚方勉《三年东林小学生活》，见《无锡文史资料》第22辑。

厚（据说他事先还不知道将被推选出来接任市总董），可以说是左右逢源，不久就成为无锡颇为显赫的头面人物了。他接任了原先由薛南溟担任的无锡商会主席的职务。无锡商会是无锡地方的民族工商业资本家为维护其经济利益而组成的社会团体，最早创始于清末，称锡金商会，首任总办为周舜卿，辛亥革命后改称无锡商会，由薛南溟为会长。按照规定，商会的负责人应当是工商界有影响的资本家，或资金雄厚的豪绅，而钱基厚在此时还没有经营任何工商业，却被选为主席。而且自1927年钱基厚接任，直到全国解放，基本上都是由钱基厚主持或幕后操纵的。

新兴的民族工业资本家荣德生的荣氏集团，在创办经营之初，也受到了钱基厚的扶持。1924年荣德生创办的公益中学聘请钱基厚为校长，荣德生还请他主持专为培养荣氏集团人才的梅园豁然洞读书处，并出任私立无锡中学校董会常务校董兼校长等职务。由于钱基厚的处事周旋能力，荣德生把他作为荣氏集团政治上的维护者和代言人。这是钱基厚进入企业的第一步。

钱基厚还在城西小学任副教习时，就已经是一位锋芒很锐的健将。他出面反对劝学所正董裘保良向县署保荐俞仲还、丁芸轩、高映川担任该所董事。他在信中说："俞某，一书贾耳；丁某一画匠耳；高某奔走豪门，胁肩谄笑，更不足齿。"裘保良看了这份意见书，倒也并不介意，反而约他面谈，并参照他的意见，改荐了华实甫、秦岐臣两人为董事。后来他还批评过薛南溟和高映川二人。薛南溟和高映川都觉得他是一位很有前途的青年，有意拉拢他，所以反而大大夸奖了他一番。[1]高映川后来还把女儿高珍嫁给了他。

1914年丁方毂任县知事，学务课改为第三科，钱基厚复职为科长。此后历任县知事都请他蝉联，并依靠他沟通官绅之间的意见。他是茶团里的常客，能言善辩受人注目。钱基厚和另一个实权人物蒋哲卿在几十年里有过许多摩擦矛盾，但始终能共事，这不能不归功于他高超的为人处世的技巧和能力。早在县市议会中，钱基厚和蒋哲卿就针锋相对，争论不休。后来蒋哲卿当选为国会议员，身价似乎比钱基厚高了一等，不过，也有不少拥戴钱基厚的人。在茶团里，他们表面上都若无其事，而实际上既有斗

---

① 李惕平《昔日的清风茶墅：旧社会无锡士绅的俱乐部》，《无锡文史资料》第十三辑。

争，又有妥协。1913年，二次革命失败后，蒋哲卿被作为"乱党"缉拿，还是由钱基厚代为说项，才没有受累。1917年，蒋哲卿又以"乱党"罪被提调到省里，也是经钱基厚疏通后解决的。蒋哲卿的政治地位原来比钱基厚要高，但是钱基厚往还于官绅之间，所起作用很大，追随他的人愈来愈多，到了国民党统治时期，钱反倒占了上风。钱基厚在官商之间左右逢源，不久就成为无锡颇为显赫的头面人物。

1925年岁末，钱基厚刚做商会主席不久，适逢苏奉军阀交战。奉军将攻城掠夺财产，无锡城处于围城之中，全城人民危在旦夕。当时一位清代著名学者唐文治正丁父忧在家，担心城被攻破，其父无法安葬，钱基厚安慰他说："决不会有事的。"他半夜裹楮币万金，缒城而下，谒奉军当道，将钱送于奉军的首领。某君高兴地说：此诚所谓雪中送炭也。遂即引军而去，使无锡人民免于涂炭之苦。对于钱基厚这样一介书生而言，面对荷枪实弹的军阀，有理也讲不清，所以不惜万金以求得全城的平安，这种智勇是相当难能可贵的。唐文治为此感激涕零，并议论道："士君子际患难之会，其责任在保全城乡。盖保城乡，即亦保民命也。昔伊尹自任以天下之重，吾辈不得位，唯有自任保乡邑而已。……吾友钱君孙卿，躬际末造，时局玄黄，辄以保卫城乡自任。"当时任江苏省省长的韩国钧在无锡士人的请求下，特赐"梓里蒙庥"的匾额，以嘉奖钱基厚的保城之功。

钱基厚取代薛南溟，蒋哲卿在表面上自然不会反对。齐燮元败兵过境抢劫，蒋哲卿的耀明新记电灯公司根据市总董的意见，连日停电，以免引起夜间过境败兵的注意。事后蒋曾向市总董要求补偿损失，后来又因降低路灯费和市总董钱基厚争执不休，从报上笔战到法庭涉讼，但钱基厚都没有出面。这就是一般无锡人所谓的第一次"卿卿之争"。

钱基厚和蒋哲卿表面上并没有弄僵，后来又发生过第二次"卿卿之争"。那是在抗战胜利后，从"地下钻出来"第一任县长范惕生，推蒋哲卿出任临时参议长。钱基厚尽管不插手临参会以及后来的县参议会，由于他在大资本家集团程敬堂、荣一心、唐星海的支持下重任县商会主席，所以他所能动用的社会力量，实在蒋哲卿之上。这次争吵，蒋哲卿以临时参议长的身份，要把恒善、同仁、育婴、普济等四堂收归公有，而身为四堂董事长的钱基厚却拒不受命。他们两人每天在清风茶墅碰头时，都装得若无其事，闭口不谈这个问题，但只要一方不在场，就各自宣传自己的一番大道理。在座的人有蒋系的，如王克循、华少纯等；有钱系的，如陈湛如、吴邦周等，听到后就去通报，各谋对策。四堂收归公有，临参会曾作出决议，但参议员并不完全站在蒋哲卿一边。为四堂收归公有的诉愿呈送省民政厅审批后，就有参议员写信给民政厅长王公屿，支持钱基厚的主张。民政厅批复认为四堂是财团法人，不应收归公有。这次"卿卿之争"钱基厚又占了上风。事后他们两人在清风茶墅仍各据一桌，心平气和地谈笑风生。

钱基厚一个很重要的长处是处处能济人之困，替人排忧解难。1926年北伐时，缪斌是北伐军后援军政治部主任，东路军军需处处长。其时军阀孙传芳任五省联军总司令，知缪系无锡人，密令无锡县知事张修府缉拿他的家属。当时任县公署第三科科长的钱基厚和张是盟兄弟，从张处得知此事，一方面力劝张将密令暂搁一下，同时通知缪斌之父缪建章迅速躲避。因此，后来缪斌一直感激和支持钱基厚。缪斌在日军入侵之后，做了汉奸，成为蒋介石在汪伪政府的一个内线人物，曾参与蒋、汪伪和日间勾结的秘密活动，日本投降后，蒋介石把他秘密处决了。[①]

作为行政人员，钱基厚办事极为谨慎勤勉，每天处理政事孜孜不倦，从没有半丝懈怠。有时为了文牍而彻夜不休，一如幼时在塾，严若有父师在旁。人或笑他，但他认为幼时治学，有父兄师长的督责，勤奋或懒惰不过个人一己之事；现在身任县议员，事关全县人民的利益，所以他丝毫不敢马虎。"今日之人民，即当年之父师，何敢稍自暇逸？"所有公文皆出自己手，对任何一件事都很认真。同时，他的骨子里还是一个文人学者，不因做官而废弃学问。白天无暇看书，每天从县里回来，吃过饭到父母那里问个安后，即回到自己的房中端坐读书，每天都要读到深夜才睡。钱锺韩说，小的时候，不管夜里什么时候醒来，总是看见父亲端坐在书桌前读书。

从圣约翰到光华大学

1924年，钱基博受孟宪承之邀任美国教会在华办的上海圣约翰大学教

---

① 李惕平《昔日的清风茶墅：旧社会无锡的士绅"俱乐部"》，《无锡文史资料》第十三辑。

授。圣约翰大学是教会学校，学校只重视英文，国文课从不当作一回事，钱基博在此纠正了这种不良风气，唤醒学生作为中国人的国民意识。他开了一门中国文学史课，专讲近三十年来大家所熟悉的中国现代文学，提高学生的学习兴趣。这就是他《现代中国文学史》写作的缘起。次年，上海发生了日本纱厂资本家枪杀中国工人顾正红事件，激起全市工人、学生、市民的反帝爱国运动，英日帝国主义互相勾结，开枪屠杀我爱国人民，这即是著名的"五卅惨案"。圣约翰大学学生集会声援群众的游行示威，降半旗致哀。圣约翰大学校长美国人卜济舫竟然对这种活动横加压制，公然将中国国旗降下，扔在地上。全校华籍师生员工闻讯大怒，集会声讨卜济舫。卜济舫凭借他的权力，召开教授会，以开除爱国学生相威胁。钱基博对此非常反对，他因为不谙外语，向来不出席学校教授会，此时却愤然莅会。在会上，钱基博慷慨陈词，痛斥卜济舫的暴行，要求卜济舫公开向中国人民谢罪。中文系主任孟宪承教授自任翻译，将这话译出，"声泪俱下，至哽咽不能尽辞"。卜济舫拒不认罪。爱国师生群情激愤。钱基博在学生中痛斥美帝国主义在华办学包藏的祸心，于是全校中国师生员工纷纷自动离校，以示抗议。这一事件，在当时社会上引起极大的反响。钱基博与一些进步教授在沪西筹资另建了私立光华大学，使这批学生继续完成学业。他著有《光华大学成立记》，即记录了此事的本末。在校员工于当年的六月离校成立了光华大学，钱基博在光华任教。[①]

当时因为光华大学属于草创，人员少，条件差，教师的任务比较繁重。钱基博在该校同时担任一到四年级的课程。他光华时期的弟子马厚文《从钱子泉先生受学记》文中，详细地叙述了他在当时上课的情景。其大略谓：第一学年，担任基本国文课程，用姚鼐《古文辞类纂》为教本，以所著《古文辞类纂解题及读法》为参考。其教人读书，常用苏轼读书之法，每书初读一过，即作一意以求之；及再读一过，又作一意以求之。如《古文辞类纂》有三种读法，一为分体分类读，二为分代分人读，三为分学读。其论学务为浩博。马厚文说，钱氏于严可均《全上古三代秦汉三国六朝文》、丁福保《全汉三国晋南北朝诗》及清修《全唐诗》《全唐文》，通读一过，人有评论。而读古今人诗文最多，何啻数千家。而写有

---

① 吴忠匡《吾师钱基博先生传略》，《中国文化》1991年第1期。

提要者，且不下五百家，唐以前略尽。实则他所读的集部之书远不止此，且所记的日记内容更广博，这种包笼四部的治学气派对他的长子钱锺书的影响更大。

后来，在光华大学的毕业典礼上，他作了一番充满了鼓动性的演说。他说：

> 诸位，须知我光华的成立，就是教会教学的反叛，而表现一种国性之自觉；要以一代人的心理去了解古中华民族的精神，想在中华民族古代文化中，找出精神的新泉，而产生一种现代化的中华民国教育，以图整个民族的团结和统一。如果没有这种意义的认识，就不配做一个光华学生！孟子说得好："不仁不智，无礼无义，人役而耻为役。"又说："由今之道，无变今之俗，虽与之天下，不能一朝居也。"这实在是中国现代的一幅写照。如果光华的教与学由今之道，不能"变今之俗"，如果我们光华的师与生，不能以最大的努力，自己检讨，自己反省，做到"品性的养成，忠信的认识"，则光华的成立为无意义。我希望毕业同学，不要忘记本校成立的历史，一切举止言谈，自己来一个侮蔑自己国性，给卜济舫看了耻笑。[①]

重印本钱基博《现代中国文学史》封面

钱基博拳拳爱国之情溢于言表，也对青年人寄予了很殷切的希望。

1927年暑期，南京东南大学改组第四中山大学，校长张乃燕招钱基博做国文系主任，他只做了半个月就走了。他到那以后，晤刚为文学院长梅光迪，乃知国文系须重新改组，聘请教授副教授人选，钱基博开始制定聘任规则，而各方面推荐教授、副教授的信已成堆。有一天一个叫支伟成

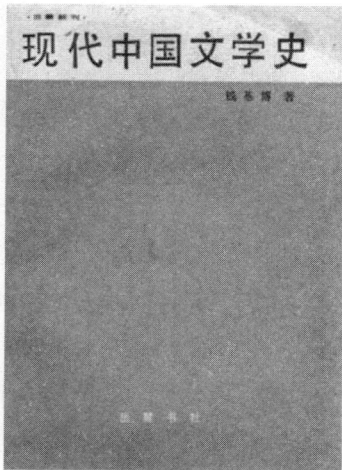

---

① 钱基博《怎样做一个光华学生：送毕业同学》，见《华中师范大学学报》1987年"纪念钱基博先生诞生一百周年专辑"。

的人持着蒋介石写给张乃燕校长的推荐信，钱基博说："总司令给校长的信，我不敢看！不过我觉得总司令可以委任一军长，师长，而没有资格聘用一小学教员；因为不在他职权以内；并且小学教员，需要哪一种人和哪一种知识，做总司令的人，他不会了解！"支伟成手里挟着一包信，中间检出段祺瑞、孙传芳的两封信，因为他寄赠所著《清代朴学大师传》，复他的信，恭维他。钱基博说："大著读过，极佩宏通；不过因着段祺瑞、孙传芳的话，价值却减低了！从前孔子作春秋，没有听到送给季孙、陈恒看，得到恭维！"支先生怫然，问："国文系能不能聘我做教授？"钱答："一定奉屈！不过我现在正和梅先生商订本系教授副教授讲师聘任条例，提出教授会通过；如果先生资历相符，即无总司令的信，亦不敢不奉屈！"支先生大怒，不辞而出。而不久胡刚复来，交给钱基博一张条子，用红墨水写："某某某某某某三人可国文系教授。"下署"蔡元培"三大字。钱基博笑说："这是朱批上谕。"他觉得职权无从行使，就给梅光迪告辞，并托致意张校长，挈着手提箱，赶火车跑回无锡了。① 后来支伟成如愿成为国文系教授，却被中央大学学生告他的《清代朴学大师传》是抄袭来的，弄得声名狼藉。学生不愿听他的课，同事也冷眼对他，年纪轻轻就去世了。

钱基博在无锡国专

　　钱基博在光华的时候，唐文治办无锡国学专修学校，聘请他为教授。钱基博的一个学生王绍曾回忆说：我是1927年进无锡国专学习的。当时北伐军到达沪宁，锡沪交通暂时受阻，先生无法到光华授课。因此先师唐文治先生特地邀请先生来国专讲学（后来正式聘为教授、校务主任），先生慨然应允，为我班授课。锡沪交通恢复后，先生照例于星期五下午回无锡。当晚来校讲课两小时，星期六上午再讲两小时。从此往返锡沪，风雨无阻。虽然旅途劳顿，而先生讲课声若洪钟，毫无倦容。当时锺书先生弟兄俩和先生从子锺韩、锺汉，都还在无锡中学读书，星期五晚上的两节课，他们都跟着先生来随堂听课。先生在国专讲课，一直延续到抗战爆发前夕。我在国专三年，听先生讲过三门课。一门是正续《古文辞类纂》，

① 钱基博《自我检讨书》。

一门是章学诚《文史通义》，另一门是目录学。这三门课对我来说，终身受惠无穷。先生在别的班还讲过《韩昌黎集》。先生讲课有一个共同的特点，要求学生每人备两个笔记本，一个是课堂笔记，另一个是读书笔记。讲课时重要的论点，先生都要端端正正地板书。每堂课都要布置问答题，开列书目，让学生自己去阅读，对问题做出解答。回答的问题，写在读书笔记上，要求字迹清楚端正，潦草的话还返工。读书笔记照例由班长收齐汇送，先生在课后认真评阅。评定成绩优劣，一般都在笔记的第一道题上以加圈多寡来表示。从一个圈到四个圈，代表甲乙丙丁等次。圈越多成绩越好。特别优异的可以画到五个圈。下一堂课，先生先作简短的讲评，然后讲新课。讲评时成绩优异的一一指名表扬。如此循环往复，先生从来没有误过期。我们班有三十多人，读书笔记最多有长达二三千言的，简直是一篇论文。一本本评阅，不知要耗费先生多少时间和精力。我班同学大体上都能写论文，以得力于先生的指导培养为多。先生读书治学最重视方法，并以此指导学生。先后写过《周易解题及其读法》《四书解题及其读法》（以上商务印书馆出版），《文史通义解题及其读法》《古文辞类纂解题及其读法》（以上中山书局出版），《老子解题及其读法》（大华书局出版）。先生给我们讲《古文辞类纂》《文史通义》，就是用他的解题及其读法来指导我们学习的。

王绍曾又说：我在国专，曾经听三位先生讲授古文，讲授的目的方法各有特点。一位是朱文熊（叔子）先生。他在南洋大学起就给学生讲古文，邹韬奋同志在《经历》中说他写文章是得力于朱先生。朱先生讲《唐宋文醇》按文章的体裁有选择地从用字造句上分析讲解，并结合文体，由朱先生命题，我们练习写文言文。这是属于基本功的训练。另一位是校长唐先生自己。唐先生是讲究读文法的，他继承刘勰"披文入情"和桐城派"因声求气"的理论，用他自编的《国文经纬贯通大义》作课本，要求我们读文一定要读出文章的音节美，要在往复涵咏中，在抑扬顿挫、高下徐疾中去领会文章的阴阳刚柔之美和作者的思想感情。钱先生讲授正续《古文辞类纂》又别开生面，把重点放在辨析文章的源流正变和各家异同得失上。先生讲来，好像把我们带入建章之宫、群玉之府，大有目不暇接的感觉。钱穆在《师友杂忆》中盛赞锺书先生博极群书，宋以后集部殆无不过目。这里我要补充一下，先生父子俩是各有千秋，很难衡量他们的高下。

先生不只是宋以后集部无不过目，上自三代两汉，下迄桐城、阳湖，无不恣意披读。自称"所著文章，取诂于许书，缉采学萧选，植骨以扬、马，驭篇似迁、愈"。这是夫子自道，也是最恰当的评价。因为先生具有这样的根底，所以对学术文章得失利病，多抉心发奥之论。当时我们同学对先生讲授这门课，无不五体投地。现在想起来，先生的讲法，是把讲授古文和文学批评、文学史有机地结合在一起，比空洞地讲文学批评和文学史具体而生动。先生对桐城文是有他的看法的，在"桐城之学满天下"时，"不欲附桐城以自张"。但对姚鼐《古文辞类纂》一书，认为"虽病其规模稍隘，然窃以有典有则，总集之类比者鲜"。先生不是机械地按文体来讲，而是适当地根据作家和文章的内容，重新组合起来，使学生从中获得完整的印象。①

钱基博说自己的治学："其为教也，必诚必信，以为卷怀不可以弘道，乃开诚以示物；显言不可以避患，乃托古以明义。务正学以立言，无曲学以阿世。徒以二十年来学潮激荡，长傲纵欲，大师或相诡随以与为无町畦，而基博所至则常思树立师范，以矫一世之枉。每太息曰：昔人媚道以干时君，人知其佞矣。而今之大人先生，乃不屑枉己以容悦不学之后生，我其谓为之何哉？独严气以正性，不与诸生为翕翕热。"②他不苟言笑，每次上课，都是正襟危坐在讲台上，危言激论，侃侃而谈，虽言辞不是太好，但讲课得意时也颇风趣诙谐。学生起初对他的威严有点害怕，不敢接近，但久而久之，反觉得他严正中又很亲切。所以从小学到大学，他教过许多学生，桃李满天下，学生也多以能列门墙为荣。

钱基博的治学更是有其独到之处。他说自己治学务为浩博无涯，诂经谈史，旁及诸子百家，都能抉摘利病，发其奥秘。他更精于集部之学，自谓"集部之学，海内罕对"。他的文章，初学《战国策》，喜纵横驰骋不拘绳墨，后来受曾国藩的影响，上学扬雄、司马迁，字矜句炼，叙事学陈寿，议论学苏轼，抑扬爽朗。他所作的议论序跋，颇为世所称颂。他的文章既有经史方面广博的学问，文以载道，同时又不乏文采。他自

---

① 王绍曾《钱子泉先生讲学杂议》，《华中师范大学学报》1987年"纪念钱基博先生诞生百周年专辑"。
① 钱基博《钱基博自传》，《江苏研究》第1卷第8期，1935年12月。

我评价说:"碑传杂记,于三十年来民情国故颇多征见,足备异日鉴戒。论说书牍,明融事理,而益以典雅古遒之辞以出之,跌宕昭彰。序跋则以生平读书无一字滑过,故于学术文章得失利病多抉心发奥之论。"①兴化李详(审言)是当时一个大学问家,对于并世文人很少许可,独对钱基博大加青睐,认为当时红极一时的桐城古文家林琴南,根本不能同钱基博相比。李审言力诋林琴南,说:"观其所译小说,重在言情,纤浓巧丽,淫思古意,三十年来胥天下后生尽驱入猥薄无行,终以亡国。昔人云:王何之罪,浮于桀纣。畏庐之罪,应科何律?畏庐既以此得名,可以已矣。而又高论文章,因择举世所宗又为时贵,意者倾向,复起桐城之焰,鼓以炉鞴,势令海内学子从风而靡,一与其小说等,而其富厚之愿始毕。此仆所以为不平,而独甚推基博。"他在写给钱基博的信中说:"所重足下者,能多读书,下笔辄古。畏庐侪于豚上,可畏耳。若足下之虎且相率而辟易,弟自此不敢轻量足下矣。"但钱基博的名声远不如林纾的名声大。林纾由于其译西方小说的影响,在当时是炙手可热的古文大家,尽管他的学问不如钱氏广博,名气却大得多,就是讲古文的影响也很大。湘乡曾广钧看过钱基博的文章后,非常惊叹,但他同时又认为钱基博的文名必不会太大,他在给钱氏的信中说:"吾子上说下教,虽强聒而不舍,然而仆观子之学必不大,何者?熔史铸子,裁以昌黎,从前惟孙渊如有此萌芽,钱竹汀略创轮椎,吾子益运以豪气扛以健笔,四十以后,篇题日富,必能开一文派。惜言皆有物,较之空言格律及虚神摇曳者,有难易之分,造诣虽宏,徒侣必不能广耳。"所言极是。钱基博的学问很广博,显然要比林纾广得多。他的斋名题曰"后东塾"。这是他读了清代大学问家陈澧的《东塾读书记》后以陈澧自况,题楹联云:"书非三代两汉不读,未为大雅,文在桐城阳湖之外,别辟一途。"对自己充满相当的自信。他自谓所著文章,"取诂于许书,缉采效萧选,植骨以扬马,驭篇似迁愈。雄厚有余,宁静不足,密于得核,短于疏证。"也大体符合于事实。他的文章靠的是学问,不是靠法度技巧空言所能喻,所以难学。林纾的文章多讲法度格律和技巧,易于传授学习,故门生弟子众多。钱基博的目标是一个学者,并不是一个单纯的文人,正如章学诚所说,"所以通古今之变,而成一家之

---

① 钱基博《钱基博自传》,《江苏研究》第1卷第8期,1935年12月。

言者，必有详人之所略，异人之所同，重人之所轻，而忽人之所谨。绳墨之所不可得而拘，类例之所不可得而泥，而后微茫杪忽之际，有以独断于一心"。

圣约翰之后，光华大学之前，钱基博与孟宪承一道应聘清华大学教授。钱基博在清华大学任教时期，读了梁启超所著的《论语、孟子（附大学、中庸、孝经及其他）解题及读法》，对梁的观点不完全赞同，所以另撰一篇文章发表，梁启超不以为忤，还盛赞"钱先生在《清华周刊》发表的《论语解题及其读法》之类的撰述"，并表示"也要鞭策自己在较近时期内对于别的要籍再做些与此同类的工作"（《饮冰室专集》之七十二《要集解题及其读法·自序》）。仅这方面的著作，就有《周易》《四书》《礼运》《老》《庄》《名家五子》《离骚》《古诗》《文心雕龙》《诗品》《文史通义》《古文辞类纂》等解题疏证读法多种论著，就其学术源流、作者、版本等，提要钩玄考述详备。其目的在于总结学术，诱导后学。

钱基博对经学颇有研究，其有《经学通志》一书，通《易》《书》《诗》《礼》《春秋》《小学》诸志，以阐述经学今古文之流变，而考论其得失。兼综汉宋，力排门户之见。他认为，清代汉学极盛，而弊端也很明显，那就是专事考求古名物制度训诂，而疏于义理上的探求。又汉宋二派门户观念太强，如江藩的《汉学师承记》《国朝经师经义目录》，右汉学而轻宋人的义理，也不无偏颇。他独盛推番禺陈澧，认为陈能超越汉宋二派的观念，其《东塾读书记》能熔汉宋于一炉，而救考据训诂琐碎之弊。故钱基博将自己的书斋名为"后东塾"，以示对陈澧的景仰。

钱基博对集部的著作尤其有深入的研究。这方面的主要著作有《韩愈志》《韩愈文读》《明代文学》《江汉炳灵文谈》《读清人集别录》等。尤其是《现代中国文学史》和《中国文学史》规模最为巨大，贯通今古。这一点上，他对钱锺书有着很大的影响。他说："近人侈言文学史，而于名家集作深入探讨者卒鲜。余读古今诗文集最多，何啻数千家，而写有提要者，且不下五百家，唐以前略尽。严氏《全上古三代秦汉三国六朝文》，邑人丁氏《全汉三国晋南北朝诗》及清修《全唐诗》《全唐文》，通读一过，人有评论，而于其人之刻有专集者，必取以校勘篇章著录异同。儿子锺书，能承家学，尤喜收罗明清两朝人集，以章氏《文史》之义，抉前贤著述之隐，发凡起例，得未曾有。每叹世有知言，他日得予父子日记，取其中之有系集部者董理为篇，乃知予父子集部之学，当继嘉定钱氏之史学，以后先昭映，非夸语也。"①可见他是很自负的。

钱基博潜心搜求近现代史料，编成《现代中国文学史》。从1917年起即开始收集一切新旧文献资料，积十余年始成。先用油印，以授诸生，后再正式印行。这部文学史书阐述中国近现代文学的兴衰得失以及变化轨迹，叙述了王闿运、郑孝胥、陈三立、陈衍、朱祖谋、王鹏运、严复、樊增祥、康有为、梁启超、林纾、沈曾植、刘师培、王国维、章炳麟、章士钊、胡适这些人三十年左右的文学史，对他们的生平、文学批评、创作等，都给予了详细的分析论述。对这些作家他分作古文学和新文学两派，每派之中，又细分为若干流别：如古文学中分文、诗、词、曲，新文学中分为新民体、逻辑文、白话文等，材料非常丰富，也很有说服力，是一部材料相当丰富的文学史著作。虽然观点不免有些陈旧，跟不上时代，但对于文学研究者来说，对于那个时代的文学面貌，各个作家的创作实践，都从宏观和微观方面巨细靡遗地论述，是一部以史料取胜的文学史。这本书1932年由上海世界书局出版，此后五年之内，四次再版，可见当时影响之大。

此外，他还有一部《中国文学史》，从先秦至近代，篇幅更大，对整个中国从古代到近代的文学作了详细的评论与叙述。他的观点，有些在今天看来可能不合时宜，但都是他自己独特的看法，从不轻易地人云亦云。有些观点看起来似乎偏颇，但仔细推敲起来，又有一定的道理。如他在《现代中国文学史》中论晚清康有为、梁启超、严复等人的逻辑文，说他们在很大程度上得力于受八股文的影响，对人们所公认的八股文，他却说了不少好话。如云：

康有为、梁启超之视严复、章世钊，其文章有不同而同者，籀其气体，要皆出于八股。八股之文昉于宋元之经义，盛于明清之科举，朝廷以之取士者逾六百年，而其为之工者无不严于立界（犯上连下例所不许）、巧于比类（截搭钓渡），化散为整，即同见异，通其层累曲折之致，其心境之显呈，心力之所待，与其间不可乱不可缺之秩序，常于吾人不识不知之际，策德术心知以入慎思明辨之境涯，而不堕于鲁莽灭裂。每见近人于语言精当，部

---

①钱基博《读清人别集录》引言，原载《光华大学半月刊》4卷6期。

分辨晰，与凡物之秩然有序者，皆曰合于逻辑矣。盖假欧学以为论衡之绳墨也。然就耳目所睹记，语言文章之工，合于逻辑者，无有逾于八股者也。此论思之所以有裨，而数百年来，吾祖若宗，德术心智所资以砥砺而不终枯萎也欤？迄于清末而八股之文随科举制以俱废，而流风余韵，犹时时不绝流露于作者字面行间。有袭八股排比之调而肆之以纵横跌宕者，康有为、梁启超之新民文学也，有用八股偶比之格，而出之以文理密察者，严复、章士钊之逻辑文学也。论文之家，知本者鲜，独章炳麟与人论文，以为严复气体比于制举，而胡适论梁启超之文，亦称蜕自八股，斯不堪知言之士已。①

据说，此书初稿曾请康有为、陈衍、梁启超、章士钊过目，梁启超看了此书的稿本，"晤谈时，若有不豫之色然"，但钱基博仍很自信，并不去讨好梁而修改自己的观点。

他对人物的评价有自己的标准，不与世雷同，也不曲学阿世。如对梁启超、胡适这些当时影响很大的人物都予批评。他在《胡适》篇中说：

> 一时大师，骈称梁胡。二公揄衣扬袖，囊括南北。其于青年实倍耳提面命之功，惜无扶困持危之术。启超之病，生于妩媚，而适之病，乃为武谲。夫妩媚则为面谀、为徇从，后生小子喜人阿其所好，因以恣睢，不悟是终身之惑，无有解之一日也。武谲则尚诈取，贵诡获，人情莫不厌艰巨而乐轻易，畏陈编而嗜新说。使得略披序录，便膺整理之荣；才据管觚，即遂发挥之快。其幸成未尝不可乐，而不知见小欲速，中于心术，陷溺既深，终无自拔之一日也。②

这样的评价，在当时这些人健在而且很有影响的时代，是需要一定胆识的。

又如他论章炳麟也与时人的看法不同。在一般的革命派看来，章炳麟是一个革命家，与以前的学者迥异。钱基博说："时论咸薄程朱，而炳麟不然""时论方蔑道德奖革命，而炳麟不然""时论方慕共和，称代议，而炳麟不然"。但钱基博又不同于一般的守旧的儒者，他不单单把章太炎

①②钱基博《现代中国文学史》，商务印书馆，2011年9月版。

丹桂满庭芳——无锡钱氏家族文化评传

看作一个学者，而把他当作一个革命的学者来论述。他又说："然世儒之于炳麟，徒赞其经子训诂之劬，而罕会体国经远之言，知赏窈眇密栗之文，未能体伤心刻骨之意。"对章太炎的学术成就与革命功绩说得比较公允。

钱锺书与钱锺韩的中学时代

从二十世纪二十年代起，钱家的子弟渐次长大，人丁兴旺。原先的住房显得非常狭小，而且是租赁的，要重新盖房了。1923年，钱家在七尺场盖了新房子，东接新街巷，西通前西溪，占地二亩多。先建前屋两进，第一进正屋七间，中为大门，门外有钱基博撰联刻砖，曰"文采传希白，雄风劲射潮"。门内东西三间，东左间为寝庙，其余两间为钱基博课子读书讲学之所，题曰"后东塾"。西三间为锺书和他的伯母毛夫人所居。第二进正屋七间，中间大厅占三间，名曰"绳武堂"，时任江苏省省长的韩国钧书，因为钱福炯与其祖钱若浩生日相同，所以取字祖耆，所谓"绳其祖武"的意思。（有趣的是，后来钱锺韩的长子又与他的祖父福炯同日生，故亦取小字"同生"。）南通张謇撰联，曰："金匮抽书，有太史子；泰山耸桂，若颍川君。"钱祖耆自集经史语书联，曰："以蔽风雨，曰止曰时，相协厥居，孤始愿不及此；既勤垣墉，爰众爰有，自求多福，汝兄弟好为之。"大厅西侧挂着一个大匾额，那是1925年奉直战争之后，因为钱基厚保全无锡城的功绩，由韩国钧亲自题写的"梓里蒙庥"的匾额。厅两旁各有书房两间和厢房，西边较大一点，为钱祖耆自居，东边为钱基博夫妇住。两书房的楹联，一是集龚自珍诗句"古抱不可存，长空有所思"，一是集林旭的诗句"辄有当世意，试究古人书"。厅后一墙中横，通七间，中辟一门，厅东有巷前后相通，巷外南北灶间各一，附有余屋，是为前面正屋。钱基厚因为子女多，在墙后西偏的空地上，别建楼屋三楹，号曰孙庵，楼下住人，楼上为读书课子之所。各房也各有斋名室号，请当时的文人题额。

此时，钱锺书与钱锺韩正在桃坞中学读书。桃坞中学是教会学校，中、英文课程分班上课。钱锺书和钱锺韩入学时，因为国学有根底，国文、中国历史等课都是直接跳到初中二年级上，而英文、数理等课程则在初中一年级。

钱锺书初入学时，仍不用功，英语成绩也并不显得突出。桃坞中学每年都要举行一次中文和英文作文，不管高中、初中，各年级学生平等参加，公正评选，并公开发榜。入校不久，钱锺书第一次参加竞赛，就取得了中文竞赛全校第七名。一个刚入校的初中新生取得这样高的名次，这在桃坞中学是史无前例的。由此他大受学校校长和老师们的青睐，成为特别保护的对象，尽管此后他数学成绩很差（其实他根本不学），都因他的中、英文成绩特别好而被保护过。

钱锺书很聪明，但他的天赋在文学上。他喜欢随心所欲地自由发挥，特别不愿意按部就班地逻辑推理。因此，他对数、理、化等课程深恶痛绝。他的生物学成绩很好，但不是听课获得的，而是因为他爱读严复译的赫胥黎的《天演论》，对严译的思辨精微、文辞深奥及朴茂非常感兴趣，无意中获得了不少生物学知识。

因为桃坞中学是美国圣公会办的教会学校，由教会派外国传教士当校长，外语课也由外籍教师任教，其他课（如中国地理等）也是全用英语讲课，钱锺书入学后逐渐喜欢上了英语，成绩在班级中名列前茅。但是他从不上英语课，也不看英语教科书，上课时要么不到，要么到场也不记笔记，而是低头看自己的东西。他迷上了外文原版小说，一本接一本阅读，看得很快而且很有兴趣，这样便相当快活地度过上课时间。每次考试时，他的中文和英语成绩都很好，在班上总是第一。别人也觉得纳闷。他受父亲和叔父的影响，形成一种观念，认为上课用的教科书是教师编写的，编得再好也是教科书式的英语，只有英语原著才是地地道道的纯正英语，所以学英语应当从读原著入手。他在这所中学里阅读了不少《圣经》《天演论》等西方文学、哲学原著，英文成绩突飞猛进。到了初中三年级，他的中、英文成绩高居全校学生之首，明显地高出一般同学许多。他的英文完全靠自学，既不能归于家教，也不能说得益于听课，而是他语言天才的体现和大量阅读外文原版书的收获，连外籍教师也夸奖他的英语地道纯正，不夹杂一点中式英语的腔调。

因为英文成绩很好，钱锺书在校内颇受器重，老师让他当了班长。但是，钱锺书在生活方面确实有点"痴气"。比如，杨绛《记钱锺书与〈围城〉》中说，他总不记得自己的出生年月；不会分东西南北，一出门就迷失方向；穿鞋子不分左右，以前穿布鞋时混穿还无所谓，后来到苏州上中学，穿了皮鞋，仍然左右分不清楚地乱穿；穿衣服不是前后颠倒，便是内外不分；清早起来穿内衣时颠来倒去几次，还会穿反。最出洋相的是上体育课，作为领队，他的英语口令喊得相当洪亮、准确，自己却左右不分，乱站乱看。这可能是由于他的心思不在这上面，而不太注意这些细节的缘故。

1927年，北伐军占领江浙沪一带，新政权规定不准把基督教《圣经》作为学校必修课，美国教会宣布停办学校，以示抗议，桃坞中学也停办了（不过停办一年之后又恢复上课）。学校停办后，锺书和锺韩又一同转入无锡辅仁中学。

无锡辅仁中学不是正式的教会学校，没有外国资助，而是无锡圣公会的中国会友集资创办的私立学校。学校靠学生交的学杂费来维持，办学条件要比桃坞中学差得多。但课程内容还能跟上时代，特别是比较重视理工课程，因此，毕业生更容易考上国立大学。当时正值新旧学制交替之际，旧学制系中学四年，大学预科两年，本科四年；新学制系初中三年，高中三年，大学四年。辅仁中学已采用新制。钱锺书在转到辅仁中学后的两年多里，更加发奋。他读了大量的中外书籍，打下了坚实的基础。而且，这时有父亲的管教，他比以前有了更大的进步。他父亲学风严谨、平实，长于说理论事，而钱锺书才华飘逸，文辞华丽，其文风、学风与其父大异其趣。他不按父亲教的方法作文，而经常别出心裁，在古文中镶嵌些骈词俪句，翻新出奇，辞藻华美，倒也颇得父亲嘉许。令人惊奇的是，他作文时，从不需翻书找资料、查字典，总是一气呵成，不管引用到什么内容，他都能立即回忆起来，落笔成章。因此，父亲常令他代自己写书信，由口授到代笔，由代笔写信到代写文章。子泉老先生逐渐发现儿子在文学上是个天才，为儿子高兴和自豪。自此，钱锺书就不复挨父责骂而成为父亲引为自豪的儿子了。一次，他代父亲为乡下某大户人家作了一篇墓志铭，写成后交给父亲，父亲在房中默念一遍，不禁深为感动，不住地对母亲夸奖文章写得好。后来，商务印书馆要出版同族学者钱穆的专著《国学概论》，钱穆与钱基博同宗，最为友善，问序于钱基博，钱基博就让锺书代笔。钱锺书略加思索，提笔一气呵成。父亲慎重仔细地推敲了许多遍，最后还是一字未改。后来，这篇序便以钱基博的名义冠于钱穆的《国学概论》书前由商务印书馆出版了。别人甚至连钱穆本人，一直都没有看出这序出自钱锺书之手。一个十七八岁的青年人能代钱基博这样的大学者和古文家写文章，一字不易，实在令人倾叹。

钱锺书与钱锺韩少年所受的教育，除了正规的学校教育外，也常受教于一些著名的学者。唐文治先生是晚清的一代宗师，学问渊博。那时唐老先生正息影无锡，创办无锡国学专修馆，家住前西溪，与钱家相距不远。钱锺韩先生说：他和堂兄小时候常随伯父去唐文治先生家。唐文治先生虽已双目失明，但记忆力很好，常常正襟危坐，议论风生。每到唐老先生家，如果家中没有外客，老先生总要和他们谈谈学问，询问他们近来读什么书，有什么心得，对于书中的旧说有什么不同的意见，让他们随意发言。钱锺书因为口才与记忆力都好，所以常常侃侃而谈，唐先生认真听，并不时设疑难发问，进一步启发他的思考。唐先生看到钱锺韩只爱听却不大讲，就特地要他谈谈自己的看法，鼓励他大胆发言，钱锺韩觉得听唐文治先生循循善诱的谈话如沐春风，令他肃然起敬，又颇感亲切。（钱锺韩《我所了解的唐文治先生》）后来他考上的上海交通大学就是唐文治担任校长长达十三年的地方，他还不时地听人们说起唐校长的轶事。在交大这样一个理工科大学中，唐文治突破传统文人重文轻理的陋习，为学校增设了许多实验室，添置实验器材，改设系科，引进外国先进的管理方法。这形成了上海交大优秀的传统，钱锺韩在此也受益不小。唐先生是古文家，在校内树立了重视国文的风气。他于每星期日上午在学校大礼堂讲读文法、作文法，也讲经学。讲国学也是他对学生进行道德教育、性情教育的重要方式。

1929年3月21日，钱锺书的伯母毛夫人去世。虽是伯母，但情同生母，钱锺书写了一篇典雅哀婉的《先妣毛夫人行略》，发表在《南通报·文艺附刊》19号（1929年5月2日）上。这是迄今能见到的钱锺书发表的最早的文字。该文已显示出很高的文采，如其中曰："夫人曰（原文如此）恨在心，新悲填膺，哀可知矣，疾乃深焉。自此三岁，病躯婵媛，起伏迭有，而后恙不及前恙，后剧必甚前剧。古人示疾，尝以致叹；昔闻斯语，今见斯情。"又说："锺书每离膝前，夫人翘思一室，居者之情，盖与行者共之，深恩浃肌，而今奚恃；危涕坠心，云胡得已。"可以看出，他的文字已经相当成熟老练。

钱锺书的祖父不大喜欢其大伯父。钱基成本也很有些才华，人很聪明，善书法，但没有什么成就，一半的原因在于他的妻子。他的妻子毛氏与婆婆关系不太好，毛家来送礼，只送到自己女儿屋里，不与其他人来往。毛氏还有一个不讨人喜欢的地方，就是爱抽大烟，带得基成也上了瘾，夫妇俩经常坐在一起抽大烟。基成在外面没有工作，一个最重要的原因就是抽大烟，由于离不开家，弄得一事无成，钱锺书的祖父对此深恶痛绝。

钱锺书与钱锺韩两人虽同时长大，但性格迥异。锺韩是个乖巧听话的孩子。当时基厚家里孩子多，没有人带，锺韩是长子，所以就跟着大伯父的女儿素琴一起玩，晚上陪着祖父睡觉，大伯父也很喜欢他，经常弄些好吃的给他吃。祖父因为不喜欢不成器的长子，经常骂大儿子。骂大儿子抽烟，也就是骂媳妇，所以他们之间的关系始终不是太和谐。长孙锺书人很聪明，但从小被惯坏了，喜欢乱说乱道，信口开河，所以祖父也不喜欢他没大没小随便的样子，觉得他被宠坏了。而锺韩听话，成绩又好。钱锺韩家里环境也好，他的生母是当地富绅高映川的女儿，家庭条件优越，知书达理，所以更得祖父的欢心。钱锺书的生母从小由其叔父养大，有寄人篱下之感，人很安分守己，虽也有些文化，但性格内向，不大讲话，所以钱锺书与钱锺韩从小受的教育也有些差异。

这时他们两人同在一班，他们的成绩都在学校名列前茅。他们俩刚转入辅仁中学上高二时，学校举行了国文、英文、算学三门课程的全校竞赛。钱锺书得了国文、英文两个全校第一名，钱锺韩得了国文、英文两个第二和数学第一名。钱氏兄弟俩以绝对优势压倒高年级优秀生，在校内引起了极大轰动。

锺书、锺韩是手足情深的兄弟，又是形影不离的伙伴，还是暗中较劲的竞争对手。两人的兴趣、性格有很大差别，但各有各的长处，谁也不甘服输。钱锺韩的性格与学风和钱基博较接近，对数理课程更有天赋，成绩很好，钱锺书则恰恰相反。而在文学上，钱锺韩尽管用功，成绩也不错，但总觉难以赶上堂兄。郑逸梅《艺林散叶续编》曾说："梁溪钱基厚与钱基博为昆仲，俱有文名。基博子锺书，基厚子锺韩，幼同学文，但锺书文思敏捷，为锺韩所不及。"因为钱家是个衣钵相传的旧学家庭，很重文史学问，为此，锺韩的父亲常常责骂锺韩"笨"。锺韩后来改弦易辙，改学理工，虽然是适应时代潮流，也有心理的因素，那就是在文学上难与锺书争锋，改学理工科，扬长避短。

少年时的生活对人的一生影响非常大，钱锺韩后来与堂兄锺书分开了，但脑子里始终有锺书的形象，他不断地鞭策自己不能落后。钱锺韩后来考入上海交通大学，毕业于电机系，后到英国留学，回国教授热工机械，成为我国著名自动控制理论及应用专家、中国科学院院士，曾任南京工学院院长，江苏省政协主席，国务院学位委员会委员，东南大学博士生导师、校长、名誉校长。钱家一门学者众多，兄弟中好几人都是成就卓然的学者、专家。

钱锺韩：走出传统的文史之路

1929年夏，钱锺书与钱锺韩高中毕业，一起报考全国最高学府——清华大学。锺韩报的专业是理工科，而锺书自然是要报文科了。但锺书没有按照父亲的意愿报中国文学，而是根据自己的兴趣选择了外国文学专业，其动机很简单，那就是以后能痛痛快快地读通哈葛德以及所有西洋作家的探险小说，而且是看原著，不必再看林纾的翻译。他由于读林译小说，对外国文学产生了兴趣，对数学更不感兴趣，所以入学考试时，他拿到数学试卷，一道道阿拉伯符号构成的数学题看起来像天书似的，几乎都不会做，草草地做了一些，也不知对错，便交卷大吉。发榜以后，锺书才知道数学只考了十五分。后来清华校园里还传闻他考了零分，他的小学同学邹文海后来写的《忆钱锺书》也说他考了零分。但杨绛《记钱锺书与〈围城〉》和钱锺书本人都准确地记得他确实考了十五分。按照清华大学招生规定，只要有一门课程不及格，就不予录取，他的数学考得这么差，应当说是没有希望的。可是他的国文和英文成绩都是第一名，英文还得了满分。按照总成绩他排列第五十多名。主管录取的老师不敢做主，便把他的成绩报告了当时清华大学校长罗家伦（志希），罗家伦看到钱锺书的国文、英文成绩，特别兴奋，赞叹备至，打破清华的常规，做主录取了钱锺书。

堂弟钱锺韩这次考试总分列清华大学和上海交通大学两个第二名①，他最终放弃了清华而选择了上海交大。清华大学公布的新生名单上已经列上了

---

① 钱孙卿《孙庵年谱》说："锺韩则北京清华大学及上海交通大学均录取第二名。"但钱家人据锺韩先生回忆，考上上海交大成绩为第三名。未知孰是，姑仍旧说。

他的名字，但他没有去。这样兄弟两人分道扬镳，走上了文、理两条不同的道路。他们以后在各自的专业领域内都取得了非凡的成就。

上海交通大学因为是铁道部办的，毕业生分配到铁路系统后，工资较高，而其他大学是教育部办的，很穷，并且不包分配。交大吸引的都是各地著名中学的优秀学生，有的学生甚至是在其他大学读了两年再考入交大的。这一届考上交大的，第一名是吴大榕，第四名是钱学森。钱锺韩选择了交大，同时也就选择了挑战，他要与众多的交大高才生一比高低。从小与堂兄比赛养成的不服输的个性，使他在一切条件下的比赛决不向别人服输。他说："我相信人是需要比一比的，不比不知道，不比就会故步自封。我始终给自己定下一个目标，这个目标并不是很高，是完全可以达到的，那就是要赶上和超过在我前面的那个人，然后再去超更前面的一个人，这样一个一个超过去。"他说："上初中时，我的兴趣已不在文学，而在数学。上初二那年，遇到军阀战争，学校停课，我就回家自学数学。自学过程中，我渐渐发现写文章和解数学题虽然是不同的两回事，但有一点是相通的，那就是：写文章各人有各人的笔法，解数学题各人也有各人的路子，都应该有自己的特色，有自己的创造性。于是我就处处注意发挥自己的特色和创造性，整个中学阶段，我在这方面花了不少脑筋。以后到上海交通大学读书时，我已经形成了一套解题的特色，深得某些老师的赞赏。我学数学是这样，学其他课程也是这样，工学院有一项作业是画工程画，这种画在书本上都有范例。同学们多数是照葫芦画瓢，结果是全班交出的图纸都是一个样。我感到不能满足于这样做，要动动脑筋能够表现出自己的风格和特色。我觉得搞学问跟工厂生产不一样。工厂产品要求统一规格，例如生产一批花瓶，第一个出来是什么样子，第二个也要同一个样子，而产值就增加了一倍。科学研究和文学作品却不是如此，如果大家都说一样的话，就没有创造出新的价值。大而言之，学校培养人才当然要有一个规格，但如果取消或否定了个人的特长和爱好，好像炼铁者抛弃了其中所含的共生矿资源一样，是否真的对国家有利呢？"

钱锺韩与他的堂兄禀赋不同，但同样取得了很优异的成绩。他觉得自己没有特殊的天赋，便在方法上用功，而不像钱锺书天马行空任意发挥。谈起在交大读书时的生活，钱锺韩说："我在上学读书期间，对老师是很尊重的，但尊重不等于一切唯老师之命是听。我听老师讲课，特别是听有经验的老师讲课，往往当时觉得很轻松，但课后一想，留下的印象却很模糊，这是为什么？因为老师在讲课时把许多难点都消化掉了，让你感觉不到有什么难点。做老师的，当然要求自己讲得明白易懂，但我们做学生的，却不能仅仅满足于蜻蜓点水，而要抓住难点攻。"

他从中悟出一个道理，学习与研究，就像一个人走路，只要记住了应该在什么地方转弯，就不会迷路，就一定能达到预定的目的地。科学研究也是这样，几乎每门学科都有许多个需要转弯的地方，谁最先找出这个转弯的地方，谁就能有所发现，有所发明，有所创造。而老师讲课的技巧往往是领着学生在不知不觉中转好了弯，所以不能满足于被老师牵着鼻子走，一定要弄清楚：老师是在什么地方转的弯，是怎样转的弯。为了摆脱在课堂上听一句、记一句的被动局面，就必须赶在老师讲课的进度前面学。老师讲第一章，他就预习第二章，抓住其中的难点，找出其中存在的问题；再在课堂上仔细听，大胆地向老师提问。这样经过独立思考再去听课，才能真正学会老师的一些绝招，留下的印象特别深刻。向老师提问题，钱锺韩从来不主张用完全无知的方式提，不说"这个问题我不懂，请你讲给我听"。这不是取得老师帮助的最好方法。他主张拿出自己的看法，用平等的态度和老师讨论问题。他说："不能指望老师把米饭嚼烂了喂我们吃，而要利用学校的一切有利条件（包括图书馆、实验室、老师、同学等），培养自己独立解决问题的能力。如果老是跟在老师后面亦步亦趋，一旦离开学校，就会觉得像孤儿一样手足无措，这是不利于人才的成长的。一个小孩，如果一直抱在手里，不让他下地走路锻炼，我敢肯定，这个小孩是连跌跤也不会。所以我认为，一方面要虚心地向老师学习，另一方面又要尽快地脱离老师，就像走路一样，要尽快地丢掉拐杖，学会自己独立走路和飞跑。"

与此同时，钱锺韩开始了他的科学生涯。他出生在一个具有深厚国学传统的名门，但并没有沿着家庭预定的轨道去从事传统文化的学习与研究。除了个人爱好和专长等主观因素之外，还有一个不容忽视的因素是时代与社会环境的影响。在上大学之前，钱锺韩主要生活在无锡。无锡是近代工业化水平较高的城市，江苏省近代工业化的速度和水平在全国都是名列前茅的，而江苏近代工业企业主要集中在无锡、常州、南通等地区。无锡拥有太湖平原作为提供丰富农产品原料、熟练劳动力和商品销售市场的基地，又有发达的水、陆交通便于组织大规模的商品交换和物资集散，从而成为联结生产与消费的纽带，为江苏近代工业的发展奠定了坚实的物质基础。在无锡近代工业的发展进程中，涌现了一批顽强拼搏的私人企业家。他们精明强干、勇于开拓，追求新机器、新技术、先进的管理制度和懂行的技术人才。他们利用靠近上海的有利条件，抓住一切机遇，扩大经营渠道，逐渐形成十余个实力比较雄厚的企业集团，其中荣氏集团是后来影响较大的一个。钱锺韩的父亲作为荣氏集团的重要支持者和代言人，曾负责过荣氏的学校教育，这肯定对锺韩的成长有重要的影响。

这样的家世背景和变化过程，与钱锺韩选择技术科学道路，不能不说是有某种必然联系。其同胞弟妹也几乎都是学习工程科学的（分布在土、机、光、电各专业），这显然并非偶然。家庭和教会学校两方面的影响，使得年青的钱锺韩跳出了线装古旧书堆，并为他打开了一扇眺望西方文明的窗口，使他得以迈向近代科学技术的大门。

虽然钱基博与弟弟孙卿都曾学习过自然科学的一些知识，但说到底，他们的家庭包括他们本人也还是传统的国学家庭和传统的文人。他们学习一些新学知识和自然科学的东西，并不是为了应用或是做专门的研究，多半是受了当时新学时代风潮的影响。随着时代的发展进步，教育逐渐革新，自然科学越来越在学校教育中占重要的位置，学自然科学已经不仅仅是赶时髦，而成为专业。钱锺韩正是在这种背景下兴趣偏向于理工科专业的。把自然科学作为将来学习和钻研的专业，这在钱家是第一次。这时他们父辈当时学习的一点知识显然是很不够的。

钱锺韩说："我的家庭是旧知识分子家庭。我的父亲（钱孙卿）和伯父（钱基博）对中国古书读得很多，有相当深的造诣。从五岁开始，他们就教我们读书。读的都是中国古典文学和诸子百家；还教我们写文言文章，连家信都不许用白话文，否则就要挨骂。我伯父是几个大学的中国文学教授。他希望我们跟他走，学文科；最好是搞中国古典文学，不得已时也可以考虑改学西洋古典文学。我的堂兄钱锺书就是按照这个计划培养出来的。我是家庭中第一个学理工的人，在这方面得不到家里的帮助（因为他们对现代科学一窍不通），也得不到他们的支持。

"我祖父很反对进'洋学堂'，因此我开始读了四年私塾。所谓私塾，就是在家里请个老秀才，读点线装书，练点毛笔字。我们兄弟的语文水平和历史知识都远远超出当时小学的一般水平，但最严重的缺陷就是没有学过算术，没有学过加减乘除。后来家里亦看到时代不同了（那时已是1920年），才同意我们进入公立学校，直接插入‘高等小学’，相当于现在的小学五年级。为了应付升学考试，在暑假里临时突击学会阿拉伯数字，学点加减乘除。也不知道怎样被录取的，可能还是通过某种关系塞进去的。

"进入高小后，由于缺了四年基础教育，学习困难很大。学校里有一套功课，有一套作业（当然比现在少得多、浅得多），家里却从不过问；只是另行安排一些课外学习任务：继续读些古典文学。读些中国历史，写些议论文章。在这几年里我学得很狼狈，成绩不佳，有时还不及格，只能靠自己的阅读能力来勉强应付学校功课。我们家庭里还有个特别风气，就是看不起教科书，因为那些都是无名小卒编写的；要读书就得读大本的名著。但在小学里，不读教科书又能读什么呢？

"后来读初中，进入一个外国教会办的教会学校。它的教育要求另有一套，对英语非常重视，而数理课程则相当落后。根据当时条件，它的毕业生希望进洋行当职员；最高目标是升入上海圣约翰大学，以后可以直接去美国留学。除了外语课选用英文名著之外，其他一些课程，如数学、地理、历史的教科书都是英文版的；这些课本比文学著作还要难读。讲课用英语，考卷亦用英文答；因此，英语很快达到了‘四会’的水平。这可以说殖民地教育的一个特点吧！

"到了高中一年级时，北伐战争胜利，教会学校亦受到了冲击。我所在的学校，除了强调英文之外，还要叫学生做礼拜，各年级都开设学习基督教圣经的课程。北伐胜利后，虽然是国民党掌权，但还是保留了一些革命反帝的口号。国民政府规定，学校里不得强迫学生上宗教课；外国教会就把学校停办，以示抗议。这对我是个思想解放的机会和学习方向的转折点。北伐胜利后，民族工业和国营工业都有了发展。社会上开始看到这方面有出路，学校里亦更加重视数、理、化的教学。同时，我的家庭环境亦促使我从理工方面找出路。我父亲、伯父和堂兄都是博闻强记，才思敏捷，下笔千言。相比之下，我显得很笨，自己早就知道不是学文学或哲学的料子，因为在那些领域里，如果没有天才和灵感，就没有出头的日子。我立志要学理工，走自己的路；要离开他们远一点，可以少受一点批评，减少一些心理上的压力。我亦觉得学理工比较实事求是，注重逻辑思维，比学文科容易得多。

　　"当时上海交大的入学考试竞争激烈，淘汰率很高；我以前所在学校的数理课程根本达不到要求。为了投考交大，还必须通过大量自学来进行准备。我的数学、物理、化学等各门课程，都是加码自学的。由于在中学里掌握了自学方法和打下了扎实的基础，所以在进入交大后，我觉得对付一些新课比如力学、电工、机械、热工等，并没有什么困难，因为这类课程的基本路子都是相似的。

　　"此外，还有一个特殊的时代背景在起作用。在1911年辛亥革命之后，国内局势一直非常动荡，并影响到学校。军阀们每隔几年就要打一次内战，一打仗学校就要停课；不打仗时，学生还要罢课游行，以反对政府同日本人签订卖国条约，或抗议外国人在中国土地上的暴行，如五四运动和五卅等"国耻运动"。因此学校上课很不稳定。我在学校读书期间，就经历过军阀战争（1924齐卢之战），北伐战争（1927），淞沪抗日战争（1931）；从初中到大学，多次停课。假如要依靠老师一门一门教下去的话，就永远毕不了业。但是学校有它规定的进度，不管停课不停课，老师还是每年照常考试。在这样的条件下，不会自学是上不去的。我从初中二年级起就开始自学数学。最初是由于内战停课，在家里闲着没有事干。后来逐渐成为业余爱好，特别对整数论问题（如费马定理、哥德巴赫猜想等）觉得很有兴趣，自愿花时间去搞。到了高中，差不多全部主要课程都是。"

　　钱锺书的中文外文都很好，读书全凭兴趣，不读教科书，喜欢读外文原著，一下笔就是外国的调子。钱锺韩说："我和锺书一直在比赛，我发现我们两人的才能不同，虽然学的东西都一样，但我缺少一个文学家的素质，文学靠死用功是不行的，要承认天赋的差别。于是就想寻找自己的突破口，另辟蹊径，来发挥自己的特长。如果那时不是自己好好分析一下，沿着我家上一辈安排的文科道路走下去，就有可能走投无路，白白浪费时间。"

　　钱锺韩和钱锺书的不同，是专业的不同。钱锺书用的是文学的语言，是跳跃性的思维，而钱锺韩用的是数学的语言，是靠严密的逻辑思维。但是不管是文学家还是科学家，要做出一番大的成就，往往需要多方面的功夫。我们知道，钱锺书诗的语言并不排斥学术考据的严密；同样，他弟弟的数学的语言也不是单一应用，而是多方面交织，有时还不排斥一些跳跃和想象。钱锺韩认为，数学是一种语言，可以用来表达任何意象和猜想，正像一篇优美动人的文章不一定代表社会真理一样，数学推导得出的结论也并不一定意味着科学实在。所以钱锺韩往往能超越数学推导，转而寻求更为直观的方法来解决问题。这当然也得力于少年时代由文学阅读而培养起来的想象力与形象思维。

　　钱锺韩是钱家这个国学家庭里第一个学习理工科的人，在这方面他既得不到家庭的支持，也得不到他们的帮助，完全是靠自学成才。不过，从小在家庭里所受的传统国学教育对他仍然产生许多影响。他自己觉得从小家里对他影响最大的是他的三伯父钱基博，因为他觉得自己的性格和伯父很相近，有相通的地方。虽然，三伯父的成就在于文学方面，自然科学非其所长，但治学的方法是相通的，思维也是相长相益的。伯父对他与锺书的要求很严，读书不能只是吸收记诵，要求他们以批判的眼光看待评价古人古书。一本书读下来，重要的是要有自己的看法，决不允许人云亦云。写文章也是如此，作文要有新意，不能拾人牙慧。钱锺韩说："父亲、伯父经常对我说，写文章要写出自己的特色，别人讲过的话就不要再讲。记得有一次我写了一篇关于中国历史问题的文章，拿给伯父看，他就说：'你写的这个文章有什么稀奇，你说的那些话，梁启超早就说过了。'这件事给我留下的印象非常深，使我懂得，写文章如果没有新的见解，就是第二流的。"又说："我伯父是中国古典文学的教授，他常同我们谈一些文学批评的观点。他强调：写文章一定要有新意，要有特色，否则就拿不出去。如果你写的文章和别人一个模样，那就只能打零分。他谈的是文学创作。我后来虽然改学理工，但这些话仍给我留下深刻的印象。"受三伯父的影响，钱锺韩从小养成了批判精神，独立思考，以勤补拙，而且考虑问题一步一个脚印，非常严谨认真，具有极强的逻辑性。

　　钱锺书的性格与他的哪个长辈都不像。他的父亲讷口少言，而他却能言善辩，从这一点讲，似乎近于其叔父，但他的叔父处事能力极强，办事极有条理和耐心，热心于政治，这又是钱锺书所不具备的。他写文章与演讲的文采当然更是出于异常的禀赋，别人难以相比。这方面可能遗传了他舅舅王蕴章的天赋。王蕴章，字蓴农，号西神，十六岁就中了举。捷报到家时，他还在放风筝，成为当时的佳话。他多才多艺，兼擅英语，写文章骈四俪六，随意拈来，当时号称辞章名手，是鸳鸯蝴蝶派的代表作家，写了大量的小说。王蕴章经常到钱家来，他主编的《小说月报》是钱锺书常看的读物，对钱锺书产生影响是很自然的事。虽然与父亲有很大的差异，但父亲的某些性格，还是对钱锺书有一定的影响。最突出的，如简于接物，不喜应酬，父子如出一辙。钱基博说自己"平生无营求，淡嗜欲，而勤于所职，暇则读书，虽寝食不辍。……而性畏与人接，寡交游，不赴集会，不与宴饮。有知名造访者，亦不答谢，曰：我无暇也。文章只以自娱。而匪以徇声气；学道蕲于自得，而不欲腾口说。不为名士，不赶热客，刚中狭肠孤行己意，而不喜与人为争议，人亦以此容之。"①他与当时风行的文人性格不大相同。治学上也一样。钱锺书虽然与父亲性格异趣，但割不断千丝万缕的联系，如对学问的观点，也与父亲有不少相同或相近的地方。他曾经讽刺林语堂的幽默文学（见《写在人生边上》的《说笑》），他父亲在他之前，就曾经对林语堂有过相近的批判。他说："从前人不许子弟读《世说新语》，以为未得其名隽，先得其轻薄。现在上海的文豪，以小品幽默文字为天下倡，汝曹青年意志未定，耳濡目染，轻薄不择人而施。"表明他对林语堂小品文的反对。

钱家作为传统的读书人家，受孔子儒家的观点熏陶较深，有积极的入世的抱负，常常在一起议论政治，关心国家大事。钱锺韩就和他的伯父、父亲一样，对政治比较关心，而钱锺书却恰恰相反。钱锺韩在桃坞中学时，正值北伐战争胜利之后，学校里时常有爱国青年学生组织的爱国活动，如挂国旗、游行、罢课、要求废除宗教课和做礼拜等。这在教会学校里是没有过的事。虽然他不是什么积极分子，不太赞成学生罢课，但作为一个青年学生，他对此类的爱国行动常常是心潮澎湃，是很向往和赞成的，曾参加过学生会组织的游行和街头募捐活动。1928年他们在无锡辅仁中学时，日本人惨杀蔡公时，制造了"五·三"惨案，这在中国产生了强烈的反响，青年学生到各商店去清查并销毁日货，群情激愤。钱锺韩曾参加抵制日货的爱国学生运动。

1929年到1933年，在钱锺韩读上海交通大学期间发生了日本侵占中国

---

① 钱基博《钱基博自传》，《江苏研究》第1卷第8期，1935年12月。

东北的"九一八"事变，上海学生在中国共产党地下党的领导下举行为期数月的大罢课，反对蒋介石的不抵抗主义，并要求释放被绑架的北京学生代表，包围了国民党伪上海市政府。上海的青年学生为要求蒋介石北上抗日，举行了三次到南京的请愿活动，钱锺韩也都参加了。虽然他只是随着大家一起去游行，但却感受到一种鼓舞，受到了不少教育。

　　钱锺书却从来不愿参加这些活动，对政治不感兴趣，只专心于学问。他似乎对世俗中的一般群众都瞧不起，瞧不起这些群众运动。从小他就超脱于这些纷繁的琐事之外，只关注自己的学业。这种特点在钱家与别人都不相类，只有他是这样的性格。不过，很可能正因为这样，他才能在各种运动中都不受干扰，一心营造自己的学术事业。

第三章
大学时代

◎

父亲对钱锺书的才华很欣赏，深信他以后会成大器。1929年秋季，钱锺书考入清华大学后，父亲命他经常往家中写信，汇报他的学习情况。锺书因为替父亲代笔写信的锻炼，写这类客套信尤其神速，从不起草，提笔就写，八行笺上几次抬头，写来恰好满页，不多一行，也不少一行。谈学业、谈学问、谈校内生活、谈师生交往，一一向父亲汇报，趣味横生。父亲把他的每一封家书都珍藏起来，精心贴到一个本子上，亲手贴上题签《先儿家书》（一）（二）（三）……从大学阶段起直至1957年他老人家去世。在父亲去世后整理遗物时，钱锺书才惊奇地发现这么多《先儿家书》，心中不禁黯然。他把这些书信珍藏着，作为对父亲的怀念。可惜在"文化大革命"时候，都被烧掉了！

"横扫清华图书馆"

进了清华大学，可以抛开不喜爱的数学，在文学的天地之中尽情地邀游。钱锺书如鱼得水。

二十世纪上半叶的清华大学还是一个综合性大学，校内名流学者云集。钱锺书入校时，所在的外文系授课的教师中就有许多名教授，文学院院长杨振声，系主任为王文显；教授中有叶公超、温源宁、吴宓；外籍教师有德籍的普来僧，英籍文学批评家瑞恰慈，美国人毕莲女士、翟孟生以及温德等名教授。这些教授都是掷地有声的学问家，在国内外都有一定的影响。如叶公超只有二十五岁，是留学英国的著名诗人学者，曾受到诗人T．S.艾略特的欣赏。他教大一英文，以《傲慢与偏见》为读本；温源宁教十九世纪文学及批评两科；吴宓是哈佛大学欧文·白璧德的高足，教古典文学及浪漫诗人两科；王文显是以创作英文喜剧知名的剧作家，英国皇家莎士比亚学会会员。

　　钱锺书的同班同学三十人，虽然人数并不多，毕业时只有二十七人，但后来这些人大都成为著名的文学家或学者，其中在校时或毕业不久便已成名的也颇不乏人，如以戏剧创作出名的万家宝（曹禺），以小说创作闻名的吴组缃，以书评闻名的常凤（笔名常风），翻译家石璞、颜毓衡，等等。但最受系里师长赏识，尤其是得蒙叶公超、温源宁、吴宓等名家一致赏识的只有钱锺书。在清华外文系教授中，许多人都赞叹他是博闻强记、博览群书的天才。叶公超教授在课堂上半开玩笑地讲，以钱锺书的才华，他不应当进清华，而应当去牛津。不轻易许人的叶公超这话不无嫉妒之情，但出自其口自然是有分量的。尤其是精通中外文学的著名学者吴宓教授，曾多次对他的学生们感叹道："自古人才难得，出类拔萃、卓尔不群的人才尤其不易得。当今文史方面的杰出人才，在老一辈人中要推陈寅恪先生，在年轻一辈人中要推钱锺书。他们都是人中之龙，其余如你我，不过尔尔。"吴宓是哈佛大学"新人文主义"文艺批评运动领袖欧文·白璧德的弟子，是清华大学著名的教授之一，对钱锺书给予如此高的评价与赞赏，使得钱锺书的声誉大增。陈寅恪当时为清华大学历史系教授，中国近现代最为博学的史学大师，著述丰富，记忆力极为惊人；又是一代语言大师，通晓二十三种外国语言和少数民族文字，也曾对钱锺书的才能表现出相当的欣赏。钱锺书在大学二年级时，本系临时空缺一个教职，找不到一个合适的教授，吴宓就推荐钱锺书担任临时教授。除了本系以外，中文系、历史系、哲学系的许多教授对他都很赞赏与佩服。如哲学系教授冯友兰说："钱锺书不但英文好，中文也好，就连哲学也有特殊的见地，真是个天才。"钱锺书同哲学系学生方志彤是好朋友，他与方志彤，还有中文系教授赵元任都有语言天才，三人说话都幽默、诙谐。方志彤后到哈佛，曾为国外许多语言学家赞赏，他也佩服、推崇钱锺书，二人甚为相投。钱锺书的清华朋友中还有学历史的吴晗、孙毓棠，学文学的林庚、曹葆华，都是一时之彦。

据说自从吴宓教授称钱锺书为"人中之龙"后，钱锺书就得到了"清华之龙"的雅号，同学中曹禺被喻为"虎"，颜毓衡被喻为"狗"，三人并称为清华外文系"三杰"，钱锺书居"三杰"之首。当时在清华大学，还有所谓清华"三才子"之称，除钱锺书外，另两位才子是历史学家吴晗和考古学家夏鼐。从清华学生这些半戏谑性的"封号"中，我们可以想见钱锺书当时的影响了。

1931年10月，温源宁拟请钱锺书到英国伦敦大学教中国语言文学，这是难得的殊荣，在学生中是破天荒的。钱锺书给父亲写信告知，征求父亲的意见。老先生听后自然内心高兴，但又担心儿子自喜自傲、锋芒过露，有伤恕道，对他前途不利。父亲写信给钱锺书，诫他"勿太自喜"，说："子弟中自以汝与锺韩为秀出，然锺韩厚重少文，而好深沉之思；独汝才辩纵横，神采飞扬而沉潜不如。……然才辩而或恶化，则尤可危。"父亲认为现在社会上之所谓的"名流伟人，自吾观之，皆恶化也，汝头角渐露，须认清路头，故不得不为汝谆谆言之"，"不然，以汝之记丑而博，笔舌犀利而或操之以逆险之心，出之为僻怪之行，则汝之学力愈进，社会之危险愈大"。一番话，打消了钱锺书的念头。

石遗老人的座上客

除博览中西文学书籍之外，钱锺书也写作旧体诗。他的父亲、叔父都有深厚的古典文学修养，家中来来往往的诗人学者名流也很多。良好的家学渊源与"谈笑有鸿儒，往来无白丁"的学术氛围对他的发展极为有利。但他父亲、叔父只作学问，不怎么写诗，钱锺书诗却写得很好。这不是家传，可能也受舅舅影响。他儿童时已经打下了很扎实的文学功底，经史古文外，即已背过《唐诗三百首》、《十八家诗钞》等诗歌选本，非常喜欢，经常吟诵玩味，体悟旧体诗的韵味。他靠自己的揣摩与悟性，中学毕业时，旧体诗已经斐然成章。到清华之后，他有了更多的时间，写了许多旧体诗，在《清华周刊》上发表。

一般的青年才子，开始时总喜欢写些温庭筠、李商隐之类香艳华丽的"才子诗"，词采绮丽，才思纷披，不免缺少风骨。他的父亲不大写诗，但对诗歌很有研究，偶尔看其诗作，认为孺子可教，便携他拜谒了晚清大诗家陈衍老先生。陈衍（1856—1937），号石遗，福建侯官人，晚清同光体三大诗人之一，在清末民初的诗坛上占有重要的地位。他的诗评和诗话在当时影响极大，有《石遗室诗话》《宋诗精华录》等多种著作传世。石遗老人与钱基博友善，时有交往，或到其家审定钱锺书的诗作，指点他在意境与风骨上下功夫，鼓励他多读少做。石遗老人的诗取法

石遗老人陈衍

江西诗派，主要倾向是"宗宋"，这对钱锺书有不小的影响，使他舍唐音而趋宋调。他与陈衍往来酬唱，在石遗老人的指点下，钱锺书的诗进步很快，写得越来越好。1930年2月，他创作了处女诗作《无事聊短述》，以"中书君"为笔名发表在《清华周刊》（总第四十八期）上。他寄呈石遗老人。石遗老人收到钱锺书的诗作，写信热情地鼓励他，并回赠自己的诗作给他，相互唱和。

石遗老人对并世诗人学者甚少许可，独对钱锺书青眼相看，每年寒暑假钱锺书从清华回无锡，石遗老人都要邀他谈宴。起初石遗老人只知道他懂外文，但不知道他在清华学的专业是外国文学，以为是理工或者法政、经济之类实用的课目，有一次查问明白了，就感叹说："文学又何必向外国去学呢，咱们中国文学不就很好么？"钱锺书不敢和他理论，只抬出他的同乡朋友林纾（琴南），说是读了林纾的翻译小说，对外国文学发生了兴趣。石遗老人叹道："这事做颠倒了。琴南如果知道，未必高兴。你读了他的翻译，应该进而学他的古文，怎么反而向往外国了？琴南岂不是'为渊驱鱼'么？"但成事不说，既往不咎。一谈起"咱们中国文学"，两人就有说不完的话，别人向他投诗请益都无暇复信，而与钱锺书长谈却不知疲倦。这种不

世的荣宠只有钱锺书有，也只有钱锺书堪作解人。

1932年的除夕，石遗老人特邀钱锺书到他苏州斜桥寓所度岁，相差两代的一老一少，竟然忘形到尔汝，如一对旧友班荆道故。按照石遗老人的年辈，对于钱锺书的父亲子泉先生已属长辈，但石遗老人却降尊纡贵，以"世兄"称之。

石遗老人对其同乡如严复、林纾都不大瞧得起，说他们不通经史。严复为留洋学生，半路出家，不宜苛论。林琴南为一代宗匠，竟然连《仪礼》上的字句都读不懂，任京师大学堂教习，谬误百出。他举过两个例子说明林纾学问的谬误之处。

谈到清华大学，钱锺书说黄节（晦闻）教诗学。石遗说："此君才薄如纸，七言近体较可讽咏，终不免枯干。"石遗老人又说清末大诗人王闿运："王壬秋人品极低，仪表亦恶，世兄知之乎？"钱锺书对曰："想是个矮子。"石遗笑说："何以知之？"锺书说："忆王死，沪报有滑稽挽联云'学富文中子，形同武大郎'，以此揣而得之。"石遗老人点头称是。说王闿运的著作唯《湘军志》可观，其诗可取者很少，他的《石遗室诗话》中只采其两句，但已记不起是哪两句了。钱锺书马上回答：似是"独惭携短剑，真为看山来"。石遗老人听后非常惊奇，连说："世兄记性好。"

陈石遗的记忆力是惊人的，不仅四书五经背得烂熟，十三经也多能成诵，还能背诵《说文解字》。《资治通鉴》正文不用说，就连胡三省的音注也整段整段背得出来。他们谈到诗文典故，石遗老人年龄大了，偶有遗忘，一时想不起，钱锺书马上应声而出，毫不迟疑。石遗老人有些没有见过的书、没有读过的诗，钱锺书也能提出来作补充。石遗老人不断点头称赏，说："世兄诗才清妙，又佐以博闻强志，惜下笔太矜持。夫老年人须矜持，方免老手颓唐之讥，年富力强时，宜放笔直干。"

陈石遗先生在无锡国专授课之余，编写《石遗室诗话续编》，别裁精择，点定品评。他对钱锺书从中学到大学的诗册逐一点评，并为之做了一篇热情洋溢的序言，其中说："默存精外国语言文字，强记深思，博览载籍，文字渊雅，不屑屑枒然张架子，喜治诗，有性情，有兴会。"又在《石遗室诗话续编》中说：

无锡钱子泉（基博）学贯四部，著述等身。肆力千古文辞，于昌黎、习之，尤哜其菹而得其髓。其致吴稚晖一书，不下乐毅《与燕惠王书》，唯未见其为诗。哲嗣默存（锺书）年方弱冠，精英文，诗文尤斐然可观，家学自有渊源也。性强记，喜读余诗，尝寄以近作，遂得其报章放："新诗高妙绝蹊攀，欲和徒嗟笔力孱。自分不才当被弃，漫因多病颇相关。半年行脚三冬负，万卷撑肠一字艰。那得从公参句法，孤悬灯月订愚顽。"第六句谓余见其多病，劝其多看书、少作诗也。中秋夕作云："不堪无月又无人，凡坐伶仃形影神。忍更追欢圆断梦，好将修道惭前尘。杯盘草草酬佳节，鹅鸣喧喧聒比邻。诗与排愁终失计，车轮断肠步千巡。"又《秋杪杂诗》十四首，多缘情凄凉之作……汤卿谋不可为，黄仲则尤不可为。故愿其多读少作也。

在陈衍的《石遗室诗话续编》收录的诗人诗作中，钱锺书恐怕是其中最年轻的一位了。他的《得石遗先生书并示〈人日思家怀人诗〉敬简一首》1932年3月发表在《清华周刊》37卷5期上，很引起清华园师生的羡慕。像他这样二十岁刚出头的大学生，能够和年高德劭的诗坛耆宿诗文酬唱，并被收入《诗话》，多方誉扬，不仅在同学中无先例，就是在清华的年轻教师中有这种资格的人也不太多。这确是钱锺书青年时代最为得意的事情。钱锺书对陈衍比对任何一位师长都尊敬，从来没像对别人那样的微词讥评，怕也有知遇之恩的情感在内吧。他也确实受陈衍影响不小，即使在后来陶冶百家、自铸伟词的独特风格中，宋诗的倾向也是很明显的，成为他诗歌创作鲜明的特点。不过，陈衍以一个同光派诗家的眼光，只主张学宋诗，不主张学习其他，更不赞成学习外国文学，钱锺书并没有固守同光派的路子，而是博采唐宋诸家之长，自成一家，比起陈衍，胸怀当然更宽广了。

敢与权威论短长

钱锺书常常在课堂内外，指出教授们在课堂上或学术上的错误。清华大学的一些著名教授学者，如中文系的朱自清教授、哲学家冯友兰教授、目录版本学家赵万里教授，都是饱学的专家，但钱锺书却能随时指出他们学术上的错误来。如当时只有二十五岁的赵万里已是清华有名的教授，为钱锺书他们开版本目录学课。赵万里相当自负，在谈到某书的时候说："不是吹牛，某某版本只有我见过。"钱锺书和吴晗在课后不约而同地说："不是那么一回事呀，只有他见过吗，我也见过呀。"钱锺书又说，那个版本他见过多次，与赵万里讲的就不一样。本来赵万里计划为同学们讲十个题目，第一个题目就落下这个笑话。但他倒也开通，留下七八个题目给吴晗与钱锺书讲。钱锺书当日的同学有人说，清华文史方面的教授很少没有受过钱锺书嘲笑批评的。

1932年，周作人的《中国新文学的源流》由北京人文书店出版。这部书是周作人在北京辅仁大学所作的五次有关新文学源流的演讲稿，经作者自己修订后结集出版，标志着当时新文学研究的重要成果。以周作人在中国现代文学上的地位和影响，应当说是相当有分量的。但钱锺书在给他的这本书写的书评中，不客气地指出了周作人文章的多处错误，从基本概念不清到判断的错误，并一一加以论述。

但对于年轻人的作品，钱锺书倒给予充分的肯定。他写过一篇评新诗人曹葆华的诗集《落日颂》的文章，这是他仅见的关于新诗的书评，文章一反他经常所采取的批评嘲讽的口吻，而以诗一般的语言，充满热情地给予了肯定，并期待着诗人更成功的新诗出现。他评论说，"落日"是个误用的意象，更恰当的名字应当是"雾中的晓日"，因为，"作者最好的诗是作者还没有写出来的诗；对于一位新进的诗人，有比这个更好的，不，更切实的批评吗"？

钱锺书的这些文章说理透彻，旁征博引，给人耳目一新之感。

这些文章，钱锺书先后都寄给父亲看了。父亲对他的才华固然引以为荣，但对他的锋芒过于外露更深为担忧。尤其是1932年10月15日的《大公报》上登载的张申府的《民族自救的一个方案》，有这么一段话：

照我的青年朋友钱默存先生的解释，孔子很近乎乡绅。我相信这种看法是对的。……默存名锺书，乃是现在清华最特殊的天才，简直可以说，多半在现在全中国人中，天分学力再没有一个能赶得上他的，因为默存的才力学力实在是绝对地罕有。他新近对孔子有一个解释，同我说过大意，我深感其创辟可喜。希望默存不久即能写出，交本刊发表，前期及本期已登有默存两篇书评，读者当已看出他写的是如何的雅趣深隽。

这位受正统孔孟思想影响的父亲，看到儿子对孔子有这么不恭的评价，大为不满，写信给钱锺书，批评他的这些话"看似名隽，其实轻薄"。又说："父母之于子女，责任有尽，意思无穷。……现在外间物论，谓汝文章胜我，学问过我，我固心喜；然不如人称汝笃实过我，力行过我，我尤心慰。清识难尚，何如至德可师，淡泊明志，凝静致远。我望汝为诸葛公、陶渊明，不喜汝为胡适之、徐志摩。"

初识杨绛

钱锺书在清华大学认识了当时刚刚考入清华大学研究院外文系研究生的同乡杨绛。杨绛原名杨季康，也是无锡一位出自读书人家的女孩子。她的父亲杨荫杭是留日学生，也是最早起来反清的革命人物。杨荫杭自1906年逃亡出国，先在日本早稻田大学研究科读书一年，获得法学学士学位；后又转入美国，在宾夕法尼亚大学获得法学硕士学位；1910年回国，在北京一家法政学校授课。当时为宣统皇帝辅政的肃亲王晋善得知杨荫杭是精通东西方法律的专家，这位较开明的王爷便邀请他晚上到王府讲法律。杨荫杭的父亲杨翰修曾中过秀才，后来担任当时北塘的商业首富唐守铭所开的堆栈的经理，唐守铭就是杨荫杭的岳父。杨荫杭到上海进南洋公学读书，在很大程度上就是依靠岳父的资助。杨荫杭创办理化研究会后，曾要他的胞妹杨荫榆、杨荫枋也参加该会学习，据说是全国首先提倡男女同学的第一人。

杨绛于1911年7月17日生于北京，是家中的第四个女儿。她出生时，正是辛亥革命前夕，政治形势风云变幻，杨荫杭辞职回南方，到上海《申报》馆当编辑。临行前，肃亲王拉着他的手，友好地与他道别，并说"祝你们成功"。民国成立后，杨荫杭在苏州出任江苏省高等审判厅厅长，后来民国政府规定本省人回避本省的官职，杨荫杭就调任浙江省高等审判厅厅长，移居杭州。在浙江任上，杨荫杭坚持惩治杀人的恶霸，对祖护恶霸的省长屈映光不让步，遭到怨恨。屈映光入京晋见袁世凯，告了杨荫杭一状，说"此人顽固不灵，难与共事"。恰巧袁世凯的机要秘书张一麐是杨荫杭北洋大学时的同窗老友，杨荫杭才没有吃大亏。袁世凯亲笔批了"此是好人"四个字，杨荫杭就由杭州调入北京，任直隶高等审判厅厅长。

袁世凯阴谋称帝，有人成立筹安会为他制造舆论。首都警察总监罗文干欲以破坏民国罪将筹安会的几个主要人员拘捕，被袁世凯下令撤职扣押，交直隶高等审判厅审判。杨荫杭直接干预审判，判决罗文干无罪释放，致总统败诉。判决后，杨即自动离职，从此脱离政界。

　　杨荫杭全家从北京回到无锡，后来他又到上海任律师。杨绛随着父母从无锡到上海，再到苏州。1926年，杨绛考进苏州振华女中，两年后，她报考大学，那时清华大学刚招女生，但偏巧那年清华不到南方招生，所以杨绛只好就近考了东吴大学。东吴大学是教会学校，招女生，但人数还很少，她想报法律系，毕业后当父亲的助手，但父亲反对，不让她报。她喜欢文学，但那时东吴大学没有文学系，她只好就近报了政治系。她的兴趣仍在文学上，平时的时间基本上都用于阅读外国小说，养成了对于外国文学的浓厚兴趣。1932年，杨绛大学毕业后，没有选择去美国留学，而考取了清华大学研究院。1932年春天，一个偶然的机会，杨绛在一个女同乡那里认识了钱锺书，两人一见如故，从此开始了他们的爱情。

父子相聚在光华大学

　　钱锺书毕业的时候，清华研究院刚成立不久，老师们希望他能留下来，继续读研究生，为这个研究院争光，但他未置可否。四年级临近毕业时，陈福田、吴宓等教授都去做他的工作，想挽留他，他一概谢绝了，系里的教授对此都十分惋惜。陈福田教授有次对人说："在清华，我们都希望钱锺书进研究院继续研究英国文学，为我们新成立的西洋文学研究所增加几分光彩，可是他一口拒绝了，他对人家说：'整个清华没有一个教授有资格充当钱某人的导师。'这话未免有点过分了。"吴宓教授是个厚道的人，对年轻的钱锺书颇为期许，对他的自负盛气也最能原谅，他对钱锺书拒绝进入清华研究院并没有什么不高兴。他说："学问和学位的修取是两回事，以钱锺书的才华，他根本不需要硕士学位。当然，他还年轻，瞧不起清华大学的现有西洋文学教授也未尝不可。"这话也印证了钱锺书后来的话："二十岁不狂是没有前途的，三十以后还狂是没有头脑的。"对于一个初出茅庐的青年来说，这最能体现出他的锋芒。

　　清华大学留不住年轻的钱锺书，钱锺书另有选择。他父亲当时在上海光华大学任中文系主任，身体欠佳，便召他赴上海，到光华大学任教。这大约是钱锺书南返的一个重要原因。另一方面，钱锺书已有足够的治学能力，他的知识大都源于自学，他不愿再听课了。也许还有一个别人未说明的原因，即他的目的是准备两年后出国留学。当时清华大学所有的专业都可以派出国留学，但学外文的却不能，而且全国规定，大学毕业生必须有两年以上的服务年限，才能出国留学。

1931年"九一八"事变起，日本帝国主义对中国东北悍然发动进攻，由于国民党采取不抵抗政策，导致东三省沦陷，华北也岌岌可危。到了1933年，学生屡屡请愿、游行，清华大学的教学秩序几乎不能正常维持了。此时的大学生忧心国事，已经无心思再安坐于教室之中。钱锺书这一届临毕业时，许多学生纷纷离开学校、踏上新岗位，投入到社会的洪流之中去了。

1933年9月，钱锺书来到上海光华大学任教。前面说过，光华大学是上海一所刚成立不久的私立大学，有幸聘到钱锺书这样一个优秀的清华毕业生，自然是非常欢迎的，当即破格聘他为外文系讲师，讲授西洋文学和文学批评两门课。在当时，一般大学毕业生要工作两年才能做助教，几年后才能提讲师，这次对钱锺书是破例。

钱锺书刚到光华大学时，住光华大学的教师集体宿舍，同舍另一位青年教师顾献梁也是研究文学的。同室之初，他并不了解钱锺书。有一次，顾献梁正在埋头读一本深奥难懂的文学批评史，钱锺书看到了，便说："这本书以前我念过，不知道现在还记不记得了，你抽出一段考考我看。"顾献梁听了半信半疑，特地找了几段难懂的内容来考问他，一段念个开头，钱锺书就能接下去，整段整段地背诵，十之八九正确无误。如是者多次，顾献梁大惊失色，拜服不已。顾氏后来到了国外，他常常与人谈起此事，对钱锺书真是赞不绝口，"文化大革命"中他还辗转与钱锺书通过几次信。

钱锺书与他的父亲，一在外文系，一在中文系。其父先为中文系主任，后来又兼文学院院长。像这样父子同执教一校的情况在民国教育史上是少见的。虽然钱锺书刚刚大学毕业，凭其良好的口才与渊博的学识，讲课的水平，不在父亲之下。他开的英美散文课吸引不少学生慕名前来。他备课认真，喜欢旁征博引，侃侃而谈。他上课独特，有次考试的作文题是"What is love"。据光华大学一些校友回忆，钱锺书是光华大学最有影响、最受欢迎的青年教师。在讲授诗学、英国文学的同时，他还兼任《光华大学半月刊》特约撰述和英文刊物《中国评论周报》（*The Chinese Critic*）的特约编辑工作，并写过一些英文作品。《中国评论周报》是一些学者1928年在上海创办的英文刊物，由桂中枢主编，陈石孚任编辑。桂、陈二人均为二十年代清华大学学生，林语堂是该刊最主要的撰稿人兼"小评论"专栏作家。钱锺书到光华大学后，因为他的英文水平高，被特邀为编辑兼撰稿人。三位清华学人的共同努力，使这份《中国评论周报》办得有声有色，名声远播，在当时社会上颇有一些影响。

钱锺书这时所写的文章，有与其父商量学问的《上家大人论骈文流变书》（载1933年《光华大学半月刊》第7期，他也是这个半月刊编委会委员）。《中国文学小史序论》及《中国文学小史序论补遗》，发表在《国风半月刊》上。这是为《中国文学小史》（此书自费印行）所作的一篇序，讨论了中国文学的几个重大的理论问题。

钱基博在光华大学时，几乎每星期都要回无锡，因为他担任无锡国专校务主任，协助唐文治校长，每次必到校作讲座。

钱基博曾先后主讲《古文辞类纂》、《文史通义》和《现代中国文学史》等课程，威望极高，深受同学们的爱戴。陈昌其《钱基博先生传略》中说："当时正值白色恐怖时期，先生对社会现实亦有不满，往往在讲课时联系实际，进行讽刺抨击。有一次，他刚走上讲台，一开头就气愤地说：'现今姓马，就有犯罪危机，这还成什么世界？'接着，他解释道："今天我从上海回来，手边带了一本《文献通考》，哪知被铁路警查得，看到扉页上有'马端临'三字，就硬说是赤化书，我声辩多时无用。后来一直吵到站长室，才算弄明白。这岂不笑话。'"开始他在无锡国专任教时，由于所住离校较近，所以每次都是徒步到校，往往手捧书本，边走边看。他看书不辍，手不释卷。他在光华大学任教时，还定期到无锡国专上课，从上海回无锡，在火车上的时间，都是他的读书时间。有时车厢内乘客多，车内拥挤，声音嘈杂，不能看书，他便闭目静坐，背诵诗书。吴雨苍说："另有一次，我和他同车返锡，坐的是二等车厢，乘客不多，火车启动后他就拿出书来阅读，真是手不释卷，学而不厌。不料他读到得意处，竟高声朗读起来，抑扬顿挫，声振车厢，旁若无人。旅客无不为之愕然。[1]"

钱锺韩在交大

上海交大每年都要评选优秀免费生，但条件极严格，各门课要平均90分以上。1929年第一学期，钱锺韩的总成绩为89.45分[2]，不到规定的平均90分，但全校没有一个人平均90分，钱锺韩是最高的，所以学校用了两个四舍五入的方法，免了他的学费。到1933年他毕业时，他年年都获得优秀免费生，八个学期的平均总分竟达93.4分[3]，破了交大历史上四年总平均90分的最高纪录。

钱锺韩不仅专业课好，基础课也同样出色。化学课一位老先生是一名极严的老师，让学生望而生畏。这个老师出题刁钻，题量很大，学生从头至尾一点喘气的机会都没有，还答不完，而且每个题的每个步骤稍有不合，都作为负分从总分一百分中扣除。在这种情况下，钱锺韩竟然考了满分，连这位徐先生都说前所未见。有的老师为考学生的能力和机智，挖空心思，出其不意。有一次，一位老师给班上的几个尖子学生一个工程图，要他们回答问题，图中一个角看上去是直角，大家都按直角来做，都错了，独钱锺韩精细地量出这是89度角而非直角，老师暗地惊讶他的细心。

教英语的唐庆诒先生是唐文治的哲嗣，美国哥伦比亚大学毕业，在哥大全校英文演说比赛中得过第一名。唐庆诒要求也很严格，但给钱锺韩的英文作文成绩每次都是A，且评为有"麦考莱的文采"。

这些都得力于钱锺韩的勤奋刻苦，好学深思。钱锺韩看书时脑子里常常思考着什么问题，为一个问题，他可以长时间冥思苦索。如为一个数理方面的难题，他数年不得其解，有一天半夜，灵感突然来了，豁然贯通，他立即起来，点上蜡烛，用一个通宵解决了。

上海交大特别注重学生的实践动手能力，经常做实验，写报告，或

---

[1] 吴雨苍《文采传飞白雄风劲射潮》，《无锡文史资料》第二十二辑。
[2] 钱锺韩第一学年有一门"军训"课程，他认为军训教材文理不通，在答题时，纠正了教材中的错误，教官很生气，只给他71分，所以总成绩被拉下了。——据钱锺韩先生回忆，引者。
[3] 《东大校史通讯》中说他平均98分，误。

参加实习尤其是金工实习。实习课有木模、沙型、钳工、金工等，每次都要拿出制成品进行评分。这些钱锺韩都能认真动手，独立完成，从而培养了他的能力。车床上换下的简单的零件学生一般都是拿去请技工师傅修理，而钱锺韩却是独立完成修整工作，在力所能及的情况下，从不假手他人润色。

因为钱锺韩很认真，有时他交作业就会显得慢一些。当年交大对实验有规定，重点实验课如物理实验、电机实验等，每周都要交两种报告：事前的理论预习和事后的实验总结。各种实验做完后，必须一周内送实验报告，交由助教评阅，逾期不再受理。唯有钱锺韩的报告，逾期助教也不大去催。他的报告就像做一个科研项目一样，助教要花很大工夫才能看懂，所以有助教只好和他委婉地协商，能否简单一些。

1933年夏，江苏省招考赴英留学人员，一般大学毕业后要经过两年的服务期才能报考，但钱锺韩因为成绩特优，所以免予服务年限。他去报名，一问才知道招的不是电机工程专业，而是机械工程专业。上海交大三年级起就分电机和机械二院了，他在六月交大毕业考试过后才匆匆准备机械工程所有的课程。留学考试人很多，报名者大多是等了多年的大学老师，考试的难度也很大，从基础课到专业课，包括中文、英文、数、理、化和专业，竞争相当激烈。据他的同学讲，钱锺韩每考一门回来，就大发牢骚，异常颓丧。同学们猜测是考试失利，都劝慰他，学的是电机工程，临时自学机械工程课，考得不好也难怪，不必介意。他答道："这次题目太容易了，不像考出国留学。我一向不怕题目难，现在如此容易，大家都会做，我如何能与有后台的人竞争呢？所以我觉得失望。"等到后来发榜，钱锺韩名列榜首，总分八十分，第二名总分仅五十九分。他同班的吴大榕闻讯，叹息说："我和钱四年同班，每年考分最多差四、五分，我真后悔这次未去报考，否则我将稳坐第二名了。"[①]

江苏省公费留学考试中，也考国文与历史，这对钱锺韩来说更不在话下了。阅文史卷的是大学者柳诒徵先生。当他看到试卷时，以为是专攻文史的老师宿儒，给了特别高的分数。等到拆卷时，大吃一惊，原来是一个

①刘良湛《交通大学三十年代文武二杰——记钱锺韩、周贤言校友》，西安交通大学《校友之声》1999年第2期。

只有22岁的理工科学生，柳先生大叹："中西淹贯，实不易得。"①

　　两年后的1935年，钱锺书也以第一名的成绩，通过了第三届庚子赔款公费留学英国资格考试，进入牛津大学。他报考的英国文学专业只有一个名额，当时清华大学准备报考的人听到他也去参加考试，都吓得不敢去报名了。果然名不虚传，他以绝对的优势名列榜首②。

① 钱孙卿《孙庵年谱》，1943年铅印本。
② 王焕琛《留学教育——留学教育史料》第四册，（台）国立编译馆1980年版。

第四章 国外留学

◎

英伦聚首

1934年，钱锺韩考取了江苏省赴英公费留学，与他一同考取的共有三人。除他之外，一个是曾润琛、一个是朱国洗。他们一同到英国，在伦敦进了同一个学校，即伦敦大学帝国学院的工程学院，但他们所读的系科并不同，曾润琛是学机械的，朱国洗学的是土木，而钱锺韩学的是电机。由于都是理工科的学生，他们也有一些共同语言，偶尔在校内聚会。曾朱二人都于1936年回国。

1935年夏，私立上海美术学校校长、著名画家刘海粟到英国开了一次个人画展，经由朱国洗的介绍，钱锺韩与刘海粟相识。钱锺韩帮助刘海粟做英文翻译，负责画展的英文介绍说明，还为刘海粟翻译来往的信件。虽然年龄差别很大，专业也不同，但由于对中国文化有共同的爱好，他们很能谈得来，钱锺韩很快与刘海粟夫妇成为好朋友。回国后，他们还有一些往来。

伦敦大学是由五十多个学院和研究院联合组成的英国最大的一所综合性大学，创建于1828年，其创始人的建校宗旨是反对旧大学的古老经院传统，主张学生应来自各个阶层，教学内容不应过于狭窄，提倡各种学说自由发展和相互交流。在伦敦求学期间，钱锺韩以出色的成绩赢得了教授的赞扬，但也因为坚持真理、敢说真话而得罪了教授。在做硕士论文时，学校里要他做一位教授已经开始但并没有完成的实验。他接手后，经过亲身实践，发现那位教授所用的热工测量方法本身有问题，因此不可能得出正确的结论。他直率地提出来，要求修改原先的测量方法，有人劝他："这个马蜂窝捅不得！"但他认为真理比学位更重要，宁可放弃学位，绝不丧失真理。于是在热电测量方面取得一些成果以后，他没有继续作毕业论文，而是到瑞典一家大厂ASEA电机厂去接触实际工作。钱锺韩到英国留学的目的，并不是单纯为了文凭，而是想学到一些真正的西方科学知识，接触世界上最先进的技术。因此他重视实践，不满足于学习书本知识。

在伦敦的日子里，他远离祖国，却心系家国，对中国的政治局势非常关切。他常思考的一个问题，就是国家的出路问题。这也是受他三伯父钱基博的影响，对政治比较关心。他的弟弟钱锺汉、钱锺毅、钱锺仪包括幼弟钱锺泰，虽然都是从事理工的，与政治并没有直接的联系，却都关心政治，能提出自己的政治看法。

钱锺韩上初中时，五卅爱国运动在全国各地掀起，作为初中生的他，非常兴奋。学生从街上走过时，他也加入了游行队伍。北伐的时候，青年学生的游行他也参加了。"九一八"事变后，1932年他参加了上海大学生到南京请愿的游行。他不是激进分子，但作为五四运动以后的青年学生，他对政治仍然非常关注。他的这种对政治的关心，源于他的父亲与伯父。伯父和父亲受辛亥革命的影响，而他们更受了五四运动的感染。

1936年西安事变后，在国民党统治区，一些对国民党不明真相的人如丧考妣。钱锺韩一度非常兴奋，觉得张学良兵谏可能会使抗战有一些转机。但后来事实证明了蒋介石根本就没有抗战的决心和信念，他对国民党的腐败无能彻底看透了，已对这样的政府不抱什么幻想。但那时，他也不知共产党是什么样子，对共产党还没有什么认识。所以，这段时间，他内心十分苦闷彷徨，觉得国家和个人没有前途和出路。

钱锺韩在英国的第二年，他的堂弟钱锺纬也被庆丰厂唐星海派往英国波尔顿工业学院学习，期满毕业后又奉派至英国好华特纺织厂及麦助泼利脱机器厂实习。同年夏，钱锺书与杨绛也到了英国，他们在伦敦相晤。钱锺书有《伦敦晤文武二弟》诗记其事。

钱锺韩1936年到牛津去看他们，一起谈学习、生活，或到牛津校园中的恼伦园散步。他用自己的照相机为兄嫂摄了好几张照片，一张是钱锺书与杨绛站在高高的大桥上的远景照片，虽看不清面部表情，但可以看见树荫下两人清瘦的身影，记忆一般影绰朦胧；另一张是站在牛津校园里的近景照，钱锺书与杨绛身着长大衣，手拿书卷，并肩站在河边的树荫下，非常洒脱清秀。这些照片很能看出钱锺书当年的风采。

钱锺韩1935年在牛津大学为钱锺书杨绛拍的照片

钱锺书在英国

帝国理工学院是大英帝国著名的理工大学，而牛津大学则是英国最古老的大学，它位于伦敦西北泰晤士河上游的牛津城。这里的文科学术水平是世界第一流的，它拥有许多世界著名的专家、学者，培养出了无数的政界和学术界人才，尤其是它拥有世界上第一流的图书馆。牛津博德利图书馆，比国内清华大学图书馆藏书更为丰富。博德利图书馆历史颇为悠久，早在莎士比亚在世时的1616年，英国书业公司就承担了免费把新书（包括重印本）送给这个图书馆的义务，后来因为藏书急剧上升，博德利图书馆不得不把周围的所有房子全部占用。这还不够，就在地下挖掘藏书库，又重新盖博德利馆。最后仍无法应付书籍不断增加的势头，只好在各地设立专题图书馆，这种专题图书馆多达几十个。钱锺书在这里学习时，主要阅读文学、哲学以及心理学方面的书籍。这里的书实在太多了，他可以在此尽情饱览。他曾戏译"博德利"为"饱蠹楼"，这一译名颇为国人采用。在牛津这样世界一流的大学，掌握数种欧洲语言是司空见惯的，是对留学生起码的要求。钱锺书的英文水平和对其他欧洲语言的精通，在牛津大学并不显得特别突出，但他的东方文学尤其是中国文学水平是首屈一指的。后来牛津出版的一套"牛津大学东方哲学、宗教、艺术丛书"曾聘他为特约编辑，他是当时编辑组中唯一的中国学生（后来好像还加上了萧乾）。

钱锺书在牛津时仍然像在国内一样，根本不受上课的约束，还是完全凭兴趣读书。对不感兴趣的课程他从来不愿听，倒是读了大量西方现代小说。

十九世纪末、二十世纪初是世界发生剧烈震荡的时代，在世纪交替之际，由于资本主义世界政治经济发展不平衡，矛盾斗争不断激化，最终导致了第一次世界大战的爆发。1914年到1918年的大战对西方社会造成了前所未有的震撼，从中世纪以来一直支撑着西方社会信念的基督教失去了灵光，传统价值观念趋向解体。正如尼采曾经宣布过"上帝已经死了"那样，大战使得一切神圣的口号与说教失去魅力，传统思想日趋崩溃，人们普遍产生一种幻灭情绪。人们的精神状态在文学上的表现是现代主义文学的兴盛。这时，西方各种流派纷呈，涌现出一批杰出的文学家，如诗人叶芝、艾略特，小说家劳伦斯、乔伊斯、普鲁斯特，等等。这批作家纷纷以新的形式来表现新的思想内容，如艾略特的《荒原》用支离破碎的语言代替富有诗意、规范流畅的语言，用零乱的层次结构代替传统诗歌结构的连贯性。小说也打破叙事的连贯性，违反传统的语言习惯，放弃规范的人物表现方法。如意识流小说第一个主要作家法国的普鲁斯特（1871-1927）的多卷本小说《追忆逝水年华》，英国乔伊斯的《尤利西斯》，更是现代主义的经典作品。这些作品是时代的产物，在当时便普遍受到人们的欢迎，一战后的英国浮浪青年尤其如此。在欧洲留学的青年钱锺书也渐渐地建立起这样的阅读兴趣，他读了不少现代派的小说。除此之外，钱锺书的兴趣还在侦探小说，他极爱读福尔摩斯探案故事，几乎废寝忘食。

与此相反，牛津大学的课程极为严肃、古板。在所开设的课程中，有不少是相当枯燥的，如英国古文字学课"版本与校勘"之类。钱锺书对这些课程没有一点兴趣，不愿听这些课。他贪读小说，读小说成了他最轻松、愉快的休息。每天都要用普鲁斯特或侦探小说或惊险故事来"休养脑筋"。杨绛说他看侦探小说，阅读极快，每天可以读一本，几乎是一目十行地浏览而过，但这些小说的内容在他脑海中留下很深的印象，常常再现于梦中。杨绛说那时他晚上睡梦中常手舞足蹈，甚至又踢又蹬，不知是梦中做了侦探捕捉凶手，还是做了凶手被侦探捕捉。他把读小说当作最大的业余爱好，来增加生活的情趣和获得积极的休息。当然，他读得更多的还是如康德、黑格尔、萨特、弗洛伊德、克罗齐等人的哲学、心理学、美学著作。钱锺书这一时期究竟读了多少书，不但别人说不清，恐怕连钱锺书本人也难以说清。他的绝大多数时间都是在阅读书籍中度过的。他上课很少规规矩矩地听课，也根本不去用功地复习、预习功课。好在他的英文基础远比一般的留学生扎实牢固，可以自恃，各门课程都以较优异的成绩考过。但是在论文预试中，那门英国古文字课因要辨认英国十五世纪以来许多相当潦草模糊的手稿，这是他始料未及的，也从未准备，结果考试没有及格。没有办法，暑假他只得硬着头皮花了一点时间补课，经补考及格才了事。杨绛说这是钱锺书在国外留学中对所学功课唯一的一次刻苦用功。

在"东方的剑桥"

"衣带渐宽终不悔，为伊消得人憔悴。"

"八一三"事变后，钱锺韩从英国返回了中国，他刚到家，上海与无锡间的交通就阻断了。次年，钱锺书与杨绛也从英国回到了战火纷飞的祖国。他们都不留恋外国优越的条件，忘不了自己的祖国和故乡，尽管这里正在发生着残酷的战争。

1937年9月，钱锺韩受浙江大学校长竺可桢的聘请，任机械系教授，主要讲授热工学、电机学和动力厂等课程，并写了多篇学术论文。

在浙江大学这所中国著名的高校里，云集着许多第一流的理工科名家。1937年前后，浙大校长竺可桢聘请了诸如胡刚复、苏步青、陈建功、谈家桢、贝时璋、罗宗洛、王淦昌、涂长望、任美锷、钱令希等学者，当时有"东方的剑桥"（英国汉学家李约瑟语）之称。

钱锺韩初到浙大时，因为是与三伯父钱基博一起去的，也就与伯父同住在文学院的教工宿舍。在以后的日子里，钱锺韩在这里与文学院的几位教授也有一些联系，还颇能谈得来。当时文学院的几位教授张其昀、梅光迪、郭洽周（郭秉和）办了刊物《革命旬刊》，钱锺韩也写过一些稿子。浙大学生中也有一些进步的文艺团体，如海燕社、黑白文艺社、大家唱歌咏队等，经常开展一些活动，学生自己出一些墙报，体现对国家大事的关心。训导长姜琦对此加以限制，规定墙报稿件必须经的审查才能发表，这个规定遭到许多进步学生的反对。校长竺可桢指定钱锺韩、张其昀等在内的三个教授同姜琦一同研究这个问题。钱锺韩和张其昀都认为事先审查不符合言论自由的民主原则，与姜琦争论了很久，也没有取得结果。后来他把这事汇报到竺可桢校长那儿，这种"事先审查"的措施才没有继续下去。姜琦走后，张其昀做了训导长(1941—1942)，同样是这样，钱锺韩又为学生努力奔波，争取民主权利。

1941年春浙大学生开展的"倒孔大游行"，是浙大学生运动的高峰。这是由浙大进步学生出面组织的运动，钱锺韩没有参加。只有校长竺可桢教授在游行队伍里，但听说他是去劝阻学生时，被学生带着走的。皖南事变后，国民党对进步学生加以迫害，浙大就有学生被捕或失踪，其中就有"倒孔游行"的带头人。面对这样的现实，钱锺韩看不到前途和出路，他对蒋介石和国民党完全失去了信心，内心很苦闷。尤其是1944年冬，浙大进步教授费巩从遵义到重庆后失踪。在浙大教师召开的大会上，钱锺韩感到这事一定是国民党特务干的，他与一些进步教授提出发信质问国民党政府，要求释放费巩。但当时没有确实的证据，学校领导不同意这样做，最后由学校出函"请求政府查明费巩的下落"。他与广大教师一样，对校领导这种态度不满，觉得在国民党的大学，人权受到种种限制，人身自由没有保障。后来，共产党和民主同盟对国民党提出公开的质问，才揭露出费巩原来是被中统特务暗害的。

1938年秋，国民党教育部要求实行导师制，即由每个教师分担七八个学生，每星期在饭厅同学生吃一次午饭，饭后谈谈话，主要是了解一下家庭情况、个人志愿及爱好，也和学生谈谈对抗日前途的看法，等等。这种做法只是形式主义，了解得也很肤浅，只是做到师生相互认识而已。在许多人的反对下，浙大只实行了半年就停止了。《围城》里所讽刺的导师制，就是这么一回事儿。

1940年秋到1943年夏，由校长竺可桢指定，钱锺韩曾代理过浙大机械系主任三年，参加了校级的一些行政事务工作。钱锺韩是长子，家里的弟弟妹妹多，从小就自觉地挑起教育弟弟妹妹的责任，所以待他长大成人后，就成了家里众多弟弟妹妹的老师。最小的弟弟锺泰和他相差二十四岁，每到寒暑假回家，他就主动分担父母的责任，挑起为弟妹补课解疑的任务。所以，钱锺韩从小练就了做老师的本领，有一定的讲课和组织领导能力。弟弟妹妹在他的教育之下，个个成绩出众。他还有意地教育弟弟做人。1944年，五弟锺鲁在上海交通大学机械系毕业，锺韩自贵州写信给他说，战后复兴，上海有相当地位，完全可以在上海就近择业。不过初学做事，尚无身份，须知虚心求教，方可随时进步。并介绍弟弟至交大老校友周厚坤的上海新亚机厂工务处任事。相对于钱锺书而言，钱锺韩有更强的处事能力，办事更果断更有魄力。自从在浙大担任系代理主任起，除了"文化大革命"中间被批斗靠边外，他在学校大部分时间都是兼任领导职务的。

战时的浙大经费紧张，理工科所用的实验仪器设备价格高昂，不易购得。如化学实验所用的天平是从外国进口的，价格千余元，而且当时缺货，已买不到，影响到学生的教学和实验。校长竺可桢很为此着急。在竺校长的请求下，钱锺韩用中国传统的戥子改制为化学天平，而且颇为精确，可以和进口的天平相媲美，而每台成本不过十元。钱锺韩为全校制了十余架，并不断加以改进，使其更加精确。这种土法上马的发明，为学校节约了不少开支，也解决了化学实验的大问题。钱锺韩的父亲知道后特意写信表扬他。

从此年起，钱锺韩几度被聘为机械系代理系主任。其间，由于日军入侵，他随浙江大学辗转遵义、湄潭。1945年9月，钱锺韩任西南联大电机系教授。抗战胜利后，钱锺韩绕道越南回到故乡，任南京国立中央大学工学院机械系教授、代理院长。

钱锺韩在辗转的间隙没有停止对科学的钻研，他利用一切可以利用的时间备课教学。在那个兵荒马乱、条件艰苦的年代，上课很难得到保证，不是缺人，就是缺条件。钱锺韩就要想办法把课上起来。没有人能上的课，就由他自己来开，所以他一口气开出了许多门课，成为一个教学和科研的多面手。

他后来回忆说："1937年，抗日战争刚开始，浙大在迁校途中，经常受到日本飞机的轰炸。后来我们也掌握了日本飞机的活动规律，争取早上七点钟开始上课，到九点钟就听到空袭警报，师生疏散到山洞里，敌机亦来到上空。这样上课很不正常，但亦为我个人备课和自学带来一些方便。我到学校已经九月份，立即开始教一门新课（电厂设计）。要自学一门课，对我来说并非难事，问题在于事先不知道，没有准备，连夜自学亦来不及。加上学校图书资料都已装箱待运，除了一本教科书之外，什么都拿不到，因而应付上课就觉得非常狼狈。幸而经常因空袭而被迫停课，才勉强赶得上备课。当时的师生关系亦是有利的。老的教师很多有家累，不能随校奔波。我当时很年轻，与学生一起跑路，一起躲飞机，生活上比较接近；学校在艰苦条件下坚持上课，学生也对教学效果不甚苛求，更没有心思来同老师有意为难。尽管如此，对于一个临时改行的新教师来说，教学任务还是很紧张的。

"两年过后，我就代理机械系主任，这是因为抗战条件越来越艰苦，很多老教师根本不到校。当了系主任更麻烦，不仅自己要教课，还要想办法把其他课程都开出来；四面八方临时拉了些老师，凑成一个班子，请他们帮忙，同开一台戏。作为代理系主任，要顾全大局。我就说：你们熟悉什么课，能教什么课，就挑什么课；剩下来没有人教的课，由我来对付。所以改行就改得多了。前面我已开过电厂设计。后来又开出水轮机、汽轮机、锅炉等课，后来又搞热工仪表和自动化，都是自学的。电厂设计是一门高度综合性的学科，我亦是有意要补足各方面的基础知识。我也发现，原来由于各门课程分疆划界，横向联系很差，因此，学生学起来很费力；

特别是各课老师并没有围绕'电厂运行'这个中心来明确自己的教学重点，因此，学生在后面用到时，就想不起来了。实际上，'电厂运行'是一个很大的空白地带，有待开发。"

西南联大最年轻的教授

钱锺书从欧洲回来以后，应冯友兰之邀，回到母校清华大学任教。这时清华与北大、南开等学校都迁至云南昆明，三校合并为西南联大。他由原来的清华学生一变而成为清华大学最年轻的教授之一，在清华外文系开了三门课程：欧洲文艺复兴、当代西方文学和大一英文。前两门课是高年级的选修课。听过他课的学生有许多后来成为外国文学的名家，如杨周翰、许国璋、王佐良、周珏良、李赋宁、查良铮（穆旦）、许渊冲、赵瑞蕻等。许国璋在《外语教育往事谈》中说："钱师讲课，从不满足于讲史实析名作。凡具体之事，概括带过，而致力于理出思想脉络。所讲文学史，实是思想史。师讲课，必写出讲稿，但课堂上绝不翻阅，既词句洒脱，敷陈自如，又禁邪制放，无取冗长。学生听到会神处，往往停笔默记。盖一次讲课，即是一篇好文章，一次美的感受。"他最后总结说："钱师，中国之大儒，近世之通人也。"钱锺书虽然年轻，但是比起清华的那些年长的教授，如叶公超、陈福田、吴宓等一点不逊色。钱锺书不像叶公超那样说中文多、英文少，提问多、讲解少；也不像吴宓、陈福田那样上课缺乏感染力。他上课只说英文，不说中文，只讲书，不提问，既不表扬，也不批评，但脸上时常露出微笑，谈笑风生。那时候学校正放电影《罗密欧与朱丽叶》，他上课时就微笑说，看了电影，男的想做罗密欧，女的想做朱丽叶。他上课的语言很特别，如解释"怀疑主义"时说过一句精辟的话："Every is a question mark, nothing is a full stop."（一切都是问号，没有句号。）言简意赅，生动形象。

钱锺书这时也创作一些散文，主要是随笔和杂感，在西南联大教授集资办的《今日评论》上发表，总称为"冷屋随笔"，如《论文人》《释文盲》《一个偏见》《说笑》等，针对人世社会的一些丑恶可笑的现象，给予嘲讽，机锋所向，尤在士林。当时所谓的大学的教授学者，被他的笔刻画得淋漓尽致。这些文章后来都收进了他的《写在人生边上》一书中。

钱锺书在西南联大无疑是一个好老师，但是因为他太受学生欢迎，有时也遭一些同仁的嫉妒。他的口无遮拦的玩笑，也可能会无意中伤人，如他曾对别人说，西南联大的外文系不行，因为"叶公超太懒、吴宓太笨，陈福田太俗"[①]，这些玩笑话确实也有些过火。他的任意臧否人物的习性虽经过多年，也未能敛尽。再则，他在西南联大发表的那几篇嘲讽教授学者文人的散文随笔，引起一些人猜测和对号入座。故而他在西南联大的处境并不是十分顺利。从吴宓的日记中可以看出，当年叶公超与陈福田曾经向清华校长进言，不聘请钱锺书。据说后来叶公超在接受别人采访时，当问到钱锺书是否当时在西南联大，叶公超说不记得钱曾在那里教书[②]。

这时，正好钱锺书的父亲被老友廖世承请到湖南宝庆蓝田的国立师范学院国文系做主任。基博先生因为年龄大了，身体有病，写信要钱锺书也来蓝田。廖校长正好通过其父把钱锺书也拉过来为他筹建外文系，公私兼顾，两全其美。所以钱锺书在1939年夏天辞去西南联大教授职，到了蓝田的国立师范学院。

丹桂满庭芳——无锡钱氏家族文化评传

① 周榆瑞《也谈费孝通与钱锺书》，《钱锺书传记资料》第一辑，（台）天一出版社1985年版。
② 叶公超曾亲自写信给钱锺书的父亲，要钱锺书回国后来清华教书。而且在1938年的高级英语进修班上，叶公超还很得意地对学生说钱锺书是他的弟子。

第五章
上海沦陷时期

◎

坚持民族气节

日军侵略中国后，大多数人没有料到中国的军队在日本军国主义的武装面前显得那么软弱，一步一步向后撤退，败得那么惨。国民党军队在敌人的攻势之下节节败退，对百姓弃之如遗。钱孙卿逐渐认识到，国民党军队是靠不住的。

1937年，钱孙卿的次子锺汉娶妻结婚之后，家里人口太多，住房太狭窄，所以他与兄长商量，在居室东偏后院基上，建楼一楹及后平屋一间，而于楼后庭中别辟月形门以相通，恰在梅花树下，故名曰"梅花书屋"。

刚刚建成不久，日军入侵，抗战开始，时任无锡商会主席、航业公会主席的钱孙卿又被推为抗战军队供应站主任。他积极征集汽轮数百艘，为抗战士

绳武堂内梅花书屋匾额

兵提供了几十万石米面粮食。而各轮船公司、各厂家因为他的缘故，没有一家不出钱不出力的，给抗战军队提供了充足的物资。但国民党的军队并没有能够阻止敌人的入侵，年底，江南告陷。军队撤退，包括县官以下的各级官绅纷纷逃离无锡。1937年7月7日，卢沟桥事变开始，8月13日，日本又在上海掀起战事，中日战争爆发。战争开始了，事务更为复杂，尤其是战时的粮食供应更成问题。无锡县县长陇体要怕担风险，一切委重于钱孙卿的商会。陇氏拿着省电过访钱孙卿说："地方组织粮食调节处，已奉省令委君为处长，以土地局丁松林为副职。"这明显是临阵逃脱推卸责任。钱孙卿笑笑说："待罪地方，无所逃避，事情仍请官办，责任归我来负，好吗？"这就是说他不要这个处长的虚名，但负起此事责任，陇氏当然高兴。所以当时无锡所存的机构，如各界抗敌后援会、军运代办处及难民救济会等组织，凡募捐物资、慰劳将士、输送难民、安置后方、组织救护队救护伤兵及难胞等，皆由商会负责，钱孙卿主办。

钱孙卿主张坚持下来，他说："守土的士兵，可以奉命撤退，而我们生于斯、长于斯，祖宗丘墓所在，怎能弃之如遗？即使到最后迫于形势不能不走，不能马上就走掉，将土地拱手让与日本人。各部分人员要竭其所能，成年人登记之后，焚毁册籍，不要留给日兵壮丁；钱财物资运往上海，不要给敌兵粮食。路上遇到我军败兵，要派人引导转移，不要落入日兵手里。"

钱孙卿对政府在国家危难关头屡屡退却溃败、抛弃百姓西迁的做法大为愤怒，屡屡斥责："政府相弃如遗，视之如异国矣。"倒是有些平民百姓不屈不挠，敢于与日本人对抗。当时日本人正筹备伪自治委员会，以张揆伯为委员长，孙维嘉为秘书长，其余张仁山、张桐、杨蔚章、范薪之、李仲臣、杨仲滋六人为委员。日伪要来强迫钱孙卿任伪职，他化名孙少卿，越境而至常州戴溪桥友人朱竹筼家暂避。在常州住了月余，到了1937年的旧历年底，族人因为乡间秩序混乱，人心涣散，有人欲趁乱打劫，局势不可收拾，乃请他回乡稳定秩序，稳固人心。于是钱孙卿又潜回到无锡，暗中主持当地局势。未过几日，日军大举进入无锡城。汉奸政府也已经改组，任杨翰西为自治委员会委员。

钱孙卿在日军攻陷无锡城的前一天，才把妻小送到乡下躲避。日军攻入无锡城后杀人放火，劫盗横行，并悬赏布告，要捉拿他。他泛舟于湖上泊芦荡一月有余，才由南通绕道至上海。在上海他又组织旅沪同乡会，捐款捐资，以图对无锡沦陷区的乡亲给予接济救助。钱孙卿安排叔兄基博和自己的家眷到了上海。时杨翰西自无锡来信，诉说自己内心的苦衷，略谓："自念家倾业毁，本身一无所恋，所以迟迟在此者，邦人共命，无告相依。更一念遗骸未埋，饿殍满目，彷徨终夜，往往以被角拭泪。知我如君，其亦哀其遇而怜其志乎？"钱孙卿很能理解他的心情与遭遇，每有人问询无锡形势，均以此书示之。

时华北已成立伪临时政府，以王克敏为首；南京成立了伪维新政府，以梁鸿志为首，遥相对峙。苏州成立了伪江苏省政府，隶属于南京伪维新政府，陈则民为省长。无锡的伪自治会又改组，以秦亮工为伪县长。秦氏也自无锡寄信来，说自己"做事一本良心，事事以顾全小民生计救度小民痛苦为主，恃强凌弱而徒知利己者，则不敢稍纵。至吾民权利而苟可以挽回者，亦无不舌敝唇焦，多方奔走，以维护之。乃私人痛苦，接踵而来，入地狱而不能救众生"。可见这些被迫做了汉奸的人，内心也是十分复杂的。但无论如何，钱孙卿也不与他们同流合污，虽然有些是他的好朋友，有些是他的老师，有人是被迫的，有难言的苦衷，但在事关民族大节的问题上，他是不能含糊的。

有位在伪政府任职的同乡深夜造访，谈起时事，语言甚慷慨激昂。钱孙卿对他说：君为江苏人，须爱地方，政府弃我东南，应当先抚慰百姓。后又有两人来见，他同样表明自己的观点。他说："我虽然离开了无锡，而家乡的桑梓之情却未尝一日去怀，既荷诸君想念看望，深望诸位爱护地方人民，勿轻杀异己，勿多祸人民。乱世的报应最快，尝听先人遗训，说战时发横财者家无传代，诸君异日的功罪，全在于你家里有无余财，幸各自爱，可相见也。"言时声泪俱下，闻者亦为之动容。钱孙卿虽然避居上海，实则对于无锡的事无不时刻关切。国民党军队和日军之间打仗仍未停息。这时国民党第三战区司令顾祝同遥领江苏省主席驻屯溪，江北则有前保安处处长韩德勤以江苏民政厅厅长名义兼代省主席将屯溪作为省府所在地，在江边与日军作战。无锡的工厂经过日寇的践踏，很多已经毁于兵事。工厂是无锡的命脉，工厂不能开工，人们无可谋生，人心不稳，民不聊生。钱孙卿托人致电国民党军事当局，指出：工商业是无锡的命脉，无锡的经济很大一部分是靠工商业的，日军入侵，使无锡的企业大半已毁，现在无锡剩余的未毁各厂，是国家复兴的希望，厂商服从国家的政策，不敢自谋私利，国家也应当体念战区的百姓，为战后的复兴考虑，为劫余的百姓考虑，务必严饬所在部队，非有军事必要，幸勿轻将工厂毁坏，并吁请尽力保护工厂。泣涕陈词，全为保全乡邦考虑。当时外边谣传颇多，日本人多次强迫无锡士绅来上海劝说他，想方设法让他出任伪职，他均坚辞不就。有人劝他逃到香港或重庆，他也不去。他不愿接近政治，也不想远离家乡，抛不下他热爱的家乡父老。

无锡邑人周汉良、严文耀、张鹤亭来上海拜访他，也是希望约他回无锡主持地方政局。他以衰病婉辞，见来人恳切，盛情设宴，在会上说了一番话：

幸诸君相念，无物款待，不可使诸君白来一趟，请听我讲一则旧闻可乎？前清洪杨太平军时，无锡有位华邃秋先生，荡口人，时刚以举人选为江西新喻知县，尚在乡未赴官。此时太平军抵无锡，首领黄文金，人称黄老虎，闻华先生大名，遣人来邀请他，还说：不来将有祸。众人都惊恐万分，华邃秋先生单身赴会见了黄氏。黄命他蓄发，华先生昂首说：你知我是何人，余乃新选江西知县，虽在家居，照例应当殉难。但我此来不是为了死，你要我蓄发，也可以，但你必须答应不扰乱甘露、荡口百姓，有战事必事先告知，那我就可以蓄发。太平军见其词气慷慨，很惊异，答应了他。任命他为旅帅，被他坚决拒绝了。荡口、甘露皆安然无恙。后来清军平无锡，李鸿章为苏抚，华先生与李鸿章为顺天乡试同榜，亦诚官吏无轻扰甘露、荡口，也是华先生的功劳。这位华邃秋先生就是名算学家华蘅芳、华世芳的父亲，清人的笔记多记录此事，至今人犹称颂不衰。此一事可师也。

又有一王将军，不记得其名，家似在东亭，初练乡兵，后投太平军为旅帅，在乡诛取无厌，仗势纵恣不法，太平军败后，乡人群起而杀之，火烧其庐，断了子孙后代。此又一事，亦可惧也。诸君今日有无诛取乡里，有无纵恣为害，余离乡久，固无所知。而要之地方功罪，全视乡人好恶。众好可以减祸，众怒决无幸免，天道忌巧，人心恶盈，诸君乘时而起，不能为驰驱，须知保护地方，佛说自度度人，祸福唯人自召，吾愿诸君之学华先生，而勿为王将军也，敬以此杯饮水，为诸君祝福。[1]

流寓在上海的无锡民族工商业家成立了无锡旅沪同乡会，大家团结起来，力图复兴地方经济，或为无锡沦陷区的灾民捐款赈济。同乡会成立征募委员会，并募基金，推钱孙卿为总参谋。无锡城南乡顾某，先为日军收抚，旋又率众逃跑，日寇大举进攻，把顾某所盘踞的南乡许舍一地放火烧为灰烬，这里的百姓无家可归，流离失所，状极凄苦。钱孙卿得知此事，拖病为南乡百姓发起捐款。他与红十字会及申新公司等商定在沪募捐，自己率先捐款。南乡的工商业资本家尤为踊跃。款募齐后，他托人亲到无锡散发给急需赈救的灾民。出任伪职的杨翰西在南京听到此事，也出巨款托无锡溥仁慈善会赴乡散放。钱孙卿在《无锡旅沪同乡会纪念刊》作后序谓："夫人情离乡则思家，不适异国，不知故乡之可爱；不遭颠沛，更不知乡人之可亲。今何时乎？沪何地乎？山河易色，人民都非，故乡沦为异域，沪亦朝不保暮。桃园避秦，岂真世外；黍离兴悲，能无陨涕，则所以团结乡人，稍慰故乡之情者，实赖此会之存。"[2]

在上海，他仍在幕后策划，指挥着无锡县商会，给地下工作的人员面授机宜。钱锺汉说，"据其自称，主要是留此身为'去者'（指跟蒋介石撤往后方的）和'留者'（在沦陷区）作一中间斡旋之人。事实上，他在抗战胜利后，公开为汉奸辩护说：'不有留者，何有去者。'这两句话的意思是说，没有留下来做汉奸的人，哪有你们这些跟着蒋介石逃跑的人"[3]。讨论救灾赈济事宜，对于稳定无锡和苏南的局面有着重要的作用。无锡和其他地方的士绅经常至沪向他请示，面授机宜。当时聚居在上海的江苏士绅如镇江陆小波、于小川，常州钱琳叔，常熟庞甸材，苏州张一麐等举行双周座谈会，又与无锡籍的民族资本家组成无锡旅沪同乡会。

抗日战争期间，孙卿蛰居上海，不甘为敌伪所用而祸害人民，表面上不再预问无锡地方上的事情。其小传中所谓的"息影沪滨，蓄髯称老，自号孙庵老人。编五十以前年谱上下二卷，布衣淡饭，杜门却扫，不与社会接触"。实际上他团结聚居在上海的苏南士绅和工商界上层人物，积极

---

①② 钱孙卿《孙庵私乘》，1943年铅印本。
③钱锺汉《关于〈钱孙卿与无锡商会〉的补充意见》，《无锡文史资料》第二十四辑。

进行抗日救国宣传活动。汪伪政府成立前，汪伪教育部长赵正平和顾忠琛都曾找他就商如何组织伪江苏省政府人选，并以汪伪政府法院副院长、江苏省民政厅厅长或伪内政部民政司司长为条件邀请他，他都断然拒绝。不管是敌伪威胁，汉奸拉他下水，或劝其去无锡主持地方工作，均遭他的拒绝。在沦陷区，他保持了自己的民族节操。

在抗战中，钱基博与侄儿锺韩更是随学校四处奔波，居无定所。1938年，钱孙卿在年谱中说："晤三侄锺英，并各处由沪转信，知叔兄子泉及长子锺韩，已随浙江大学自杭州转徙江西泰和。三子锺毅，则在广西全县湘桂路任事，辗转水陆，颇极流离之苦，同济大学亦迁江西，而四子锺仪无消息，后知其离校忽留浙江任事，特作书诫之，唐白居易诗，所谓'田园寥落干戈后，骨肉流离道路中'，不意乃于吾及身见之。"[①]1938年7月，钱基博自江西泰和绕由湖南取道粤汉路至香港，乘轮回到上海。他是随浙江大学西迁至江西，因身体不适回来的。兄弟两家人聚到一起，因地方狭小（七尺场旧居为日本宪兵队查封占用，家仆尽逐，遗物被劫空），两家在上海辣斐德路609号租了一家沈姓的房子。这年的11月，钱锺书与杨绛自欧洲回国，全家在战乱中得到暂时的团聚。

钱基博后来在国立师范学院定了下来，而钱锺韩则辗转江西泰和、广西宜山、贵州遵义等地，在动荡不定的局面下为学生上课。

"谢家宝树"

抗战这一阶段，正是钱家这批子弟读书受教育的最佳时机，由于抗战的特殊时代背景，他们或多或少地受了些影响。即使在这样艰苦的条件下，钱家仍然出了不少对国家有贡献的栋梁之材。如钱锺书的二弟钱锺纬，小名阿武，字南强，民国元年（1912）生，做过申新纺织厂职员，养成所毕业后，在南通纺织学院肄业。1934年，钱锺纬被派往英国波尔顿工业学院学习，毕业后又奉派至英国好华特纺织厂及麦助泼利脱机器厂实习。回国后，钱锺纬曾任申新纺织厂第八厂工务员，庆丰纺织漂染公司职员、训练班主任兼技师，浙江省政府建设厅技正兼工业实验所纺织实验工

① 钱孙卿《孙庵私乘》。

场场长、丝绸厂筹备主任。后调至陕西宝鸡，任民康毛棉厂厂长，申新第四纺织公司宝鸡厂职员训练班主任等职。抗战胜利后至汉口，任申新第四纺织公司设计组工程师，兼汉口副厂长。钱锺纬幼年时是钱家的"运动健将"，学习成绩比较一般，娶同县劝学所所长、县视学秦铭光的次女。他与钱锺书的话不是太多，倒是与堂兄锺韩很有共同语言。

钱锺纬与父母合影

三弟钱锺英，小名阿牛，字幼慎，1913年生，私立光华大学外语系毕业，获文学士，任中央银行保管课课员，抗日战争后由中国银行派往缅甸分行任职，任缅甸仰光分行秘书兼文牍主任。其子钱佼汝同去，因此取得了华侨的身份。钱锺英及其子佼汝的英语都由钱锺书启蒙。钱佼汝曾任南京大学外国文学教授、博士生导师，后任联合国教科文组织高级译审。钱锺英1955年回国，任北京中国银行职员。

钱孙卿之子九人。次子钱锺汉，字仲光，1912年生，他出生时正是民国初建，取"光复大汉"之意，故名锺汉。钱锺汉1935年光华大学中国文学系毕业，是孙卿家里唯一学习文科的人。后参加江苏省高等文官考试步入仕途。钱锺汉在1943年至1945年期间，曾任申新渝总公司秘书，做过《复苏月刊》编辑；解放前任无锡福新面粉厂厂长，1947年当选为无锡县参议会议员。钱锺汉在政事方面很有乃父之风。他当选无锡城区参议员后，答新闻记者的采访，发表自己的个人想法，他说："自维才质驽下，不堪重任，本人所感谨誓告于诸父老兄弟者，即应选以后，本人之于政府，务求代表民意，合作而不交通，监督而不对立，本人之于诸父老兄弟，惟期时时见教督促鞭策，使获幸免陨越。而尤望舆论领导，自当虚心悉力以赴，以求无忝厥职，尽其代言之责任。"这一番话说得十分好。1952年至1957年任无锡市副市长，1954年至1957年任无锡市工商联副主任，1957年被错划为右派，"文化大革命"前为无锡申新纺织厂副厂长，

80年代初去世。

钱孙卿的三子钱锺毅,字任叔,1916年生,1934年国立交通大学土木工程系毕业,例授工学士。1941年在桂林应高等文官考试建设人员合格,任湘桂铁路工程师,一年后又调桂黔路任事,设计隧道工程。铁路系统在那时是最有钱的单位,尤其是从事工程设计的人员更有油水。钱锺毅在湘桂铁路建设中经手设计的工程,有五百万元的巨资,直接建造的工程也约有一百万元,却未尝中饱公费一文,未受承包商或工人一支香烟一杯酒。1942年他的考核结果呈到铁道部,部里为此给他越级晋升的嘉奖。调到贵州去时,连路费都有些紧张,湘桂铁路的同事都知道他清廉,工务处长专门为他拨了路费。钱锺毅在上小学的时候,曾因拾金不昧获过奖,现在在外工作多年,还能保持幼年的志节,他的父亲特别高兴,写了一封信把他大大夸奖一番,并给他寄了千元作为去贵州的路费。后来他来信说,所寄的千元业已收到,委托桂林同事代他保存,遇到家乡来人至桂林,或有急用,或须照料者,可以用来接济一下,也不辜负父亲的盛意。他的父亲很感动,觉得三子仗义施财,无愧乃父家风。[1]钱锺毅1944年考取清华庚款公费派遣美国留学,1948年获得美国爱荷华大学博士学位回国,任浙赣路工程师,后调上海交通大学土木系教授。1957年被错划成右派。锺毅相当高傲,他在美国获得了土木学和数学两个博士学位回国,任同济大学教授,但解放后只给他定了个三级教授,他不是很满意。他对很多人是瞧不起的,言论大概得罪人不少,这可能是1957年被错划为右派的原因之一。作为右派,钱锺毅被分配到福建公路局工作,"文化大革命"时调厦门大学任二级教授,"文化大革命"后又回到同济大学。

1942年,抗日战争最艰苦的时期,也是钱孙卿全家最痛苦的时期。他的四子钱锺仪(1919—1940)因参加共产党地下工作,被国民党杀害。钱锺仪原在上海同济大学机械系学习,1937年随校西迁留在浙江,参加共产党领导的抗日救亡运动,改名钱行初,意急于报国。皖南事变国共分裂后,国民党大捕爱国青年。钱锺仪在瑞安为国民党浙江省专员张宝琛所捕,1940年一个深夜,被国民党反动派杀害,年仅二十三岁。那时他结婚不久,妻子费渠华也是一道工作的同志,有一个女儿,寄养在别人家,后亦不知下

---

[1] 钱孙卿《孙庵私乘》。

落。有个朋友仗义买棺收尸,将锺仪葬于瑞安东门郊外,植二桧树为记。锺仪在同辈中最聪颖,尤得孙卿夫妇喜爱。他在同济上学时,父亲让他每星期必写一信报告在校状况及读书心得,他每信累帙不休,下笔略无滞碍,常多有神悟。父亲钱孙卿在他的每一封书信上用朱笔批识,自书自己的意见,同时即作复书寄回。他当日的信父亲都一一保存,每看一遍孩子的信,老夫妇俩都不禁泪水纵横。钱孙卿1927年"谢事在沪,研习国、共诸书颇有得",他的思想并不受国民党的局限,对共产党的书也加以研究探讨,能够客观地分析。所以,他的儿子钱锺仪参加地下革命,他能够理解。

1940年,钱孙卿的五子钱锺鲁考入上海交大。当时交大的校舍已被日军占领,成为侵华特务机关"同文书院",交大只能在上海法租界借用震旦大学图书馆和中华学艺社复课,钱锺鲁就是在这种非常艰难的条件下完成了大学四年的学习,是一个从未进过上海徐家汇校门的交大毕业生。钱锺鲁很想像堂兄和长兄那样留学海外,成为一名科学家,但日本的入侵无情地毁灭了他的留学梦。

1948年,钱锺鲁与陈霞清女士订婚。钱孙卿曾作《婚说》一文教育孩子并以告亲友。文章说:"五子锺鲁婚有日矣,请事于余,则告之曰:教育吾负其责,婚娶自汝之事,余无主张,汝自酌之。汝长兄锺韩,于民国三十五年成婚时,任国立中央大学教授,适当日本投降胜利归来之后,余商其妇翁浙江沈介侯先生,不敢以子女事惊动乡里,特令赴沪就婚,别订简化节目,只到亲属签证外,不受礼,家不张宴,汝所知也。三兄锺毅,去年婚于上海苏氏时,任国立交通大学教授,余亦商其妇翁,成礼而已,未尝备物,真乃通脱人也。诸兄成事俱在,汝僭越诸兄,不可也。余家儒素,虽非寒苦,未尝有大富贵,世以简朴相尚。近与汝次兄锺汉常里居,尤畏物议。汝与新妇,均任职庆丰纱厂,宜自节约始,奢靡浪费必受批评。非仅余父母遗庡也,汝其念之。汝妇翁陈韶琴先生,早同里阆,吾知其为明达人也。夫妻好合,必期百年。古人糟糠白头相守,少年富贵,未必偕老。美未宜尽,事求可久。余历史睹记如是,而数十年社会体验亦如是,可以见人事之变迁,亦足征福泽之消长。凡我两姓姻好,必能爱人以德,咸知余及陈翁之意,为汝夫妇惜福也。"[1]

---

[1] 钱孙卿《孙庵私乘》。

六子钱锺彭1924年生，抗战中在上海读中学，因所在的肇和中学停办，又转入沪新中学高中部，毕业后像他的长兄锺韩一样报考上海交通大学，也是以第二名的成绩考进交大的，也被机械系录取，这和他的长兄钱锺韩太巧合了。他入校时，录取老师看他的名字与钱锺韩仅一字之差，就问他认不认识钱锺韩，他说锺韩正是他的胞兄，那位老师十分惊异。锺彭1955年留学苏联，1956年回国后任西固热电厂总工程师，1959年因兰州水厂的水质导致西固热电厂发电机受损停转，被诬为反革命入狱。1962年因无人解决热电厂业务，未彻底平反即又复职，后于西安任西北电力局副总工程师。2002年2月逝世。

幼子钱锺泰1935出生。1960年毕业于苏联列宁格勒加理宁工学院电机系。历任中国计量科学研究院技术员、工程师、副总工程师、副院长。1979年获全国劳动模范称号。钱锺泰是第五届全国人大代表、第六届全国政协委员。

父子同为系主任

钱基博在抗日战争中颠沛流离，始终不离开教育。1937年到1938年，他随校西迁，从杭州到建德，后来又到了江西的吉安和泰和。他因身体带病，不能适应这种颠簸流亡的生活，于1938年夏回到上海，那时钱家也都到上海避难。1938年秋，基博应老友廖世承的邀请，到湖南蓝田筹建国立师范学院，这时候，浙赣铁路刚刚通车，所以他去时倒并没有多少波折。

但湖南的日子很艰苦，战时生活物资贫乏，蓝田又僻处湘西，情况可以想见。国师是新成立的学校，全院教职员工与学生一起在食堂用餐。教授工资高，有些教师不愿在校内食堂吃，常到校外的饭店吃饭，夜饭特别是星期六的夜饭更是如此，只有钱基博和校长廖世承等少数老先生坚持每顿与学生一同用饭。据钱基博的女婿石声淮教授说，岳父在房门上贴一张条子，婉言谢绝同事们饮宴的邀请。钱基博从不挑剔食物，穿得也非常简朴，平生不抽烟，不喝酒，自奉极简。在食堂吃饭时，他看到一女生把馒头撕了皮吃，问她为什么，那女生说"皮脏，不卫生"。子泉老先生顿时严肃起来，厉声教育这个学生，满室寂然。[1]从此后，他一直留在中南地

丹桂满庭芳——无锡钱氏家族文化评传

---

① 钱孙卿《孙庵私乘》。

区。解放后，国师改称华中师范学院，校园迁到武昌。抗战胜利后，钱基博从国师到武昌，全靠女儿钱锺霞在身边照料。1942年，他将女儿钱锺霞许配给青年教师石声淮。石声淮为长沙国立师范学院国文系毕业生，1943年获全国各大学国文系毕业论文比赛第一名奖金，授教育学士。时任私立华中大学国文系讲师的石声淮，曾做过钱基博的助教，虽长相较丑，但人很优秀。女儿女婿的婚礼很简朴，也没有丰厚的财礼，只有钱基博作《金玉缘》谱相贻。"金玉缘"者，女子姓钱，男子姓石，钱从金傍，石为玉根，寓坚如金玉、永以为好的意思。

钱老泉与长子钱锺书

到宝庆蓝田国立师范学院后，钱基博先生因为老病，希望长子能够来国师任教。这恐怕也是国师院长廖世承的意图，既能照顾其父，又能为国师筹建外文系，公私兼顾，皆大欢喜。钱锺书与他父亲聚在同一个学校，而且同是系主任，他的父亲在中文系，他在外文系。这与光华大学时一样，又是一种巧合。钱锺书到蓝田后，负责筹建外文系。因为人手少，同时兼任几门课程，与他父亲一样，是校内赫赫有名的教授。这种现象在民国的教育史上是不多的。

钱锺书一边服侍老父，一边把所有精力用于治学。国立师范学院虽然偏在湘西小镇，但因为是"国立"的，学校的资金并不匮乏。学校用巨款典借湖南长沙南轩图书馆的全部藏书，又接受山东大学和安徽大学的部分藏书，因此图书馆的藏书还是很丰富的，《四部丛刊》《四部备要》《四库珍本》《丛书集成》《古今图书集成》等大部头应有尽有，还有为数非常多的明清集部书，这正合钱锺书的胃口。他每天除了午饭晚饭后到父亲那儿坐坐聊聊天外，其他的时间几乎全是在读书。一般上午阅读从国外带

---

① 钱基博1952年《自我检讨书》，《天涯》2003年第1期。

回来的外文原著或二王、苏黄的法帖，下午及晚上时间阅读各种书籍。他一边读，一边记笔记或写作，读得快，记得也快。经过一段时间，他基本上浏览了图书馆的古籍藏书。他的父亲也是每日用功不辍，老先生的作息更为刻板，每天黎明即起，端坐在书案前著书立说，如编写《现代中国文学史》，或写日记，终日足不出户。

钱锺书读书快，记忆好，凡浏览过的书，几乎可以过目不忘。那么多总集别集，著名的文学家的诗文集不用说，就是一些二三流的或不入流的文人别集、小说、笔记和诗话，他也能基本记下原文，有的地方几乎可以说是一字不差。提到一个问题，他常常能够穷源溯流，旁征博引，一一道来，如数家珍。

钱基博严谨有余，活泼不足，不爱闲谈，精力都用于治学著述上，他把对政治的关心寄予课堂。他在泰和时，曾与同仁办《国命旬刊》，他作发刊词，释"国"字之意义，希望通过文章，大声疾呼，唤起民众的抗日意识。在蓝田时，他讲《哀江南赋》即是声情并茂的爱国主义教育。据徐运钧、李蹊《去德滋永思德滋深——忆先师钱子泉先生》记载："犹忆1941年春，抗日孔棘，国步维艰，余等侍先师讲席于湖南蓝田光明山九师堂，听析庾子山《哀江南赋序》。先生抗音朗畅，论辩精微。至'岂有百万义师，一朝卷甲，芟夷斩伐，如草木焉'，则怵然变容。喟然叹息：执政匪人，邦国殄灭何独萧梁？今日局势，岂异'江淮无涯岸之阻、亭壁无樊篱之固'耶？人民遭屠戮，及水火，化猿鹤，岂但如草木耶？声腔哽咽，泪被面颊，余等莫能仰视，邬邑相闻。既而又言：天下兴亡，匹夫有责，尔等年富力强，责将奚贷？顾亭林先生提倡博学于文，行己有耻。耻之于人甚大，国耻实居首位。士子而不思驱倭寇、复河山、雪国耻，博文焉为？诸君勉乎哉！"他对学生的教育一如对子女那样，以陶渊明为楷模。在蓝田组织学生诗社，即取陶诗《和郭主簿》"遥遥望白云，怀古一何深"句，命曰白云诗社，并不辞困瘁，亲自辅导。他对学生说："读陶诗，学写陶诗，贵在理解陶之素襟不易、躬耕自资的风格。居千代下，遥望白云，缅怀陶之爱国家爱农民之古意，如爱国诗人陆游所自勉学诗当学陶，磨砺以须，为复国成才。"[①]

钱锺书与他的父亲不一样。他才思敏捷，富有灵感，爱说掌故。他又有非凡的记忆力与幽默感，口若悬河，滔滔不绝。评论某一个历史人物时，不但能引经据典，谈这个人物的正面，而且能钩沉索隐，涉及人物少为人知的侧面或者反面。他谈的较多的是近代的文人，譬如清及近代的袁枚、龚自珍、魏源、曾国藩、李慈铭、王闿运，将他们的佚闻佚事与他们的作品结合起来，使学生对历史人物的理解更深一层，更接近他们的真实面目。

钱锺书在蓝田的时间并不长，只有两年多，但是他尽心尽职，既是一个系的主任，又是一个普通的教师，既上外文系的课，又要上全校的公共课。一位教大一公共英语的老师生病，钱锺书就代他上了几个月的公共课。学校为了丰富学生的业余文化生活，活跃学生气氛，举行了许多学生社团活动，各系举办各自专业的学术报告会。外文系的外国文学研究会每月都要举行学术讲座，由教授轮流做报告，钱锺书承担得最多而且最精彩。

刘世南的一篇文章说："在1948年，我在江西的遂川县中教高中国文和初中历史。同事中有一位叫王先荣的，是遂川本地人，曾在浙江大学学化学，爱写新诗，笔名王田，和朋友们办了一个诗刊。那时我们刚二十出头，因为都爱文学，经常在一起闲聊。王君转述闻诸国师旧友的轶事：国师有一对父子教授，父亲叫钱基博，儿子叫钱锺书。这位锺书先生少年英俊，非常高傲，有一次在课堂上居然对学生们说：'家父读的书太少。'有的学生不以为然，把这话转告钱老先生，老先生却说：'他说得对，我是没有他读的书多。首先，他懂得好几种外文，我却只能看林琴南译的《茶花女遗事》；其次，就是中国的古书，他也比我读得多。'我当时正在以钱穆、王云五为榜样，努力自学，学习古人的柔日读经、刚日读史。听到钱先生的故事，十分钦佩，不胜向往。"[1]王先荣是当作奇闻轶事讲的，还说，一般人认为钱先生太狂了。这是很自然的，凡是学识高明的人，总不能被一般俗人所了解，用现在的话说，就是没有共同语言，俗人自然以他们为狂了。

沦陷区里的钱锺书

1941年夏，钱锺书回上海小住，不久珍珠港事变爆发，上海孤岛沦陷，钱锺书与杨绛就沦陷于上海出不去了。杨绛在孤岛时期还有工作，任她母校苏州振华女中上海分校的校长。上海沦陷后，分校停办了，杨绛在

---

① 刘世南《记默存先生与我的书信交往》，载《记钱锺书先生》，1995年版。

一家小学当代课教师，一边还做家庭教师。钱锺书在上海没有工作，他岳父把自己在上海震旦女子文理学院的课程给了他。有一段时间，为生活所迫，钱锺书也做过家庭教师，以一点极微薄的"束脩"补贴家用。

在这种环境下，做研究工作是不可能的了。钱锺书写的《谈艺录》不能出版，他只能作一点修补，而在沦陷区查阅资料很不容易，所以，他与杨绛二人在这段时间里的主要精力用于文学创作。因为创作不需要很丰富的资料，完全可以凭借自己的想象力和聪明才智，心游八极，无拘无束地驰骋自己的才思。杨绛在文学创作上比钱锺书要些出名。她在1943年创作了喜剧《称心如意》，后来又创作了更有影响的喜剧《弄真成假》和《风絮》，在沦陷区的剧坛上反响很大。她也因此成为现代文学史上著名的戏剧家。

杨绛从事戏剧创作是受当时交往的两位戏剧家李健吾、陈麟瑞的影响。当时钱家与陈麟瑞家同在一条街上，相距不过五分钟路程。杨绛与钱锺书常去陈家聊天，李健吾也是陈家的常客。陈麟瑞是近代诗人柳亚子的女婿，曾经留学美国哈佛大学，专攻戏剧，尤其对喜剧有很深的研究，对喜剧的结构、理论有很深的造诣。陈麟瑞还是钱锺书《写在人生边上》的审阅人，为这本散文集的出版出力不少。陈麟瑞为人很随和，非常宽容、平易近人。他曾笑哈哈地指着钱锺书对杨绛说，他就是打我踢我，我也不会生气。1939年，陈麟瑞以石华父为笔名写了著名的戏剧《职业妇女》。李健吾的名气更大，是钱锺书、杨绛清华大学的校友、系友，是著名剧作家、翻译家。李比钱锺书长四岁，钱锺书还在清华上学时，李健吾已经是清华的助教了。李健吾在清华时曾听说学生中有一个钱锺书是个了不起的优等生，只是他当时忙于葬父，又忙着与朱自清老师一道出国，便放弃了认识这个优等生的企图。他们是清华大学的校友，都受西洋文学的影响。

1942年冬天的一个晚上，陈麟瑞做东，请李健吾、钱锺书、杨绛等上馆子吃烤羊肉。吃着说着，谈起戏剧，李健吾与陈麟瑞对杨绛说："你何不也来一个剧本？"他们极力鼓励杨绛写剧本。杨绛学的是外国文学，看过许多西方戏剧，中国现代的戏剧，如二十年代丁西林、王文显的作品她都看过。王文显还是她的老师，其喜剧名作《委曲求全》给她很深的印象。杨绛对西方的剧作很有研究，尤其是法国的古典喜剧更适合她的口味。所以大伙这个建议，勾起了她对喜剧创作的兴趣。

陈麟瑞家喜剧类书籍很多，杨绛借些来看，一边就构思自己的作品。

没过多久，她交出了剧本《称心如意》的初稿，经陈麟瑞修改润色后，给了李健吾。李一看，大为欣赏，决定立刻排演。《称心如意》写一个父母都已去世、无依无靠的姑娘李君玉从北平到上海来投靠舅舅。她这个穷外甥女被几个舅舅、舅妈皮球似的踢来踢去。大舅赵祖荫是个银行经理，向来瞧不起君玉的穷画家爹爹，对君玉很冷淡。祖荫夫人却逼着丈夫收下这个外甥女，用外甥女拆散丈夫与银行里的女秘书。但她又嫌弃君玉，让君玉住到二舅家里。二舅、二舅妈把君玉当作一个保姆，打字、教小孩。但李君玉的漂亮使得二舅家的表哥赵景荪撇下三姨妈家的表妹钱令娴，缠上了君玉。君玉被踢到四舅家。谁知最后的一踢使李君玉得到一个称心如意的结局。她的舅公徐朗斋有万贯家产，却无儿无女，几个舅舅、舅妈都巴不得他早死，可以继承家产，舅公听说君玉来了，将她认作孙女，君玉成为合法的继承人。几个工于心计足智多谋的舅舅、舅妈一着不慎，所有的希望都落了空。最后，善于耍手腕的祖荫夫人忙釜底抽薪，把君玉私下交的男朋友陈彬如引来，想出君玉的丑，使她在多疑怪僻的舅公面前失宠，结果却更"称心如意"：原来陈彬如是徐朗斋的一个好朋友的孙儿，这下又为君玉成了一门亲事，她的表兄赵景荪的绮梦也完全破灭了。李君玉是一个地位低下但聪明大方乐观的女孩，她在世态炎凉的小社会大家庭里不战而成为胜利者。

这个剧本由上海滩四大名导之一的黄佐临导演。李健吾也粉墨登场，扮演徐朗斋。该剧在上海金都大戏院演出多次。沦陷区各家报纸都作了宣传。在一片叫好声中，李健吾、陈麟瑞鼓励杨绛继续创作，以说明他们没有看错人。但杨绛对自己的作品要求很严，她对《称心如意》有些地方不太满意，又仔细修改一遍。"对于旧作品的最好修补，还是另写新的作品。"① 所以不久，她又写了一部五幕喜剧《弄真成假》。《弄真成假》写一个穷苦人家的青年周大璋不甘于贫穷，又没有志气，不想靠奋斗改变自己的生活状况，于是就靠瞒、骗、吹过日子。他骗取一个大地产商的穷侄女儿的信任，又想通过这个侄女儿，骗娶大地产商的女儿为妻，坐享其成。他把自己的穷家吹得天花乱坠，但地产商比周大璋更精明，挑女婿"只做稳稳当当的买卖"。这地产商死死地看管着女儿，就是不让周大璋

---

① 《弄真成假》前言。

得手。周大璋退而求其次，拐了自己母亲、妹妹的首饰，与地产商的侄女儿张燕华私奔到杭州。私奔后，张燕华才发现周大璋是不名一文的骗子，原先的一切吹嘘都"弄真成假"了，但生米做成了熟饭，二人只好草草地完了婚，又回到了原来的环境里。

《弄真成假》上演后，获得了更大的反响。沦陷区的各大报纸上常常有宣传和评论，也常有朋友给杨绛寄来剪报，鼓励她继续创作此类让人喜闻乐见的喜剧。剧团的演员也以能演出她的剧本为荣，联名给她写信。李健吾、孟度（即董乐山）对她的剧作给予充分的肯定。杨绛还写了喜剧《游戏人间》、悲剧《风絮》，因为到了抗战后期，沦陷区人心不定，非常混乱，好像并没有上演。

在写剧本的同时，杨绛还写了一些为数不多的散文、小说。最著名的是她的《小阳春》和《ROMANESQUE》。前者写中年妇女的心理尤为精致细腻，后者是一篇"反浪漫的浪漫故事"。《小阳春》里的俞太太，是一个在现代小说史上很有特色的文学人物。俞太太到了中年，不再有青春激情，甘心做一个家庭主妇，在柴米油盐中了此一生。但这位俞太太仍然对自己的美丽引以为豪，鄙夷年轻的胡小姐。她弄不懂丈夫"有了这么个好太太而不知珍惜，他只配跟黑毛女人混去"，但她绝不退让。当看到丈夫真的与年轻的胡小姐关系不一般时，她伤心地到街上，赌气好好款待一下自己，可是把菜单读了半天，只叫了一碗面。她是真心地爱丈夫的，想与丈夫过安安稳稳的生活，但她已失去生活的激情，她的爱"只不过占有着丈夫罢了，逼着他一同老，不许他再有春天，不许他在别人的春天里分一份"。

钱锺书这一阶段，除了以前的几篇散文结集为《写在人生边上》薄薄的一本外，还没有其他创作。当时在一般的朋友看来，钱锺书是一个学者，并没有人知道他有创作才能。他的朋友李健吾就是这样的，认为钱锺书是一个爱读书的"书虫"。生性富有幽默感和创作才能的钱锺书被人当作一个书呆子，无论如何对他是不公正的，尤其是当杨绛的剧作收到热烈的反响以后，这可能激起了他的创作热情。他一定要在创作上有所建树，看看到底自己是不是一个只会做学问的书呆子！这时正好也没有条件做学问，闲在家里没有事干，所以他开始写小说，主要是短篇小说。他闭门不出，写了四篇短篇《上帝的梦》《猫》《灵感》《纪念》，这些作品后来结集为小说集《人兽鬼》。但这些小说在当时并没有产生多么大的影响，也没有为钱锺书带来多大的名声。

钱锺书在1959年写给杨绛一组诗，其中一首写道："世情搬演栩如生，空际传神着墨轻。自笑争名文士习，厌闻清照与明诚。"说明他不甘以赵明诚自居，要与爱妻一比高低。杨绛说，一次她与钱锺书一同去看她的剧作上演，回家的时候，钱锺书说想写一部长篇小说。他向杨绛讲了小说的题目和主要的情节内容，杨绛听过，大为高兴，催他快写。那时钱锺书正在写短篇，还在改《谈艺录》，怕没有时间。杨绛说不要紧，如果来不及，他可以减少震旦大学授课时间，专心写作。①在杨绛的督促和关心下，钱锺书省去了许多琐事，从1944年到1946年用两年时间完成了长篇小说《围城》，从1946年2月起，在郑振铎主编的《文艺复兴》上连载。紧接着由上海晨光出版公司出版单行本，一时引起了极大的轰动。

《围城》里的主人公方鸿渐是一个性格善良懦弱，小有聪明，又颇有几分浪荡的公子哥儿气的人物。除了口才极好外，一无所长。在大学时，他在父母的包办下跟一个素不相识的同乡女子订婚，他不情愿，却又不敢与父亲对抗。幸而这个女孩不久就去世了。女孩的父亲是点金银行的周老板，为了纪念独生的爱女，就把本来准备给她做嫁妆的钱用来资助她的"未婚夫"方鸿渐出国留学。方鸿渐到欧洲后，四年中换了三个地方，伦敦大学、巴黎大学、柏林大学，随便听几门课程，兴趣颇广，心得全无，生活尤其懒散，四年中究竟学到了什么，恐怕他自己也不知道。最后，他居然急中生智，只花了三十多美金，买到了一张子虚乌有的"克莱登大学"的"哲学博士"文凭，"学"成回国，故事就从这时开始。回到家以后，他的"岳父"替他在《沪报》上登了新闻，他成了家乡的"名人"。他被请到演讲台上，显露了他的无知和荒唐，而他陷入了与苏文纨、唐晓芙的爱情纠纷中，这使得周家也对他失望疏远。以前自认为是方鸿渐情敌的赵辛楣与曹元朗竞争苏小姐失败后，与方鸿渐转而成为"同情兄"，二人一道接受内地新办的三闾大学的聘请。一路上他们认清了几位与他们一道去三闾大学的"教授"的嘴脸，如李梅亭、顾尔谦，也结识了同行的孙柔嘉。

① 杨绛《记钱锺书与〈围城〉》。

到了学校,方鸿渐才更加体会到这个学校内部的明争暗斗、互相倾轧。方鸿渐由于城府不深,不会算计人,在学校里常遭排挤。赵辛楣由于和汪处厚的夫人的暧昧关系被逼离开了学校。在同病相怜中,方鸿渐与孙柔嘉有了一些共同的话语,订了婚约。方鸿渐次年未被续聘,两人只好回到上海。由于方鸿渐的工作不如意,两人恋爱时蒙在头上的面纱逐渐揭开,各自露出原来的真实的性格和面目,加上双方家庭的一些纠纷,矛盾便越来越尖锐,感情也越来越恶化,到了不可挽回的地步。"围城"的含义是通过作品中几个人的谈话揭示的,这已几乎是家喻户晓了:婚姻像一座被围困的城堡,城外的人想冲进去,城里的人想逃出来。这是一部极富哲理意味的小说,是爱情小说,但又不仅仅是写爱情,刻画了那个时代的儒林群丑,鞭挞了人性中的庸俗无聊、虚荣、争斗等劣根性,可以说是一部现代的"儒林外史"。

《围城》是中国现代文学史上一部独特的小说,最有个性的是它的讽刺与幽默的手法。作品充满了机智的幽默与学识,是一部学人小说,与一般的小说不大一样。钱锺书的语言堪称一流,他善于驱古今中外的妙语隽言于笔端,化为自己的语言。如他描写孙小姐的长相,语言相当生动传神,富有幽默感:"孙小姐长圆脸,旧象牙色的颧颊上微有雀斑,两眼分得太开,使她常常带着惊异的表情,打扮甚为素净,怕生得一句话也不敢讲,脸上滚滚不断红晕。"又如写爱虚荣的陆子潇把做官的一位亲戚偶尔回的一封信摆在桌上最显眼的地方炫耀,"这左角印着'行政院'的大信封上大书着'陆子潇先生',就仿佛行政院要让他正位居中似的"。"大前天早晨,该死的听差收拾房间,不小心打翻了墨水瓶,把行政院淹得昏天黑地,陆子潇挽救不及,跳脚痛骂。"《围城》特别善用比喻,据有人统计,全书的比喻多达七百余条,大多新奇精辟。如方鸿渐快到毕业的时候,迫于他的父亲和岳父的两面夹攻,才知道这文凭的重要,"这一张文凭,仿佛有亚当、夏娃身上那片树叶的功用,可以遮羞包丑;小小的一张方纸能把一个人的空疏、寡陋愚笨都掩盖起来,自己没有文凭,好像精神上赤条条的,没有包裹"。又如讽刺讲话中总夹杂着一些洋文的买办张吉民,"他并无中文难达的新意需要用英文来讲。所以他说话里嵌的英文字,还比不得嘴里嵌的金牙,因为金牙不仅装点,尚可使用,只好比牙缝里嵌的肉屑,表示饭菜吃得好,此外全无用处"。比喻新奇,议论也很能发人深省。

钱锺书对人物心理的描写刻画，对人物性格的把握，都十分精到。虽然此书的结构与气势不是十分宏大开阔，过于显示幽默的比喻，逗笑的趣味冲淡了作品的悲剧意义，但精雕细琢的功力很入神。夏志清说这本书是最用心经营的作品，这话是很对的。

杨绛对钱锺书创作《围城》的过程有过详细的记叙，详见她的《记钱锺书与〈围城〉》。

这一阶段虽然是钱锺书一生中最为艰苦的时期，但他正值壮年，精力充沛，应当能写出更多佳作的。但是，由于时代变幻不定，他不能安心地从事创作。沦陷区结束之后，是国统区的通货膨胀物价飞涨，之后是内战，解放后他又调到北京从事研究工作，所以他的创作才华得不到充分发挥，只留下了一本《围城》。另有一部写了一个万把字的开头的长篇小说《百合心》书稿也不知丢到哪里了，非常可惜。除了《围城》之外，他还有一本散文集《写在人生边上》，一本短篇小说集《人兽鬼》和一本代表他学术成就的《谈艺录》。

《写在人生边上》是他从西南联大到上海期间所写的散文的合集，只有薄薄的一小册，相当精粹。这本集子除了序言之外，包括《魔鬼夜访钱锺书先生》《窗》《论快乐》《说笑》《吃饭》《读伊索寓言》《谈教训》《一个偏见》《释文盲》《论文人》等共十篇。他在序言中说："人生据说是一部大书。假使人生真是这样，那么我们一大半作者只能算是书评家，具有书评家的本领，无须看得几页书，议论早已发了一大堆，书评一篇写完缴卷。"他说自己属于这样一种人，"对于人生这一部大书，有一种业余消遣者的随便从容，他们不慌不忙地浏览，每到有什么意见，他们随手在书边的空白上注几个字，写一个问号或感叹号。……因为是随手批识，先后也许彼此矛盾，说话过火，他们也懒得理会。反正是消遣，不像书评家负有指导读者教训作者的重大使命"。因此他的这几篇作品，只能是"写在人生边上"的话。钱锺书的话，往往在"谬悠之说、荒唐之言、无端涯之辞"中包含着人生的哲理。虽然常是反话，却包含了"正理"。其中《魔鬼夜访钱锺书先生》最有名，这篇文章用一种荒诞的叙事手法，表现了他对人生的某些嘲讽。如他借魔鬼之口说："现在是新传记时代。为别人作传记也是自我表现的一种，不妨加入自己的主见，借别人为题目来发挥自己。反过来说，作自传的人往往并无自己可传，就称心如意地描摹出自己老婆、儿子都认不得的形象，或者东拉西扯地记载交游传述别人的轶事。所以你要知道一个人的自己，你得看他为别人作的传；你要知道别人，你倒该看他为自己作的传。"《窗》中说："学问的捷径，在乎书背后的引得，若从前面正文看起，反见得迂远了。"如此等等，有许多名言隽语，字字珠玑。他善于把丰富的知识与尖刻的幽默结合起来，让人在发噱的同时，又受到知识的熏陶，这是学者散文随笔的长处。但他的散文并不同于林语堂所提倡幽默文学，反而对所谓的幽默文学进行了嘲讽。《说笑》里，有一段话就是针对林语堂而来的："自从幽默文学提倡以来，卖笑变成了文人的职业。幽默当然要用笑来发泄，但笑未必就表示着幽默。刘继庄《广阳杂俎》云：'驴鸣似哭，马嘶似笑'，但马并不以幽默名家，大约是因为脸太长的缘故吧。……所以幽默提倡以后，并不产生幽默家，只添了无数舞文弄墨的小花脸。"这样讽刺林氏的幽默文学，不免稍嫌刻薄，但从文学的角度看，仍有它正确的一面。

　　《人兽鬼》收集了他的四篇小说，即《上帝的梦》《猫》《灵感》《纪念》。《上帝的梦》写造人，《纪念》写男人女人，这是"人"的部分；《灵感》写作家死后成鬼的事，这是"鬼"的部分；《猫》是"兽"的代表。第一篇是带有一些寓言性质的小说，或者说是略具小说结构的散文，似乎成就并不是太高。能够代表他的短篇小说成就的是《猫》和《纪念》。

　　小说《猫》以爱默与丈夫李健侯的纠纷串起所谓的"京派"名流，将这些所谓的名流的平庸、无聊、愚陋、猥琐，通过爱默家的"文化沙龙"一一展示出来。像什么"有名的政论家"马用中，留洋学生袁友春，"除了向日葵之外没有更比他亲日"的陆伯麟，还有科学家郑须溪，什么学术机关的主任赵玉山，讲话"柔软悦耳举动斯文"的曹世昌，高傲得患了斜眼症的傅聚卿，等等，都聚在李太太家这个"文化沙龙"里。"这些有自家名望的中年人到李太太家来，是他们现在唯一经济保险的浪漫关系，不会出乱子，不会闹笑话，不要花费而获得精神上的休假，有了逃避家庭的俱乐部"。但这些并不能填平他们内心的空虚。李先生健侯是一个很平庸的人，他有钱，正如太太有闲时间一样，他不甘平庸，雇了一个年轻人捉刀代自己写回忆录，他的太太在空虚无聊中常支使他的这个秘书为自己办事，显得很亲密。出于嫉妒李健侯与妻子吵了一架后，带了一个女孩坐车南下。而爱默出于报复心理，想把这位秘书齐颐谷作为自己的情人。这篇小说中，作者主要刻画小资产阶级知识分子的虚荣无聊、空虚庸俗，对这一群所谓的"京派"文人进行漫画式的刻画和戏谑的嘲讽。

《灵感》写"作家"在竞争诺贝尔文学奖失败以后生病气死，灵魂因"著作"过重而被摔落至冥间的"中国地产公司"。在地产公司里，他看到一群虚浮的形象挤进现场，有气无力地齐喊："还我命来！"原来这些都是"作家"小说戏曲里的人物，每个角色都以书中的陈词滥调来控告"作家"，"你写了我们，却没有给我们生命，所以你该偿命"。正在"作家"搪塞敷衍时，一位文化企业家的鬼魂又来，大声痛骂"作家"。因为这位企业家的死完全归咎于"作家"那篇庆祝他五十生辰的寿文。那篇令人作呕的吹捧文章令他折寿，要了他的命，这使得"作家"更为震惊。最后判官判决的结果，给"作家"合理的惩罚，一位青年作者要写一部"破天荒的综合体"，为了让"作家"亲自尝尝他笔下众多不死不活角色的滋味，判令让作家去做那篇未来"杰作"的主人公。这样"作家"遂被传令到青年作者的脑中，那位青年作者正在为寻找灵感做最后的实验，与房东女儿私通。为了逃避不愉快的命运，"作家"改道钻入房东女儿的耳朵里，投胎成一个小孩。"直到现在，我们还猜不出来这孩子长大了是否要当作家"，最后作者这样说。

《纪念》写的是多少带一点黑色幽默的故事。女主人公大学生曼倩毕业后与才叔结婚。因为战争，他们移居到内地，丈夫才叔在一个小城工作，曼倩成天一人在家，没有什么娱乐消遣，甚觉空虚寂寞。这时才叔的表弟、飞行员天健常来家玩，时间长了，两人渐渐产生了感情。终于有一天，两人第一次也是唯一的外出，天健强行与她发生了性关系，曼倩在回家的路上担心、内疚、失望。几星期后，天健在执行任务时丧生，此时曼倩已怀上他的孩子。才叔完全不知道曼倩与天健的关系，真诚地表示，假如生个男孩，就取名天健来纪念死去的表弟。这是一个婚外恋的故事，有一点黑色幽默的味道。钱锺书对人物的心理描写与刻画极为细腻入微，曼倩既空虚孤寂，又不愿肉体接触，她需要的是一种"不落言诠，不着痕迹"的精神上的婚外恋情，为她空虚暗淡的生活增加几分浪漫色彩。她与天健幽会后内心羞惭后悔。天健死后，她又觉得可怜。至于两人的秘密："现在忽然减少了可憎，变成一个值得保存的私人纪念，像一片枫叶，一瓣荷花，夹在书里，让时间慢慢减退它的颜色，但每次打开书，总得看见。"这种描写显示了钱锺书高超的心理描写技巧。

从战前到出国留学，又经过抗日战争，钱锺书经历了国破家难的一连串打击。他年轻时的心高气傲少了许多，增加了内心的深沉，写的诗也脱离了少时的风华，多了一些厚重之气，所谓的"庾信文章老更成，凌云健笔意纵横"，钱锺书的诗歌有了一个大的飞跃。他自述学诗的经历说："余自十九岁始学为韵语，好义山、仲则风华绮丽之体，为才子诗，全恃才华为之，曾刻一小册子。其后游历欧洲，涉少陵、遗山之庭，眷怀家国，所作亦往往似之。归国以来，一变旧格，炼意炼格，尤所经意。字字有出处而不尚运典，人遂以宋诗目我。实则余于古今诗家，初无偏嗜，所作亦与为同光体以入西江者迥异。倘于宋贤有几微之似，毋亦曰唯其有之耳。自谓于少陵、东野、柳州、东坡、荆公、山谷、简斋、遗山、仲则诸集用力较勚。少所作诗，惹人爱怜。今则思渐细入，运笔稍老到。或者病吾诗一紧字，是亦知言。"[1]

《谈艺录》成书始末

钱锺书喜爱谈诗，因为他读书多，反应快，语言风趣幽默，知识丰富，谈起诗来新见迭出，妙语连珠，使听者为之击节叹赏，拍案叫绝，不少人敦促他写一部诗话。1939年夏，他从昆明西南联大回到上海小住，时与友人冒效鲁过从。冒效鲁也是一个很喜欢谈诗的学者，他的父亲冒广生是近代名诗人，与近代文人多有交往。钱锺书和冒效鲁常与上海一些耆宿如李宣龚、夏敬观、金松岑、徐森玉等酬唱，颇得这些前辈文人的赞赏。李宣龚有一首《赠钱默存》："石遗书等身，墨守不改辙，得君通其邮，意可中边彻。"金松岑《赠钱默存锺书世讲》说："老夫对此一敌国，年少多才信不廉。"钱锺书喜与前辈诗人谈诗衡文，夏敬观给他的诗中有四句："年老衰飒似穷秋，差喜逢君许俊游。小坐谈深成史料，一笺誉溢走诗邮。"对他的学兼中西很佩服。冒效鲁知道，钱锺书不仅具有中国传统诗人深厚的旧学功底，更有传统诗人所不具备的西学知识和开阔敏锐的思维，是写诗话最好的人选。冒效鲁极力劝说钱锺书写一部诗话，并说：

---

[1] 吴忠匡《记钱锺书先生》，《中国文化》1989年第1期。

"你这样把奇文妙语随风抛掷太可惜了，最好写成诗话，嘉惠学人。"钱锺书听了，觉得言之有理，也"颇技痒"，便想把近几年来发表的谈诗论文的文章收成一集，再附上诗话为外篇，与之表里经纬。上海小住后，他又回到了蓝田国立师院外文系。在这里，教课读书外，闲暇颇多，他便开始写作《谈艺录》。

蓝田小镇地处偏僻，战时物质非常贫乏，他用从镇上买来的极为粗糙的直行毛边纸写，每晚上写一章，二三天后在原稿上补充、修订。稿子的夹缝中、天地头，到处写得密密麻麻。那时候有几位友人，如吴忠匡、徐燕谋、汪梧封等与他过从较密，钱锺书每写好一篇，即交给吴忠匡等读，然后再写。最先写成了论陶渊明、李长吉、梅圣俞、杨万里、陈简斋、蒋士铨、袁子才等章，他的朋友们都有过录本。到了1941年他离开蓝田时，已经完成了一多半了。这时他身体不适，准备回上海疗养，便用了几天时间，奋力把初稿誊清一遍，订成厚厚的一大本，在原稿上写了"付忠匡藏之"五个字，赠送给吴忠匡，就带着清稿走了。①

从1939年至1942年，钱锺书完成了《谈艺录》初稿，然后簏藏阁置，不断地补充修订。没多久，誊清的稿子上又涂改修补上密密麻麻的细字，还夹了许多要补入的字条。万方多难，出版无期，一时还来不及整理。

钱锺书困居在上海，工作没有着落，岳父杨荫杭就把自己在震旦女子文理学院授课的钟点给他，让他去教《诗经》。这时他们的生活极为凄苦。抗战后期，钱锺书与杨绛的生活更艰苦了。当时暨南大学英文系陈麟瑞曾提出聘请钱锺书，但他如果去的话，就要顶掉原来的教授孙大雨的位置，钱锺书与孙大雨也是朋友，他宁愿穷苦，也不愿挤走朋友，所以仍在震旦文理学院教课。杨绛当时在一所中学教书，她的正式工资还不够养活自己，钱锺书也兼做补习老师，靠几份薪水来弥补生活之用。这时杨绛的父亲年迈，钱锺书有了什么好吃的就弄来给岳父尝尝。他的岳父常得意地对人夸奖说钱锺书是"爱妻敬丈姆"（无锡方言，丈姆即丈人）。

时局动荡不安，惶惶不可终日。钱锺书处在这样的环境中，痛苦郁愤的心情可想而知。他写给李宣龚的诗《酷暑简李拔可丈》中有一联说："应指中天呼曷丧，欲提下界去安之"，用《尚书》"时日曷丧，予及汝

---

① 吴忠匡《记钱锺书先生》，《中国文化》1989年第1期。

偕亡"和宋代王令的诗"不能手提天下往，何忍身去游其间"，表达了对侵华日军的仇恨，对国土沦丧，人民遭受罪祸，自己却无法杀敌报国、救民于水火的愧愤心情。

在这一段凄苦困窘、心情抑郁的生活中，钱锺书写了大量感时伤世的诗歌。这些诗作感情沉痛、忧愤深广，格律更为工细，最近杜甫诗歌风格，体现出他学杜诗的成就，也反映了他这时生活的境况和思想的痛苦。试看其中最具代表性的几首，如《中秋夜月》：

> 赢得儿童尽笑欢，盈盈露洗挂云端。
> 一生几见当头满，四野哀嗷彻骨寒。
> 楼宇难归风孰借，山河普照影差完。
> 旧时碧海青天月，触绪年来未忍看。

中秋之夜，明月高照。应当是人们欢聚团圆的佳节，但此时的中国，却是人民离乡背井躲避战乱、四野哀号的惨痛局面。国破山河在，有家难归还，这碧海青天与明月，到现在已不忍心再看，怕触起自己忧伤的情绪和内心的痛楚。人们期待着解放，期待着最终战胜日本帝国主义，然而现实却令人不堪闻见。钱锺书又有《故国》诗一首：

> 故国同谁话劫灰，偷生坯户待惊雷。
> 壮图空说黄龙捣，恶识真看白雁来。
> 骨尽踏街随地痛，泪倾涨海接天哀。
> 伤时浑托伤春惯，怀抱明年倘好开。

日军入侵越来越深入，国民党军队节节退败，"壮图空说黄龙捣"反用岳飞"直抵黄龙府，与诸君痛饮耳"的典故，"恶识真看白雁来"用杜甫"旧国霜前白雁来"的典故，说明国民党采取投降政策使得收复沦陷区的希望成为泡影，白雁飞来更引起诗人不祥的预感。尤其是第三联，用沉郁的笔触刻画人民死伤的惨状与悲哀，最为沉痛，使人触目惊心。

感怀

岂真局瘠作诗囚，海外虚传更九州。

只有天空无阻塞，稍余魂梦自专由。

愁孙恨子忧相续，竹种莲娃景不留。

得似杜陵吟望未？几分待白苦低头。

乙酉元旦

倍还春色渺无凭，乱里偏惊易岁勤。

一世老添非我独，百端忧集有谁分。

蕉芽心境参摩诘，枯树生机感仲文。

豪气聊留供自暖，吴萧燕筑断知闻。

这两首诗抒发诗人当时忧愤的心情和力求解脱的愿望。后一首中的"蕉芽心境参摩诘"典出《净名赋》，"枯树生机感仲文"典出庾信《枯树赋》，表现自己欲超脱而不能，看不到前途而苦闷以及此愁无计可消除的复杂的思想。在钱锺书的作品中，这些诗歌最真切、最深刻、最直接地表现出他对时势、对祖国前途命运的担忧，一脱初期才子诗的绮丽和浪漫情调，变得严肃、深沉、凝重。毫无疑问，他并不是对现实漠不关心，更不是"做了人类想成仙，生在地上要上天"那样远离现实的作家，只是他表达的方式不同罢了，他不愿在文学作品和纯学术性作品中硬性摊派似的塞进政治内容，抹上政治色彩，而要让思想在作品中不做作、自然而然地流露出来。这便是他写作《谈艺录》一书时的思想状况。

钱锺书在《谈艺录》序中首句即开宗明义："《谈艺录》一卷，虽赏析之作，实忧患之书也。"接着具体述说作者的思想情感和写作目的："予侍亲率眷，兵罅偷生。如危幕之燕巢，同枯槐之蚁聚。忧天将压，避地无之，虽欲出门西向笑而不敢也。销愁舒愤，述往思来，托无能之词，遣有涯之日。以匡鼎之说诗解颐，为赵岐之乱思系志……簏藏阁置，以待贞元。时日曷丧，清河可俟。古人固传心不死，老我而扪舌犹存。方将继是，复有谈焉。"在这种环境与心情下，思垂空文以自见，所以闭门著书。

在那个民族危机重重、国家多难的年代，生活上的艰苦自不必说，心绪上的苦闷与忧虑更是复杂。日本宪兵会随时随地沿街抓人。朋友间见面，常常谈到某人被捕了，柯灵、李健吾、黄佐临等都曾被捕，谁也说不清哪一天会轮到自己。他的《谈艺录》也曾差一点被日本宪兵搜去。杨绛《客气的日本人》说过这样一件事：1945年4月间，两个日本宪兵（其中一个是高丽兵）突然闯入钱家。钱锺书还在学校上课，杨绛机警地意识到危险性，先请日本兵坐下，自己借沏茶的机会，跑上楼梯中间的亭子间把《谈艺录》稿本藏好。她知道，这部书虽是学术著作，不会有什么政治问题，但毛边纸稿子经不起日本宪兵粗暴的翻检。把稿子塞到安全之处后，她才下来与日兵周旋。她还悄悄地吩咐钱锺书的九堂弟锺彭在大门口等着钱锺书，叫他暂时先别回家，到隔壁陈麟瑞家去躲一躲。由于杨绛的机智，此书手稿才得以躲过日本宪兵的搜查，未被毁灭。

此书纵论中国古典诗文，从陶渊明到近代诗家诗作，而重点放在唐宋和明清时代。著述此书，钱锺书参引了大量的中外文学资料，其内容之广博，实为空前。由于时局动荡，材料难觅，他只能凭借自己的记忆以及平时所做的札记。前辈、时贤也曾为他提供材料，如李宣龚、徐森玉、李玄伯、徐调孚、陈麟瑞、李健吾、徐承谟（徐燕谋）、顾起潜（顾廷龙）、郑朝宗、周节之等都帮了他不少忙，"或录文相邮，或发箧而授"。初稿写定后，钱锺书自己并不十分满意，只是秘藏于室，时时补充、删削、修改，他希望听听同行的意见，于是，他的初稿又常被朋友同仁借阅传看，友人观后，多所称道，一致怂恿他出版。当时开明书店的两位饱学先生王伯祥、叶圣陶听说后，征求钱锺书意见，把书稿要来，准备在开明书店付梓，并商定由周振甫担任该书编辑。周振甫毕业于无锡国学专修学校，是钱锺书之父钱基博的弟子，国学基础扎实，深知钱锺书的学问。他为编辑此书倾注了大量心血，在编辑《谈艺录》的过程中，他一一核校原文，并给每篇标立目次，以便读者翻检。周振甫严谨认真的态度使钱锺书大为感动，二人成为莫逆之交。

《谈艺录》1948年6月由上海开明书店出版，是钱锺书早年最有影响的文艺批评著作，1984年该书经钱锺书本人补订后由中华书局出版。本书体现出钱锺书学问的渊博与治学的气魄，它采用传统诗话札记的形式，论述了中国古代诗歌，尤其是唐宋以降重要的诗人诗作。

《谈艺录》采用中国传统诗话的形式，是中国传统诗话的继续。有人惊诧于作者何以选用这种零散、简短、漫无系统的札记方式来论述理论性很强的主题，建议作者构建系统的完整的理论体系。但钱锺书有自己的看法，他认为历史地来看，不少人所构建的所谓的理论体系，往往经不住时代的考验，如一座大建筑物一样会随时代的推移而坍塌，但剩下的一些材料却能经受时间的考验而不毁坏，这就是中国诗话历久不衰的原因。同时，这种札记式的方式，灵活多样，可长可短，不拘一格，可以合情合理掉书袋，而不受整个框架的限制，非常适合他的特点。古今中外的文学材料，构成一座取之不尽、用之不竭的宝山，他正可在此宝山中徜徉。但《谈艺录》和传统诗话又不尽相同，不可等量齐观。它在传统的诗话形式中包含了新的思维方式，克服了传统诗话的经验式、漫兴式、欣赏式的缺点，由经验进而上升到理论，成为运用中外系统的理论分析与批评之作。它克服了传统诗话"见树不见林"和新批评家"见林不见树"的缺点。纵观整部书，实际上它构成了钱锺书一套独特而复杂的理论体系，也就是他对中国文学一贯不变的理论认识（可参见其《中国文学小史序论》的内容），无数的"小结裹"构成一个理论的"大判断"，"大判断"也蕴含在每个"小结裹"里。如他对黄遵宪、王国维的诗歌比较分析与评判，就包含了他对整个文学创新的观念。因此，可以说《谈艺录》又是对传统诗话的发展与创新，钱锺书在这种形式中纵横古今，淹贯中西，对中西文学作"打通"式的研究，更是开一代风气。《谈艺录》在中国诗歌理论史上占有不可轻视的重要地位，是中国诗话最后的一部，是具有集成性的。它总结了以往所有诗话长处，据陆文虎《谈艺录索引》统计，《谈艺录》涉及的古代诗话，宋代有36种，金元10种，明代15种，清代近70种。所以有人说《谈艺录》是中国传统诗话的最后一种，《谈艺录》出而诗话亡，不无道理。夏志清则评价说它是中国诗话的里程碑。

这些评价并非溢美之词。《谈艺录》的地位与影响是经过几十年时间的检验而肯定的。这部著作的特点可以简单地概括为以下几点。

首先，它涉及的面很广。书中主要论述的是唐代以下的一些主要诗家，虽只有数十位，但论述涉及古今中外大量的作家、作品。它并非就人论人，就诗论诗。就宏观上而言，它把每位作家放在整个文学的背景下，并以世界文学相关的对内容映照、比较、分析。从微观而言，它细到对一个作家的遣词炼字用韵的论述。由于知识的广博而被评论家视为不可不备之著。书中包罗了中西文艺理论、哲学、艺术、心理学等著作，上下千年，纵横万里，作者皆能随手拈来，驱古今中外高文大典乃至小说谣谚于笔端，牢笼万象，为我所用。写作《谈艺录》时，正是日军占领中国的兵荒马乱时期，图籍难觅，唯有随身书箧以资查阅。即使如此，《谈艺录》一书所征引书籍多达一千一百种，而所用的许多材料是前人所未引，经钱锺书妙笔点出的。打开此书，随着作者的叙述遨游文学的海洋，会对作者洋洋洒洒随手拈来的无数中外文学的例子应接不暇，眼花缭乱。例如：他论述王安石甚鄙夷韩愈，说韩愈"力去陈言夸末俗，可怜无补费精神"，但王安石就连这两句诗也是因袭韩愈；不仅如此，王氏许多自鸣得意的诗句皆袭窃韩诗，钱锺书"随手拈出"的王诗袭窃韩诗之处达十余条之多。人们讲例证时常说"例不十，法不立"，而钱锺书的例证动辄十余例乃至几十例，"如老吏断狱，证据出入无穷"，大量严密的论据使得读者不得不信服。所以他的著作绝大部分都如定论，别人无法置喙，因为拿不出更为有力、更丰富的论据来。

其次，用平行比较的研究方法论述诗学。《谈艺录》最大的创新是开了中国比较诗学的先河。比较诗学是比较文学的一支，也是比较文学的深化。有比较才有鉴别，上下比较，同时比较，中外比较，在比较中看同异、看继承、看影响、看创新、看得失。但他并不是为比较而比较，而是很自然地随手拈来，别人也许会赞扬他"但开风气不为师"，但他自己只认为他是"打通"中西文学界限，他认为"东海西海，心理攸同；南学北学，道术未裂"。他不无自负地说："吾辈穷气尽力，欲使小说、诗歌、戏剧，与哲学、历史、社会学等为一家。"因此，在此书中他"颇采二西之书，以供三隅之反"。"二西"即基督耶稣之西与释迦之西，泛指西方著作和佛经。钱锺书通晓多种西方语言，能够在中西文学中上下纵横，从古到今，任意驰骋，用邻壁之光，来映照中国诗歌中的"文心"。此书论述时引用西方哲学、美学、文学家，从柏拉图、亚里斯多德到康德、黑格尔、尼采、海德格尔、英伽顿等五百余人的论著，甚至包括当时刚出现，而今尚为时髦的"新方法""新思潮"等，如精神分析学、结构主义、新批评和超现实主义、接受美学、解构主义，等等。但他不是照搬模式，用来套中国古诗，而是吸收各学派中有益的思想为我所用。

再次，大量有说服力的论据和精妙入微的析理。在《谈艺录》中，钱锺书不是凭空下结论，而是言到例随，不厌其详，不仅行之以实例，而且度之以文心，烛幽洞微，探源索隐，所以结论相当严密，几十年来一直为学者称引。后来钱锺书作补订本时，也只是对当时欠周欠备的地方作了一些补充和修正，使它更为圆通，而绝少完全否定过去的论点。书中的许多独到观点，常为人们引用。例如，郭绍虞著《中国文学批评史》最初认为"沧浪《严羽》论妙悟而结果却使人不悟，论识而结果却使人无识，论兴趣而结果却成为兴趣索然，论透彻玲珑不可凑泊而结果却成为生吞活剥模拟剽窃的赝作"，对《沧浪诗话》基本上是全盘否定。钱锺书在《谈艺录》里对《沧浪诗话》作了肯定的评价。郭绍虞看到后，在《沧浪诗话》的校释里修改了自己的看法，极力称钱锺书论证"最为圆通"，并引"胡应麟《诗薮》云严氏以禅喻诗，旨哉"。钱锺书对《沧浪诗话》的公允评价使不少人改变了对严羽妙悟说的看法。另外，钱锺书还用象征派的诗与严沧浪说诗比较，认为法国象征派诗契合沧浪说诗理论，后来法国批评家的理论也与这个观点冥契，新结构主义更进而与以禅喻诗相默契。钱锺书提起此事仍颇为得意。他在新版的《谈艺录》里说，当时写《谈艺录》时，各大学教授囿于冯班等人的见解，眼里根本看不上严羽，等到《谈艺录》问世后，这种看法得到改变，严羽的《沧浪诗话》也被人们重新拂拭、再作评价。此外如书中论妙悟、论曲喻、论性灵、论竟陵派公安派的源流、论清初诗人的异同，等等，都很精辟。诸如此类，不胜枚举。

钱锺书以精炼的文言文写作，同时又不流于枯燥乏味。钱锺书的文章有地道的白话文，通俗潇洒；有纯粹的文言文，典雅精致。《谈艺录》属于后者。他的古文造诣在当代可谓首屈一指，因为他从小就受过严格的训练。他的文章从不做作，如行云流水，常行于所当行，止于不可不止，有骈有散，不拘一格，参差错落而不散漫，工稳整饬而不板滞，可作范文来读。如他在论述陆游（放翁）与杨万里（诚斋）诗的不同时说："人所曾言，我善言之，放翁之与古为新也；人所未言，我能言之，诚斋之化生为熟也。放翁善写景，而诚斋擅写生。放翁如画图之工笔；诚斋则如摄影之快镜，兔起鹘落，鸢飞鱼跃，稍纵即逝而及其未逝，转瞬即改而当其未改，眼明手捷、踪矢蹑风，此诚斋之所独也。放翁万首，传诵人间，而诚斋诸集孤行天壤数百年，几乎索解人不得。"寥寥数语，概括二人之所长，非常形象生动。

钱锺书在古文中善用典故，颇见学问之博，虽不免有炫学之嫌，但常常能在文章中合理用典，增加论著的信息量，化旧为新，言简意赅。书首小引中几句："立锥之地，盖头之茅，皆非吾有。知者识言外有哀江南在，而非自比'昭代婵娟子'也。"几乎句句用典，把日军侵华，国家破碎，故乡沦落，作者的贫穷每况，感时伤世的思想感情等都包含进去了。

钱锺书的思辨精微也在此书中表现出来。哲学使他擅长思辨，心理学使他曲体文心、以意逆志，他的著作能紧扣文学的影响，渗透作家的心理，论证精当，无懈可击。如辩唐诗、宋诗之分，南学、北学之别，对布封"风格即人"的论证，理趣之胜理语等不一而足。钱锺书还常借譬说理，充满趣味与幽默。如对王安石常袭韩愈诗而又鄙薄韩愈的揭示，钱指出他的《寄孙正之》说"少时已感韩子语，东西南北皆欲往"，评曰"则又所谓自首减等者矣"，也就是今天常说的"坦白从宽"。再隐含的地方都逃不出他的眼睛。

有人批评钱锺书炫耀博学，以书卷子吓唬人，其实这种高深的学术著作是不可能做到雅俗共赏的，如果读者不具备一定的文学修养和基础，即使以白话写成，也未必能理解。如果有一定的文学和语言基础，那么读这本书绝不会感到枯燥，相反，开卷游其中，增长见识，澡雪精神，推倒一世之智勇，开拓万古之心胸，可以启人神智，增益不少知识。

1945年9月2日，猖狂一时的日本军国主义终于被迫在投降书上签字，宣告无条件投降。至此，历时八年的艰苦的抗日战争胜利结束。消息传来，举国欢腾，人们沉浸在喜悦之中。然而，喜庆爆竹的硝烟尚未飘散，战后社会病便日益严重起来，物价飞涨，通货膨胀，民不聊生，大上海仍沉浸在苦难之中。为了维持生活，钱锺书于1946年初应邀担任南京国立中央图书馆编纂，同年6月又担任了图书馆英文刊物《书林季刊》的主编。这一段时间，他经常来往于上海、南京之间，并且在这个刊物上发表了一些文章。

在暨南大学

1946年夏天，钱锺书接到友人、暨南大学文学院院长刘大杰的邀请，到暨南大学任教授，教大四的"欧美文学名著选"与"文学批评"两门课程。

当时的暨南大学文学院院址在上海宝山路宝兴路口。上课伊始，刘大杰把钱锺书请到教室，向全班同学高兴地介绍："我给你们请到这样一位先生，你们真幸运。"钱锺书身穿一套紫红色西装，戴着眼镜，神情颇为严肃地站着。等到他开口讲课，流利的外语立刻把学生吸引住了。他的讲课像戏剧表演，能把书中的人物一个个演活，上过他课的学生至今还能回忆起几十年前他上课的语调和神情。

四十年代的钱锺书

他教的"文学批评"更加精彩。他讲课是不看讲稿的，上课时全用外文滔滔不绝地讲，手里拿着一支粉笔，有时写几个字，有时写几行字，有时用法语或其他语言来征引。但由于法语和其他语言的障碍，有些学生没听懂，他便用英语解释，遇到有的同学笔记没有记上，他便在课后再讲，让学生把空白的地方补上。有次在课上讲到文学和音乐的关系时，他还补充讲了文学的音乐性，引用了蒲伯和丁尼生的诗句，然后引用苏东坡的诗"塔上一铃独自语，明日颠风当断渡"。"颠"和"当断渡"很富有音乐性，简直如"叮当、叮当"的铃声，以此来说明文学的音乐性（"象声"），妙不可言。最后他还引用拉丁文、意大利文、德文、法文，把维吉尔、但丁、福斯、迪·巴尔塔斯的诗句写在黑板上来论证。他的讲课严肃认真，一丝不苟，甚得学生们的欢迎。

除此之外，他还给其他年级讲授"莎士比亚""英国分期文学"等课。学生对他知识的广博、讲课的潇洒甚为倾倒，多次向他请教秘诀，他很谦虚地笑笑说："我没什么，只不过能'联想'。"

一位学生非常佩服他的《围城》，尤其称赏三闾大学校风的描写惟妙惟肖。钱锺书笑着说："你可以看看所谓的训导制到底是怎么一回事。"言下之意是对学校中那班庸俗不堪的人的嘲讽。但当学生进一步问及此书的社会背景及书中人物时，钱锺书正色地说道："不好讲"，他不想谈及政治和人事的纠纷。①

　　钱锺书在暨南大学执教三年，从来没有迟到过，总是提前到校，站在走廊上等铃声。他酷嗜读书，每次到校总是抱着一大包看完的书来归还，重借新书阅读，即使课间十分钟也从不放过。下课后到系主任办公室去，工友给他泡一杯清茶，他喝口茶润润喉咙，然后就阅读从家中带来的书。他冬季常穿着长袍，戴一顶法国式的蓝呢帽，清秀的面庞，目光炯炯有神。

　　原先他居住在复兴中路，在暨南大学教书时，便搬到蒲石路居住。他屋中的书架上摆满精装的外文书。他看书时手边经常放着一本厚厚的练习簿，边看边写，他的练习簿约相当于普通练习本的四倍厚，簿上密密麻麻写满了英文，这就是他的读书笔记。

----

① 林子清《钱锺书先生在暨南大学》，《文汇读书周报》1990年12月3日。

钱孙卿在无锡解放前夕

◎

抗丁与抗税

1945年日本投降后，人们纷纷从重庆或上海回到家乡，以为从此可以清享太平。经过八年抗战的人们厌倦了战争，希望能够休养生息。但不久，国民党挑起的内战爆发了。为了对付共产党，国民党大肆征兵，乡镇保甲长借此机会敲诈勒索，买卖壮丁，加紧征粮。钱孙卿对国民党有清醒的认识，以为前途未必太乐观。"政府狃于侥幸，贪天之功，以为己力，外宁必有内忧，祸患正未已也。"他应无锡工商人士的邀请，只身返回无锡一趟。他没惊动官府，不赴宴请，只停了三日。他看到，由于战争，百业凋敝，物价高涨，人心不稳，而国民党政府为了开支，加大税收，苛捐杂税多如牛毛，这不利于战后经济的恢复，反而会使经济更加凋敝。次年，应无锡工商界人士的请求，他又回到无锡。战后的处理汉奸问题、物价问题、劳资矛盾问题，都很棘手，无人能收拾这种局面，只有请他出面。他没带家眷，只身一人回无锡，召开了无锡各界座谈会。针对战后千头万绪的事情，提出了几点意见。

一、劳资纠纷。这是全国性的问题，各地的劳资纠纷都很突出，不仅无锡是这样。他提出，各公司及工厂负责人应本着对社会服务的观念，不能把工厂视作私人发财的事业，应着力改善工人的福利，缓和劳资矛盾，因为人力比动力机器更重要，对技术人员尤其应当提高待遇。增加工人对工作的兴趣，纠正过去那些陈旧的思想及习惯，以共同增加生产为原则。

二、捐税研究。针对当时中央与地方税收多有重复，希望商会组织税则研究委员会，专门研究商人纳税的义务，合乎国情者则为良税，反之则为不良税。对于重复收税，限期研究方案，呈请政府核免。

三、汉奸问题。提出惩治汉奸要择尤重办，无枉无纵，对于沦陷区人心的团结来说，无枉比无纵更为重要。对当时国民党中有人提出的根据财产的多少定"经济汉奸"的做法提出疑义，他认为，惩治汉奸，关键是看有无通敌卖国罪行。如果不看这点，见财产就没收，那就会给工商资本家造成很大的威胁，失了民心，也有失公平。

不久，商会改选，钱孙卿再次被选为无锡商会主席。他在就职会上的演说中抨击了国民党政府对商会和商人的苛捐杂税的摊派剥削。他说："商会为代表商人的法定团体。惟无锡沦陷以来，商会已不能代表商人而很久以来一直被当作军政党团对商人摊派捐款的机关，予取予求，不胜其苦。今后对于商会的任务，务请各界变更沦陷以来的传统观念，予以合理的认识，特予商会以原谅。在商会凛于当前之困难，亦当自绝端尊重其应守职权，不敢稍有越分，亦不能过自迁就。如其不然，就商力言，固感不胜；就商会言，毋宁解散。"并且表现了他的决心："鄙人年力就衰，实难再胜繁剧，此次孑身来锡，眷属仍留沪寓，如能勉事负荷，自当惟力是视。设感力有不胜，惟有引避贤路，幸共谅之。"一时听者皆为动容。当时他年已近六十，而处事仍极有活力，无锡《人报》上载他的小传，说他："年逾花甲银髯盈额，而处事从容，考虑缜详，发言若洪钟，精神矍铄，衡事精当，有过人之见。终日坐镇商会，掌理公务。如遇侵害商界法益时，在商言商，无不竭其心力据理力争，一不作，二不休。会议时手执卷宗，带看带说，遂于典坟与人折论，辄引经据书，千语一泻，势若堤决。必要时会写骂人的文章，作惊人的狮子吼。当政府征兵征粮大选的关头，他写过牢骚的文章，使小民阶级读得摇头三叹，拍案叫绝。一贯作风是老辣，特别是努力保护商人利益，因而在商人的目光中，都认定他是无锡最理想的商会主席。"①

钱孙卿对国民党越来越失望，对国民党一连串错误的政策进行过很犀利的批判，主要是代表地方人民与工商界的利益，对国民党违背地方利益和民意的政策加以反对和抵制。钱锺汉先生说："在陈果夫作江苏省政府主席时，拟在无锡征收房地产税，激起无锡城区地主资本家的联合反对，上通国民政府委员吴稚晖，所以没有成功。后来陈又派其亲信汪宝瑄来无锡任县长，因地主旧势力与其不合作，所以被迫离任。这事策动虽全出于城中公园的所谓'虫窠'（即公园里的清风茶墅），但钱孙卿更以县商会的名义，正式发表函电，出面反对，为最有影响。陈果夫为此也曾想把钱孙卿控制在手。国民代表会议期间，蒋介石曾亲自召见江苏省的四个县商会会长陆小波（镇江）、钱孙卿等，并赐给特字号国民党党员证吸收入党，加以拉拢。会毕回锡前，陈果夫曾示意要他支持县党部和省党部派到无锡的人员，但钱孙卿并不管他这一套，依然单纯代表无锡地方势力的利益，与陈果夫所派党官发生矛盾。我父亲曾告诉我说当时李惕平曾私下劝过他，要他提防，说陈果夫暗中派人监视着他，要找他的岔子，准备对付他。"②

1947年，应当地报纸元旦征文，钱孙卿书其所怀曰："急景凋年，欲语无辞，姑志数言，用卜太平。惟望国内团结，朝野一心，实施民主，改正税制，培养民力，调节通货，安定物价，确立预算，财政公开，奖励生产，杜塞漏卮。而综上所述，必民意机构，堪代喉舌，始谅举国上下当具同感也。"这是他对社会寄托的希望。

吴伟勋在《解放前无锡工商界的抗丁抗税斗争——记钱孙卿的一个通电》中记载：1946年10月10日国民党颁发了《恢复征兵令和兵役法实施草案》，1947年3月15日，钱孙卿通电无锡县各界呼吁缓行征兵。全文如下：

无锡县参议会、党部、农会、律师公会暨其他各法团及兵役协会诸委员公鉴：

兵役规定（于）宪法，人民何敢异议，惟依照中华民国训政时期法约第十六条及中华民国宪法二十条均明白规定，人民须依法律，方有服兵役

<hr>

① 转引自《孙庵私乘》卷首。
② 钱锺汉《关于〈钱孙卿与无锡商会〉的补充意见》，《无锡文史资料》第二十四辑。

钱基博先生照片

之义务，而兵役法施行法尚系草案，其他与兵役法有关之各种法令，亦未拟定，其法律程序之未完备可知。事关人民兵役，岂可草率如此！近以壮丁调查，城乡惴惴不安，省令发动春耕，乡农以逃役而不耕。工人本皆壮丁，技工以适龄而不安。地方生产，人民农工实为主力，未得可用之兵，先增失业之民。依照修正兵役法第七条及实施法草案第二条规定，现役征集入营，须在管区受正规之军事训练。而现在营制既未完备，营房亦无设备，去年补充之兵，似皆补充缺额，并非依法训练，真所谓"不教民战，是谓弃之"，徒失人心，无裨戡乱。退伍之兵，无法复业，征集之兵，多失生产。际此苏北未靖，伏莽遍地，重以币制不稳，生活难安。近见报载，行政院通令全国各地行政机关，凡事足以引起人民反感及受人煽动利用之行政措施，均宜酌量缓办，待各有关当局缜密考虑人民福利后，再行决定，付诸实施等因。昙微贤明措施，真乃深识治体。窃谓兵役未善，实乃引起人民反感之尤者。吾人属在地方，对于合法兵役，何敢不尽力协助，但以法规尚未完备，地方流言而孔多，何可不本其爱护政府之诚，尽情据实沥陈？如为补充缺额，则吾国内战数十年，未尝无兵，现在退伍尚多壮丁，仍宜通用征募，不难一呼而集，岂患无志愿兵可用？事关地方利害，用特代电驰达。参议会及人民团体，固有代表民意之责，而人民依照法约第十五条及宪法第十一条规定，亦有发表言论之自由。拟请参议会衔迅陈国省政府及主管院部并国民党参政会，在兵役法规未完成前，对地方征兵，似宜展缓办理，以安民生而固国本。不胜迫切企仰之至。

钱孙卿自商会叩。

除了抗丁之外，钱孙卿对国民政府的苛捐杂税以及发行金圆券等财政措施也都顶住压力，不断发表反对意见。

抗税活动在无锡同样也很激烈。1948年初，国民党政府要开征行商税。抗战胜利后，无锡工商业恢复较快，国民党看到有利可图，就计划开征。一旦征收行商税，则客商裹足不来，必将导致无锡市场衰落，百业萧条，因而无锡工商界都反对这种不合理的税收。钱孙卿根据大家的意见大声疾呼，希望当局停止开征。《无锡报》上发表了董正廷撰写的反对征收商税的评论。国民党政府鉴于反对者多，就由财政部委派主管行商税的司长来锡召开座谈会。会议由财政部司长主持，他一再强调"开展行商税势在必行"，并以威胁的口气说："不要听共产党的宣传。"他的发言，矛头是指向钱孙卿、董正廷等人的。司长发言结束后，钱孙卿立即严词驳斥，同时指责他："不要用共产党的帽子来压人，国民党好，还是共产党好，老百姓是心中有数的，我们也都知道。"这几句话激怒了那司长，他认为钱孙卿太放肆了，以一手直指钱孙卿说："把你余到苏北去！"会议开不下去了，大家不欢而散。但那司长的一副狼狈相，正好贻人以笑柄，国民党政府原来打算开征行商税，在碰到这个钉子以后，也就不了了之。①

钱孙卿同时也反对国民党政府随意征用土地。经历过其事的无锡县政府社会科科长张一飞说："当时军方征用土地，他们按照规定与军政部交涉，未果，最后，军政部一位上校科长大发雷霆，他说：'政府征用土地，是国防需要，理应按政府的规定划价，现政府按南京的价格征收，你们还有什么意见！这不是买萝卜青菜，可以讨价还价的。'他桌子一拍，准备走了。当时地政局长胡品芳就说：'军政部要地方派代表协商，他们既是代表地方，有意见应该同意他们发表。你不准他们说话，那为什么开会？这样态度是完全不应该的。'会后我们感到很棘手，就打听谁能帮助我们地方解决些困难。有人说，只有钱孙卿，他仗义执言，能为老百姓主持正义。我们第二天上午就在县款产处找到了钱孙老，向他汇报了开会情况。他表示，这是钱桥乡下的事，而且又是军政部出面，便参与，但他说：'我可以告诉你们，为老百姓生活，我们要坚持，要进行针锋相对地交锋，不要怕，不要退缩，我在精神上支持你们。'这一席话使我们明白了方向，要坚持斗争，他支持我们。精神上对我们鼓励，使我们这次谈判能坚持到底。以后拖延了两个月，谈判了七次，中间曲折很多，最后一次会议，政府同意征用面积减缩三分之一，多征荒地少用熟田，地价从

---

① 吴伟勋《解放前无锡工商界的抗丁抗税斗争——记钱孙卿的一个通电》，《无锡文史资料》第十四辑。

17元一次又一次调整到68元一亩。以后，由于抗战爆发，营房没有建成，但钱孙老当时发言铿锵有力，态度坚决，仗义执言的神采，深印在我脑海中。"过去在师范读书时，他虽多次听老师讲到钱基博、钱孙卿兄弟二人的文章道德，对他们兄弟二人十分敬仰，但印象不深。通过这件事情，他才深深感受到钱孙卿的为人处世。

　　钱孙卿反对的国民党用于打内战的苛捐杂税，对于造福桑梓的公益事业却是积极支持的。张一飞说："八儿巷公医院院长高景泰，是我的同学，江苏省卫生处长陈万里，主任秘书高梅芳，无锡东湖塘人，与我同班同学。陈万里和高梅芳要我帮高景泰办好这个公医院。高景泰告诉我，这个医院是抗战前施工，浇好楼面，未盖屋顶，日寇侵占无锡，抗战八年，一下雨，从屋顶一直流到地面，无法使用，现在估计修缮费要一千石米。这样大的数目到那里想办法？我说无锡有此能力的只有钱孙老。因为他那时担任无锡旅沪同乡会会长，上海的无锡籍工商界巨头唐、薛、杨、蒋、荣，孙老只要一句话，无不应承。我问高景泰中学在什么学校读的，他说在私锡中毕业，那时校长是钱孙老。他本想通过他的哥哥高景岳去找钱孙老商量，但高景岳与钱孙老平时意气不甚相投，结果由我陪高景泰拜谒钱孙老。进门以后我对钱孙老说：'您有一个学生来拜望老师，他是我同学，国立江苏医学院毕业，此次奉派来锡任公医院院长，目前因医院房屋破漏，无法应付，来求助于老师了。'钱孙老考虑了一下说：'你既是我学生，学生有困难，老师怎能袖手旁观，让我明天到上海去一趟，才能给你回音。'钱孙老当晚就到上海约了工商界几个巨头，说家乡医院整修要一千石米，新院长是高景岳的弟弟，我的学生，张一飞陪同来找我，各位看看，这事如何处理。到会的几个巨头，当时就认捐了一千余石。这楼房现在是第一人民医院的病房，像当时任事的施璇璇等回想，还可能知道此事。这是钱孙老为地方公益事业奔走的我所经手的一件事。"

仗义执言

　　钱孙卿反应敏捷，能言善辩，作为无锡地方工商资本家的代言人，他在维护工商业利益上有一套自己的本领。由于能仗义执言，所以他虽然是寒素的读书人起家，却受到无锡工商界的普遍欢迎。正因为他没有经营什么企业，也就不容易偏向某一家或只为自己打算，是做工商业的代言人最佳人选。他为无锡的民族资本家的发展经营排忧解难，赢得了众多工商业者的欢迎。

新兴的民族资本家荣氏集团在刚刚起家时，也得到了钱孙卿的不少帮助。钱孙卿原来与荣氏并无多少关系。钱孙卿本着发展民族工商业的观点，对荣氏发展给予许多帮助，赢得了荣德生对他的尊重。竞选上省议员后，荣德生要钱孙卿到南京时，常寓自己的下关茂新南京办事处。钱孙卿当上市总董后，荣德生即主动聘请他当工商中学校长，月致高薪，这成为钱孙卿主要的经济来源。当然，钱孙卿也因此自觉地为荣氏集团说话，充当荣氏集团的代言人。

当然，钱孙卿并不只为荣氏一家谋利，他为这些民族资本家排忧解难，在很大程度上代表了当时无锡工商界的利益。比如，当时唐星海的企业陷入人事纠纷的困境之中，为了解决与股东、兄弟之间的矛盾，他曾上门请教，问计于钱孙卿。得到钱孙卿的策划协助，他摆脱了困境，巩固了对他的庆丰企业的完全支配权。为了酬答钱孙卿，就致送钱庆丰股票约值人民币一万五六千元①，并安排钱担任庆丰董事，月致董事费（相当于战前荣德生致送的工商中学校长的月俸），还每年致送董事应分花红酬劳。这成为钱孙卿的主要生活来源。

1947年，国民党举行国民代表大会，要求各地选举国大代表，同时规定国大代表的候选人必须是国民政府圈定的人，否则即使当选也无效。江苏工商界也分到名额，江苏民族工业巨子荣氏家族十分有影响，江苏工商界准备选荣氏家族荣尔仁参加，但荣尔仁却未被圈定。钱孙卿认为，以荣氏家族在全国工商界的成绩和影响，选上国大代表是当之无愧的，国民党对荣氏排挤，不圈定荣氏是没有道理的，所以他联合无锡工商界的同仁，一致支持荣尔仁。选举结果，荣尔仁的票数超过了规定数，但因荣尔仁没有被圈定，国民党中央派了社会部司长曹沛滋来无锡查究。曹沛滋请国民党江苏省主席王懋功出信介绍来锡，嘱令当时无锡县长徐渊若办理，查看选举的档案材料，并要把这些档案材料带走。有众多民族工商业的支持，在钱孙卿及他的下属张一飞的坚决抵制下，国民党代表无可奈何，最后只

_____

① 这是钱锺汉六十年代时的概念。见钱锺汉《关于〈钱孙卿与无锡商会〉的补充意见》。

得不了了之。

　　1947年，无锡县参议会正式选举成立，全县199个乡镇合并为一百个区域，产生议员一百名，工商农暨自由职业、教育等五职业单位，产生议员43名，共计143名。钱孙卿当选，但他声明不参选，让其他年轻人上。选举结果，李惕平当选为参议长。在成立大会上，钱孙卿被邀请上台讲话，他坚持以商会会长的身份在来宾席上就座。他讲了自己的一点感想，这一席话对国民党的假民主作了深刻的揭露，一针见血，入骨三分。他说：

　　参议会开会前夕，议长尚各处奔走，亲自布置议场，不胜其劳，政府却置身事外。犹忆前清末年，江苏咨议局在南京首先成立，即有一庄严议场可以开会。何以现在还政于民，而会屋一切，反若议长之事，政府不加过问，好像在开玩笑。日前，我在报上看到常熟县参议会通过县事业费预算，呈报县府，竟将建设费大事削减。县事业费莫重于建设，不知省府根据何项法令，竟亦大事削减。如果确是事实，参议会真成其摆样耳朵，绝无民意可言。现在实施宪政，号为还政于民，而县参议会，尚沿用民国二十八年八月内政部公布之一种战时暂行组织条例，那亦未免粗制滥造，太觉不成事体。如第二条规定，县政府兴革事项，参议会只可向政府建议。这草条例的人，根本不懂得代表民意是什么。又如第二十三条，有省府可以解散参议会的规定，查遍三民主义及五权宪法，均无此根据。再如参议会的秘书，须省府核委，好像从前监军制。鄙人研究各国议会制度，凡世界民主国家，亦未闻有此先例。前几天报上登载省府一条命令，参议会三月不开会，议长即须处罚，行政机关可以公然发布命令处罚议长，这样也算还政于民么？我总觉得中国现在一般官吏，似乎都是从小就做官的，说的都是官话，对人民的一切，隔膜得相当深。但我是老百姓，我们应当说老百姓应说的话，如果拿议会来作政府的外围，一味奉令惟谨，作政府的应声虫，那必定要失去民意，与人民脱离的。俄国在沙皇时代，宣布过立宪，但是后来仍有革命发生；前清宣统的时候，也宣布过立宪，辛亥革命依旧爆发，因为这些都是假立宪。不立宪还可，假立宪人民失望更深，必致引起可怕的后果，这是值得深思熟虑的。吴稚老曾说，中国老百姓一向是糊涂的，所以至今还要训政。然而训了十几年，老百姓几乎愈弄愈糊涂。不知是老百姓不堪造就呢，还是政府实在高明呢？总而言之，政府应不以民意机构为儿戏，要虚心接受议会建议，议会要诚意地为老百姓说话，这样才能做得好。各位参议员，希望都能明白这一点。如果连这一点也不明白，非但不会成功，将来且要打屁股呢。然而，鄙人今日还要祝诸位成功。[①]

他这一番话，赢得一片热烈的掌声，也有不少好心的人为他捏一把汗，但他什么也不在乎。后来上海的报纸转载了他的这席话，评其为"立宪砭言"。

钱孙卿站在百姓与当地企业的立场上为他们代言，他以敢说真话敢于碰硬闻名，在抗捐抗丁中，钱孙卿《致江苏省临时参议会书》云："江苏税捐繁重，亦几竭泽而渔，税中有税，如营业税则本税以外，又别征所谓粮食营业税、佣金营业税，及行商营业税。税外有税，如营业牌照税，则又在营业税以外，别按资本课税，而旧有牙税，亦未废止。性质相重，名目繁多。此外，地方自卫有附加，道路建设有特捐，教师补助有输金，劳军救济有募派，动以亿计，更仆难数，则又法外之捐，地方不胜诛求，人民疲于奔命。"在这封信的后面，他引史为鉴，语更沉痛。他说："秦以法严，施其苛政，偶语有禁，诽谤且族，人民重足而立，故汉高入关，约法三章，独得人心而王天下。明季苛捐杂税，烦扰遍及闾里，而满清以胡族入关，独主中国三百年，实在采用一条鞭法，北人重役，南人重赋，化零为整，民乐其业。民国十六年，国民革命北伐成功，奉扬总理遗教，首揭标语，亦为废除苛杂，裁厘加税，几与汉初除秦苛暴同其德意。古人三时力作，独以一时赋民，实乃培养税源之意。此虽古代遗规，实为郅治之本。今法令之密既如秦，而苛杂之多逾于明，凡工商稍事生产，人民惟日卒卒，迫于捐税疾首蹙额，难安营业，而地方游手好闲之徒，不事生产，转因政府奖励告密，藉法扰民，择肥而噬，是奖社会游惰而促经济崩溃也。乌可哉，乌可哉！某以日夜求法之身，岂有与世争名之意，而事关民生利害，非只工商负担，物价日趋严重，社会疾困尤甚。栋折榱崩，压覆是惧，敬祈不吝援手，苏民实多利赖。"[②]

后来各地米粮业会汇集上海推派代表赴南京请愿，有关部院均认为此

①② 钱孙卿《孙庵私乘》1947年。

时征税，既与当前社会经济与百姓生活有很大的关系，可由财政部、社会部与经济部核议，而财政部却坚决不允，置钱孙卿的呼吁不理，这使他对社会更加失望。

改选面粉市场场长风波

当时动荡不安，物价起伏很大。因此就有人利用这个空子，买空卖空，做投机倒把的生意。当时无锡有个地下面粉市场，不法商人从面粉行业的厂家买期货，垄断粮食市场，利用当时政治形势不稳、各种有关涨价的传言满天飞之机，哄抬粮价，从中牟取暴利。

无锡地下面粉市场的场长是江阴人邢鹏举。他是县长徐渊若的至亲，他本人不是面粉业人员。按当时法律规定，业外人不能担任市场场长，但他因有徐渊若的背景，担任了市场场长。当时警察局长潘玉峋是邢在光华附中教书时的学生，因此他有恃无恐，许多人敢怒而不敢言。

钱孙卿首先对各种粮食行业的商人加以告诫，说：值此物价波动之际，深盼粮食商人注意粮价，如有枪刀头上吃血之人，应与众共弃。要知现在的情形已到了曹操借头之时，商人应当心自己的头颅，勿为投机商人借去。他召开会议，要求严加取缔这类非法的粮食交易。不久，无锡县参议会通过面粉市场营业规则，其中第四条规定，市场交易以现款现货买卖为主，不得兼营厂根小票。

后来不少面粉人向社会科科长张一飞反映，特别是面粉业秦素城等人多次强烈提出意见，张一飞有所顾虑：如果按规定执行，必然要与徐渊若发生冲突；如不执行，就对不起工商界。最后决定召开会员大会，重行改选场长。那天，张一飞亲自对会员讲，要按规定选业内会员，业外人不能担任场长，这样邢鹏举下台，徐仲歧当选场长。邢鹏举向徐渊若哭诉，徐渊若开始对张一飞存戒心，他专门派了一个从浙江带来的姓张的亲信，安插在社会科任科员，暗中监视张一飞有无贪污行为。此事当时曾在工商界哄传。

这时，忽有一篇署名"无锡面粉业全体同仁"的文章《致钱孙卿先生

① 钱孙卿《孙庵私乘》。

公开函》，在无锡当地的报纸及上海《大公报》登载。全文长数千字，占了整幅的广告。对钱孙卿大肆攻击，还对他的次子钱锺汉也加以指责，气势很凶。钱孙卿随即发表反驳文章，正告所谓的"粉面业全体"及地方各界人士，针锋相对地予以批驳。其文如下：

仆字孙卿，非逊卿以自号，粉面业全体，而于其所属商会理事长，人所共知之姓字，尚有错误，足见遇事粗疏，无怪昧于利害。既曰粉面业全体，即又整个同业，自有其所属同业公会，及法定负责人，则不得不就所知利害，为剀切一正告之。商会为法定团体，既出选举，即代表整个商业，可以为商人主张合法或合理权益，而绝不能为任何非法投机作护符，亦绝不能为一二业可以局部利益任意操纵市场别设管理。商人可以其本身业务参加市场，而绝不能谓市场即整个同业化身，此中利害，首宜辨明，失之毫厘，谬以千里。否则，以市场之管理不善，而一切罪恶，将由整个同业负其责。是以主持市场者之不法行为，而牵累同业整个自杀，抑恐波及同业公会，绝无可以代表周旋之余地，可乎，不可乎？食物关系民生，必须现货交易，此乃断然无疑。现在币值波动，凡系正式商人，必皆得置现货，岂有期货可言。故所谓期货者，大多远期，抛空乘机套利，利用市场波荡，必且因事造谣。仆初不知面粉市场如何来历，及与粉面业正式同业实际关系成分，忝领商会毫无闻知。若谓无市场即无面粉买卖，而且影响商会，行将失其所据，此真危言耸听，不值一哂之谈。无锡粉厂开设独早，战前远销南北，岂有所谓市场。仅闻敌伪时期，一二新兴人物，凭其特殊势力，外则勾结敌伪，为粉市之统制，内则压迫商人，作非法之买卖。民怨沸腾，当时诟病，锡邑粉市此其滥觞，现在所谓面粉市场，岂尚即此残余势力？以仆调查所知，无锡粉面百余单位，而参加市场者，仅四十余。可见不设市场而根本绝无影响。国家如有纲纪，舆论如有制裁，绝不容有此半官非商诪张为幻。无锡之有钱孙卿久矣，固不自其为商会理事长始，而孙卿之主商会亦久矣，战前战后，已逾十年，历由选举，从未运动，自有其对社会及在地方共见共闻整个独立之人格。商会两年改选，理事长为日甚暂，依照商会法第三条第八款，遇有市面恐慌之事有维持之责，绝不容为任何环境所束缚，亦决非一时虚言恐吓所能影响其立场。此亦可以为粉面业全体正告者。至其公然诽谤，实犯刑事罪责，未尝不可依法控究，仆素性忠厚待人，则亦不欲深求矣。①

钱孙卿知道张一飞的处境，全力支持他的工作，鼓励张一飞说：一飞先生，你放心，我代表全县工商界全力支持，你是正义的，就不要怕徐渊若。当时徐渊若对钱孙卿也有意见，认为他对县政府干涉太多，钱孙卿对徐渊若也十分不满，两人很少直接对话，徐对钱有话，由张一飞转达，钱对徐有话，也托张转告。徐渊若是日本早稻田大学毕业生，在浙江任龙泉县县长时是模范县长，但到无锡后，工商界对他十分不满。当时一名记者写了一篇《徐渊若的三畏》，刊登在一份刊物上，说徐渊若怕三个人：一怕地籍处副处长严保滋，二怕警察局长潘玉峋，三怕社会科科长张一飞。后来徐渊若自己写了一篇《江苏县长的三怕》，是怕伤兵，怕新闻记者，怕参议员。

无锡县参议会及商会所属纺织、粉面厂业等七十八家单位也均有严正表示。这样，那些人的阴谋也就不攻自破了，面粉业公会负责人登报向钱孙卿公开道歉。

转向共产党

在国民党统治的后期，钱孙卿对国民党充满失望之情。他看透了国民党的民主选举只不过是虚假的过场和形式主义，根本没有实行民主的诚意，所以他对于选举一事始终不太热心。"假立宪必酿真革命"，这是他从中外历史中得出的一个结论。从这一点上，他看出国民党的日子不会太长，感叹孙中山等革命先辈开创的国民党就要败在蒋介石的手里了。他说："当今中国有三大政事，皆急于星火，而亦措火积薪，人人心知其危。一曰兵役不适国情，二曰征实征借之罔顾民生，三曰选举之无当民治。大官不欲言，小民不敢言，有心人不忍言而无从言。"②

一年之间，他连续给国民党江苏省政府提出过许多意见，呼吁减轻地方的负担，减轻人民的负担，要求政府公开财政收入与支出情况，语语激切，真正代表了无锡工商界的心声，也因此触怒了当道。国民党江苏省

①② 钱孙卿《孙庵私乘》。

省长王懋功当面训斥，威胁他说："现在是戡乱建国期间，商人要认清当前局势，尽量忍耐。"钱孙卿仍然不屈不挠申辩说："纳税固然是商人的义务，但忍耐亦有一定的限度，政府仍应体恤民艰。"一点不为威势所屈服，体现了他的铮铮硬骨。

不久国民党江苏省政府通过江苏省商联会转无锡商会，并声言"当轴面谕"："凡关地方动员戡乱之措施，有关人士均须协助，不得有任何破坏阻扰情事。如商民不知遵从，本府为执行动员戡乱国策，必须痛加整饬。"这个"当轴面谕"遭到无锡县参议长李惕平的抵制反对。

钱孙卿从他的一生经历中看透了国民党不会有什么前途，跟着国民党走没有出路，所以在后来解放时，他毅然选择了留下来。钱孙卿曾同长子说过，他不是亲近共产党，而是觉得国民党完全没有什么希望了。国民党已经从上到下全面腐败，北伐之后蒋介石所联络的人，正是北伐战争所要打倒的人，用了这些人做官，贪官污吏到处都是。正是国民党的腐败，导致了自己的灭亡。

与此同时，他在社会实践中逐渐认识了共产党，对中国共产党寄予了希望。早在抗战期间，在共产党抗日民主统一战线的影响下，钱孙卿于1942年2月3日邀集苏南各县参议会正副议长以及江苏省临时参议会议员胡厥文等八十余人在上海假无锡旅沪同乡会名义举办会议，一致呼吁国民党政府克日废除现行征兵法，不以军法办理征粮，地方团队应就地自卫，不得调省改编保安团及征用民有枪械，停止地方一切防御工程，各县驻军粮秣副食不得责令地方补贴，等等。翌日，又邀请江苏旅沪耆老冷御秋（鹜）、陆小波等六十余人举行座谈，联袂在报纸发表郑重声明，这些，对共产党及早解放无锡，为无锡的平稳过渡都起到了很大的作用。[①]

① 钱锺汉《关于〈钱孙卿与无锡商会〉的补充意见》，《无锡文史资料》第二十四辑。

第七章
殊途同归向光明

◎

留在国内

钱锺韩喜欢看历史书，通过历史鉴古知今。受父亲的影响，他对国民党也失望到极点。

1945年至1946年，钱锺韩到西南联大工学院教书。抗日战争胜利后，他回到南京，进入了中央大学。当时工学院院长是刘敦桢，机械系主任是胡乾善。1947年夏，他受国民党考试院的聘请，担任"高等考试典试委员"，具体任务是出"电机工程"这门课的试卷并评阅分数，但录取与否，他并不能决定。1947年秋，改由陈章任工学院院长，钟皎光担任机械系主任。那时国民党已经节节败退，人心惶惶。1948年春，钟皎光突然离校去了台湾，秋天，陈章又仓促地到美国去休假，连工学院院长代理人选都没有决定。一天晚上，中大校长周鸿经突然由一个职员陪同来到钱锺韩的宿舍，提出要钱锺韩代理工学院院长，让他考虑之后答复。钱锺韩当时还不认得这位校长，是由陪同而来的职员介绍的。过了两天，钱锺韩找到周校长，婉言辞谢，向他建议在现有各系主任里或中大老教授中推出一人来代理。周说，工学院各系主任有利害冲突，互不服气，反不如由比较超

后排：陈科玲　钱同至　施继凯　钱宛汝　　前排：钱楠楠　钱锺韩　沈慧贤　施红

然的人出面代理，比较好办。在周的敦请之下，钱锺韩被任命为工学院代理院长。

　　1946年，钱锺韩与沈慧贤女士在上海结婚。沈慧贤是浙江嘉兴人，出自当地的读书人家。其兄沈尚贤在浙江大学任教，与钱锺韩是同事。沈尚贤对这位年轻人的印象很好，感觉钱锺韩聪明、稳重、可靠，所以就把自己在浙大上学的漂亮的妹妹介绍给他。钱锺韩为长子，但晚婚晚育，是当时新一代青年的风尚。婚事也相当简单，不延宾客，不操办。他父亲钱孙卿特地到上海参加长子的婚礼，并请表兄孙北萱证婚。婚后归里谒祖，孙卿领着儿子拜见邑中亲友，并发一小启云："有子在外成婚，不敢惊动乡里，别订简化节目，只由两姓签证，戚属数人，清茶一杯。不受贺，不张宴，自维凉德，何敢侈言转移习俗，示俭所以力守节约，凡我亲友，幸共鉴之。"钱锺韩的夫人沈慧贤生于1921年，1944年毕业于浙江大学化工系，1944年至1947年为电工厂技术员、中大助教，1949年至1952年为南大工学院助教，1952年至1958年为南京工学院助教、讲师，1959年任南京化工学院讲师，1962年起任教授兼任系副主任。

1948年底，淮海战役爆发，局势更加不稳，国民党政府的半壁江山已经快要失守。中大的一些教师认为，共产党马上要攻到江南了，国民党肯定是不会轻易地放弃南京的，南京很可能会遭受包围或作长久战，留在南京会很不安全。于是纷纷逃离，或到国外。钱锺韩受命于危难之际，他以身作则，与广大进步教师一道坚守在校园，坚持教学，迎接解放。

1949年1月，淮海战役胜利后，国民党所统治的南京更是人心不定。中大校长周鸿经去了上海，学校无人维持，陷入混乱，开教授会时，大家一致认为要成立校务维持委员会，准备护校应变，迎接解放。校务维持委员会由进步教授梁希（解放后曾任林业部部长）主持，钱锺韩代表工学院参加，参与到国民党粮食部去调拨粮食，索取应变经费，兑换黄金，以免货币贬值。4月1日，中央大学等十多所学校六千多名大学生到国民政府请愿，国民党军警打死三名学生，伤数百名学生，制造了震惊全国的"四一惨案"。这个校务维持委员会愤而集体辞职。

迎接解放

1948到1949年间，国民党大势已去，人心惶惶，社会极不安定。为了维护无锡当地的社会治安和工商资本家的利益，钱孙卿组织了无锡公私社团联合会暨工商自卫团。成立工商自卫团，主要是在国民党军队撤退或溃败中保护好工商界的财产不受侵犯。并与当时县议会等单位一致赞助，筹集现款，各业设中队，购买枪支，进行训练。这支自卫团在国民党撤退到解放军到达无锡这段时间，对于维护地方治安确实起到一定的作用。

冯晓钟在《解放前的回忆》里说："1948年底，邑绅钱孙卿先生和我商量，联合地方各个社团组织无锡县公私社团联合会，准备应变，迎接解放。公私社团包括公法团和私法团。公法团有县参议会、商会、工业协会、农会、教育会、律师公会等，私法团有锡钟社、复苏社等。在第一次会上，推定五个召集人，他们依次是钱孙卿、薛明剑、李惕平、徐赤子、冯晓钟。同时说明在第一召集人不能行使职权时，由第二召集人召集之。第二召集人不能行使职权时，由第三召集人召集之，余类推，以保证在极端艰苦的情况下，也得以继续斗争，直到无锡解放。①

蒋宪基的《我参加"无锡县人民公私社团联合会"暨"工商自卫团"的回忆》说："1948年12月23日无锡县商会理事长钱孙卿先生约请部分地方人士，商议组织'无锡县人民公私社团联合会'暨'无锡县工商自卫队'事宜，我也应邀参加。会议一开始，钱孙卿就开宗明义地说：'今天约大家来谈谈，主要是想听听大家的意见。现在士无斗志，人心浮动，走的可以一走了之，留的就不能不考虑怎样留下来。齐鲁之战的混乱局面，各位谅必都还记得。过去的事情简单，经商会出面交涉，商团出来维持一下秩序，就可以解决。但马路上一带的损失，仍然是惨重的。将来万一再出现了那种局面，商会独力难支。要听听大家的意见，事先有个打算。'"次日，无锡《人报》刊登了钱孙卿的这番话，很多人都为他捏了一把汗。

当时国民党军队已面临彻底崩溃，中国人民解放军正在长驱直入，但国民党政权仍然企图加强控制，做垂死挣扎。物价飞涨，人人自危。所谓人心浮动，就是指这种大局而言的。当时无锡的地方人士都窃窃私议，在考虑如何应变。钱孙卿熟悉这些情况，参加座谈的人又是经他考虑后邀请的，所以他敢于这样坦率地谈问题。

国民党省县两级为了加强对地方的控制，由保安司令部宣布将常熟、福浒两个口子正式封闭。国民党江苏省政府主席丁治磐还于1949年1月14日在无锡县政府闻喜堂召开大型座谈会，听取各界对时局的意见。钱孙卿以无锡县人民公私社团联合会召集人的身份在会上直砭时弊，并且正式提出要求，希望省政府给无锡工商自卫团增拨枪支弹药。他这话发表后，受到丁治磐的恶言相讯。丁治磐说"我要好好调查调查"，弄得不欢而散。……1949年3月23日丁治磐再度来锡视察时，又特地召见了钱孙卿，说："政府希望人民拥护政府，谅解政府的困难。"这是丁治磐公开对公私社团联合会和钱孙卿个人施加压力。同年2月7日，钱孙卿派人参加"江苏人民安全保障促进会"的筹备活动。由于他的积极活动，连续遭到国民党的多次恐吓威胁。②

1948年，由于通货膨胀，物资紧缺，国民党于八月发行金圆券，原

①② 见《无锡文史资料》第八辑。

发行的法币三百元折合金圆券一元。蒋经国特意到无锡来讲话，要人们坚信政府的金圆券是坚挺的，不贬值，不要抢购物资。但是金圆券越发行越贬值，抢购风潮并没有因此减弱。无锡北大塘街中山路上到处都是抢购的人潮，各商店已经十室九空，每天必须延迟开门，提早打烊。各项重要生活必需品相继在市面上绝了迹。有一个乡下人挑了五斗米来城出售，在半路上就被抢购一光。人心惶惶，好像大难将至。钱孙卿对此深感忧虑，在县府召开的紧急会议上大声疾呼，并致电立法、监察两院，指出政策的弊病，请求迅谋安定民生之策，言辞恳切犀利。尤其是一针见血指出当时的大官僚和奸商勾结，"凡世之所谓奸商，无不与豪门为缘，尤必据政治权威，方成其为豪门。豪门者，奸商之护符；奸商者，豪门之走狗"；"此在今日屈指可数，业外囤积，厥惟此辈，普通商人，何足语此。而今纷纷创设公司，公然囤购物资，非官非商，亦官亦商，则又异军苍头，成为豪门别派"[1]。

1949年初，国民党战场形势日益恶化，一方面高唱和平，一方面继续加紧征兵。2月9日团管区司令蔡润祺气急败坏地威胁地方士绅说："谁反对征兵，我就抓谁，不管他是地方什么人。"次日，钱孙卿和蔡润祺在报上公开论战。即使是在连接四封恐吓信的情况下，李惕平和钱孙卿等仍不畏强暴，继续反对征兵。2月16日，李惕平以县参议会议长的名义领衔致电南京李宗仁代总统和江苏省主席丁治磐，说："际此兵荒马乱，小民实不堪命。征兵以卫国家，犹可勉人心以敌忾。征兵以供政事，何能强百姓作工具？"[2]张一飞《我所认识的钱孙老》一文中说："当时惠山设有团管区，司令蔡润祺对钱孙老之言论恨之入骨，但是他知道钱孙老言论为多数人拥护，又不敢公开与他较量，以致钱孙老先后接到三封恐吓信，并警告钱老'勿再以民意机关为护符，组织其非法活动，而免流血。……工作同志已随时注意先生行动。'并在信内附药粉一包及信笺上绘有手枪一支，还有钱孙老的头脑一个和眼镜老须。钱孙老把恐吓信给我看后，一笑置之，并在恐吓信上加注，称：'征兵违反人心，已成公开呼声……而徒以恐吓手段钳制舆论，为政府一切捧场，则现政府未能把握人心，正其军事

---

① 钱孙卿《孙庵私乘（附年表）》。
② 孙翔凤《回忆李惕平的一生》，《无锡文史资料》八辑）

所以失败。不有牺牲，何能成事。仆今老矣，必不为腐鼠之吓也。’”

钱孙卿办事很果断，在于他处事机智，善于应酬。当时无锡的报纸常为钱孙卿叫好。《锡报》上发表《孙庵小传》，说："终日坐镇商会，掌理公务，如遇侵害商界法益时，在商言商，无不竭其心力，据理力争。一不作二不休……必要时会骂人的文章，作惊人的狮子吼。当政府征兵粮大选的关头，他写过牢骚的文章，使小市民阶级读得摇头三叹，拍案叫绝。一贯作风是老辣，特别是努力保护商人的利益，因此在商人的目光中，都认定他是无锡最理想的商会主席。""他的长处，是肯负责办事，有条不紊，机警而有毅力，加上对人厚道，而不谋私利，最后两点，可说是他所以能雄踞社会三十年，而无懈可击的主要因素。同时因为他不谋私利，所以决不会为了自己的身家财产而有所顾虑，立场可以比较中正，大公发言，可以少所忌惮。他的缺点是自信太甚，不免独裁，同时对好人苛而遇坏人恕。他的所以对好人苛，是因为他期望好人者切，而所以遇坏人恕者，则惟恐一严之后，杜绝为善之机。他听人说话，时常不断地说‘是是’，但同样地说‘是是’，却有慢板、正板、快板之分：注意听人说话时普通是慢板；如果变了快板，那就表示不大耐烦听下去。"①

投奔共产党

钱孙卿的同事张一飞那时已转向革命，与共产党地下组织建立了联系。张一飞一方面秘密与地下党联系，一方面暗中做好保护钱孙卿的工作。因为钱孙卿的言论对国民党震动很大，国民党两任江苏省主席王懋功、丁治磐都对之非常恼怒，视他为眼中钉，欲除之而后快。张一飞《我所认识的钱孙老》文中说："钱孙老毫不介意，因为他除了目睹国民党统治区的满目疮痍、民不聊生以外，他自己也深受其害。钱老有个儿子，抗战时参加革命，被国民党杀害。所以王懋功在闻喜堂召集地方人士谈话时，钱孙老仍以‘老百姓八年中遭日寇屠杀、敌伪压迫剥削，要休养生息，要和平。但目前征兵征粮，压得老百姓求生不得，求死不能，希望政府诸公重视民间疾苦，为老百姓减少一些压力’。后来王懋功下台，丁

---

① 见钱孙卿《孙庵私乘》前所附小传。

治磐接任后，也到过无锡，那次开会我没有印象，可能我未参加。据事后知道，丁治磐当面表示，要把钱孙老送到苏北去，说他与共产党一鼻孔出气。1948年3月份，我为参加孙文主义革命同盟，被江苏警保处长张达（前曾任无锡公安局长，此人系军统特务）伪称检查户口，后又称系城防指挥官和我有事商谈，抓到城防部，第二天即解送镇江江苏保安司令部。到达后，即由江苏保安副司令杨宗鼎与汤恩伯京沪杭司令部高级参谋陈祖民二人开庭。开口就问钱孙老与共产党什么关系？许闻天在南京的住址以及与我的关系。"

钱孙卿派次子钱锺汉作为自己和荣德生的代表，亲自到苏北解放区，实地考察解放区的情况。钱锺汉回忆自己的这次苏北之行，说：

1949年春节，我返锡省亲期间，日期大约是农历正月十三日晚上，我从外面回家时已有九点多钟，见我父亲钱孙卿（无锡县商会会长）还在会客。来客是李惕平、孙德先、袁鹤皋三人。李惕平是当时无锡县参议会议长，县商会常务理事，也是我父亲左右地方的一个得力助手。孙德先袁鹤皋是当时《人报》正副总编辑，在我和他们略事寒暄以后，孙德先首先告诉我说，他和袁鹤皋二人已奉我父亲之命，将于日内起程去苏北同共产党接洽，迎接无锡解放的事宜，并要我向他们也提供一些意见，以便带赴苏北商谈。我当时因事出突然，也说不出什么来。后来经孙德先李惕平等殷请，我才提出，希望能要求共产党在解放军到达无锡之前，地方秩序能暂时让地方人士维持，地下党组织不要立即出面接管，以免真伪难分，造成混乱。李惕平等人对于我的这一建议均表同意，决定由孙德先、袁鹤皋二人带往苏北。待来客告退以后，我父亲始把这事的原委告诉我：李惕平已与共产党有过联系，党希望我父亲负责选派几个地方人士的代表到苏北接洽一下无锡解放的有关工作。我父亲认为大家面临当时局势，正苦没有出路，党的这一决定，确是"山重水复疑无路，柳暗花明又一村"，给大家指出了一条出路。所以他才同意派孙德先作为地方代表，袁鹤皋作为他个人的代表去苏北联系。他还说：孙袁两人，他们同李惕平的关系密切，可以信得过。

---

① 孙应祥、颜树人《丽新厂工人英勇护厂迎接解放的斗争》，《无锡文史资料》第八辑。

第二天晚上，我父亲忽又向我提出，今天李惕平来转告，共产党希望荣德生也派一个代表一起去苏北，并且示意这个代表最好由我充当，问我是否愿意。我当时对国民党反动派制造的反共舆论虽然不再相信，但对共产党的政策，又全没个底，正苦于没有出路，认为乘此机会能自己亲去摸一个底以便确定今后去向，也未尝不可，同时又自恃在国民党反动派内部，即使在中统、军统特务中间还有几个私交，如果走漏风声，尚或可以寻求庇护，因此向我父亲表示愿意前往一行。经过商议，决定先由我父亲征求荣德生先生的意见，然后再由我去接受委托。

翌晨我们父子分别去荣德生先生寓所。荣德生先生认为我能代表他去苏北一行，最好没有，希望我一路务必小心，注意安全。[①]

他征求荣德生有无要带去的意见，荣先生说：对于无锡地方的事，你父亲的意见，就是我的意见，没有其他意见。我是开工厂的，所希望的是共产党来后能让工厂开工生产，做生意能有保障。

钱锺汉和孙德先、袁鹤皋，还有共产党的一个联络员和一个保镖一同去。过江以后，他们先到扬州。当时扬州刚解放不久，他们在大街上看到行人熙熙攘攘，一片安定欢乐的景象，这与江南地区的愁云笼罩形成了鲜明的对照。后来钱锺汉一人为代表到了淮阴，受到了司令员管文蔚和政委陈丕显的接见。管文蔚向他表示诚恳的欢迎之意，并问起无锡的钱基博、荣德生等人的近况，他说他是钱锺汉的伯父钱基博先生的学生。钱锺汉逐一答复，特别提到荣德生先生阻止儿子把厂迁往台湾坚决留下来等待解放的态度，并把荣氏嘱托的口信转达给管文蔚。管文蔚嘱他回无锡后向荣先生致意，同时指出，荣氏的要求符合党的政策精神，是一定会办到的。管文蔚还十分详尽地向他阐述了共产党的城市工作政策和对民族工商业的政策。次日，送来毛主席的《新民主主义论》《论联合政府》《中国人民解放军宣言》等著作供他阅读。钱锺汉把这些书认认真真地阅读了几遍，对照管文蔚的谈话以及他进入解放区以来的观感，很受鼓舞。每读完一遍，钱锺汉就在底页上写下"国民党党员钱锺汉阅读于淮阴"几个字，以示对党对毛泽东的信服和拥护之意。后来包厚昌、杨帆都与钱锺汉进行了谈

---

① 钱锺汉《回议解放前的苏北之行》，《无锡文史资料》第四辑。

话，商谈了关于无锡解放时的接洽与粮食供应问题，钱锺汉一一记下并作了回答。

通过这次苏北之行，钱锺汉深切感受到解放区上下团结，军民融洽，政治清明，气象兴旺，证明国民党的种种反共宣传都是无耻的谰言。共产党是可以信赖的，一定会把中国的事情办好。在共产党的领导下，工商业者是有前途的。从而消除了疑虑，看到了光明，从原来的害怕变为盼望共产党来解放他们了。钱锺汉回到上海后，随即去看了荣毅仁，把苏北之行的经过向他作了详细的介绍。当时荣毅仁已经决定留在国内支撑企业。荣毅仁和钱锺汉是同学朋友，关系非常密切。对于荣氏集团留在大陆，钱孙卿、钱锺汉是有一定功劳的。钱锺汉还掩护了在无锡工作的地下党人，他们父子暗中联络无锡地方知名人士，组织了工商自卫团，对于无锡的和平解放起了很大的作用。

与此同时，共产党的解放战争进行得很顺利，行将逼近长江，国民党节节败退，死守长江防线，江南笼罩着一触即发的紧张气氛。

1949年4月，人民解放军渡江，苏南各地获得解放。无锡解放后，人民解放军分别向上海杭州挺进，支前任务十分艰巨，党和政府要求工商界以积极的态度完成筹粮10万石、筹草15万石的任务。由于钱孙卿的积极推动，从5月初至8月底，实缴大米98950石，实现了他要儿子钱锺汉所答应的10万石的诺言。为了支援解放军继续向南挺进，他及时与各厂商洽商筹划军粮10万石供应南下部队。当时无锡存粮不多，粮价一日数涨，要筹划这10万石军粮确非易事。但由于他德高望重，有很大的号召力，在工商界的支持下，完成了这一光荣而艰巨的任务，对无锡的和平解放和平稳过渡做出了重大的贡献。同年在上海，经胡厥文介绍，他加入了中国民主建国会。

由苦闷到光明

与此同时，钱基博也选择了跟共产党走。钱基博并不是一个先行的思想家，甚至还赶不上时代，也没有什么明确的党派观念。然而他是诚心地想用自己的道德思想拯救民族的危亡和人心的陷溺。比如，他对学生罢课并不是很赞成，但当学生由于罢课而被校方处分时，他又能体谅学生，为学生说情。袁勖《一代教育家》回忆说："1941年，我读三年级的时候，基于校内校外的诸多原因，由二年级领头，爆发了罢课，并在校内游行。先生不愿意让我们罢课，后来还是体谅我们；我们不上课，先生仍按时在教室坐着。以后校方开会，有人提出学生某某开除学籍，学生某某勒令退学。几乎与会者提出某一学生的名字，没有人反对即算通过。其中不无假公报私。先生则认为学校应重在教育而不重在处罚，人才难于培养而易于摧残。独声言学院新创，才三个年级，三百来个学生，如此提名，所剩有几？目前交通不便，如许被除名的学生，将到哪里读书？如果继续提名，我虽年迈，愿意同退。由于先生平日的声望，以去就相争，才刹住这股歪风，保全不少。可这件事情，先生从来没有说过，是参与会议的某些人后来透露，我们才略知一二。"以自己教职的去就来保全参加学生运动而被处分的青年学生，有功而不伐，并不让学生知道他的功劳，这种良好的品德正是中国传统儒学所强调的美德，也是他赢得人们普遍尊敬的原因，这是一个严肃而可敬可爱的老先生。

钱基博对后学的态度是十分认真而谦虚的。张舜徽说："记得和钱子泉先生第一次通信的时候，是在1941年的春天，那时我刚三十岁，而他已五十多岁了。我在署名的上面自称'后学'，这是应该的。但先生在回信中却说：'后学抝谦，非所克当，获厕友朋，为幸多矣。'于是我发现这个老学者是一个十分谦和的人，容易接近。"又说："就我所知钱子泉先生学而不厌的情况，是十分感人的。同居武昌时，他的年龄快七十了，每次我走进他的书斋，总是伏案看书或抄书不辍。他看的书，多属历代文集。在交谈中，他曾对我说：'我搞的是集部之学'。这分明是谦虚之词，其实他的学问，遍及四部，谁都服其渊博，但是虚怀若谷，从不以学问骄人，也不自以为满足，从早到晚，总是孜孜不倦地看书、读书。每看一书，喜欢摘取其精义名言，抄入日记，并自抒所见以论定之。这样地积累知识，由少而多，由微至著，经过较长时间，学问便更加渊博了。有时走进他的住房口，便听到书声琅琅，知道他正在背诵过去所读的经传子史，躺在睡椅上反复默诵如流，毫无阻碍。"他在国立师范学院的时候，倡议每年春节前后举行全院性国文阅卷观摩会，展览出全院的国文习作，由大家看、大家评，评出学生写得好、老师改得好的作品予以表扬，激起老师们仔细批改学生习作的敬业精神，

全院上下蔚然成风。^①

　　钱基博信道太笃，求道太切，所以内心常有一种苦闷之情，在外人看来未免有些迂阔。在抗战中，他觉得当时那些所谓的大师不能为人师表，而徒争名逐利，虚耗民财于无益。他想有所作为，只恨自己百无一用是书生。1940年7月，他在给他的弟子郭晋稀的信中说："博平生为疾痛所苦，比来年剧一年。疾首蹙额，虽弟子不能相喻。亦既以身任事，辄亦强自振奋。而承乏来湘，亦既二载，积诚不足以动人，至言未能以解纷，负人负己，召闹取怒，引身既不能，效忠又无方，此后何以自处。焦心苦虑百思不解。椎心自挝，不足以赎此心之痛，而疾痛之扰吾神明，又其次也。……独念寇深国危之今日，国家岁靡帑金数十万，创办本院，作育师资，其意义非不深长，其责任何等艰巨。然博之所以为教，贤之所以为学，诚一自省，于国家究何俾补？而虚靡大官之廪，以厚自丰豢，不亦孽乎？自挝自责之不暇，而暇以尤人乎？"

　　次年8月在另一信中说："所自愧者，虚靡大官之廪，而于教学罕所补尔。现在战争国家之于智识阶级，以中国为优待。而中国之智识阶级为最负国，不必汪精卫也。即以内移之各大学而论，闻警则先去以为民望，有事则醵豢以事玩愒。闹意见，争薪级，而绝无人能自课所尽之责任，是否足受国家之薪给而无愧！不惟君子谋道不谋食之精神丝毫不存于大学，而百工饩廪称事之意，今之所谓宿学大师，亦无人能知。私心诚耻之恨之。……方欲恶此而逃之，亦既不能如意，止尽吾力所能为者行之。……博自来湘，搜读湘中先贤诸集，仍以咸同间曾、胡、左诸公治学治事、做人做文，打成一片，语无泛设，玩味无穷，博于此实有真实理解，而以此与人作切磋，强者必怒于言，弱者必怒于色，甚矣，人心之陷溺也。"

　　同年8月的信中还说："贱躯真实痛苦，渐不能支，而心头之苦闷，却不系于疾痛。徒以丧乱荐臻，国破家亡，而人心未见悔祸。即就所谓大学教育而论，待遇则力求提高，责任则谁见自课。徒责国家以养士，而绝无人反省：士之所以报国者何在？长傲纵欲，无事则醵豢，闻警则张惶，大师失其所以为表，后生不知所以为学。即以国文教授之必为学生勤讲改，

① 张舜徽《学习钱子泉先生"学而不厌诲人不倦"的精神》，《华中师范大学学报》1987年"纪念钱基博先生诞生百周年专辑"。

课学生多读作，此是天经地义，无人能反对。然而课以实做，强者必怒于言，弱者必怒于色。……享其高名，贪其厚实，而欲避其责任以自佚乐，然高名厚实之所在，即天怒人怨之所归。"[①]

《潜庐自传》是他四十岁时，应江苏省教育厅编《江苏教育》之邀请所写的。钱基博虽然是一个文人，但他的政治热情非常高，时刻关注着时代和社会的命运。抗日战争中，他忧心国事，于是重新和少年时代一样，开始关心战争，钻研兵法。他和浙江大学教授顾谷宜合作，翻译了《德国兵克老山维兹兵法精义》一书。1938年他转移到湘中的国立师范学院，虽多病衰弱，而讲学却无倦容，在讲学中，时时刻刻以湘中的先贤鼓励年轻人，思欲以"精忠耿耿之寸衷，与斯民相对于骨岳血渊之中"。他要求青年"困心衡虑，动心忍性，以忧患增其智慧"。1939年，他应国民党南岳抗日干部训练班教育长李默庵之请，赴南岳讲《孙子兵法》，分析当时日本侵略军的形势，用孙子语印证，"胜久则钝兵挫锐，攻坚则力屈，久暴师则国用不足"，断言日本在战略战术上都处于劣势，我军的抗战虽持久，必能获得最后的胜利。这话对当时的士兵无异起到了很大的鼓舞作用。他写成《孙子章句训义》，又撰《兵学演变史论》。

他为当地《湖南日报》连续撰写讨论战局的文字，并提出建议。据吴忠匡说："他建议：倘在安化置一师，配合外围兵势以控制湘中，如曾涤生之驻祁门，只须按兵不动，则邵阳之敌，北进西上，皆受牵制，而地形阻绝，又一时无法取安化，扼吭拊背，看似呆着，其实活势。上说下教，强聒而不舍。"但后来战争的形势愈来愈苦，国民党连连败北，"1944年，长沙、湘潭、湘乡、邵阳相继失守，日本深入中南腹地，师范学院由安化迁溆浦，钱基博义愤填膺，自请留守，欲以身殉。当时方在湘西的国民党第四方面军司令官王耀武闻讯，驰书先生，劝其后撤。信上说：'抗战军兴以来，先生播迁四方，逐逐无归，而悲天悯人之怀，于焉益笃，授徒著书，不求闻达，严词正义，以儆朝野。是以明智之士，咸仰风规。范文正秀才时以天下为己任，方之先生，何多让焉。往者曾文正有云：无饷不足深忧，无兵不足过虑，独人心不振，诚堪痛哭。今日之势，已复尔尔。幸先生揭举大义，在正气于两间，视屈子之赋离骚，贾生之徒有涕

① 以上三信均见《钱基博学术与人生》，华中师范大学出版社，2012年11月版。

泪，卒无补于楚汉之锢乱，又未可同日而语也。惟是临危不去，至欲以身殉道，尚矣仁人志士之用心也。愚窃有说焉：伏生腹笥入山，非有爱于身也，为存古圣人之道，不得不求免于祸难也。愿以此为法，则所遗于天下后世者，不既多乎？'而先生不为动"[①]。

钱基博先生讲授中国文学史、陶潜专集等课，还开设了诗文写作课，每周都要替学生修改作业一次，无不浓圈密点，详加评语，逐字推敲。单是这一项，就是一般教师所不愿承担的，钱先生是学生中所见到的最忠于自己职守的老师。郭晋稀说："老师虽身居斗室，读书教学之外，十分关心国家前途、民族安危，在我的记忆中，先生许多撰述，都是力图唤醒国人救亡图存。撰述当中有一篇文章，也是论持久战的。送给我的那部《孙子章句训义》，便是借古寓今，谈论抗战。当然，这些只是书生谈兵，无补于实际，也不可能引起社会的注意。但是古往今来的学者，何尝不是以其仁人志士之心，敝精于无用之地，留浩气于人间，以激发子孙后代。"[②]袁勷说："先生敬慎教育事业，身教为先。以上课为例，虽身体不适，从不旷废，每课前一分钟，即肃立教室外，上课铃响完，即步入直接讲课，无多费辞。我们开始觉得紧张，总先进教室恭候，唯恐迟到。其实即使迟到，先生也从不斥责。久而久之，我们也成了习惯觉得应该惜时如金。下课铃一响，先生立即停止讲授。知道我们集中精力一课时，至此精力分散，虽讲无益。这种敬业精神，我终身服膺。"又说："先生注重作文课，我们在校四年，就写了四年作文（不包括第五年写毕业论文）。先生提出：师范生将来是要当教师的，对国文教员来说，批改作业是一副重担子，若训练不严，笔下不快，决难胜任。规定作文进程是这样的。第一学年命题作文，限两小时即在课堂交卷，迟交扣分。第二第三学年，命题，也可自拟，次日交卷；第四学年一小时，也是课堂交卷。这样规定的好处是，在大学一年级命题按时完篇，一扫中学时代拖沓不严、文体芜杂之弊，当然时间有限，文字也难以求工。所以第二、三学年时限较宽，题目也可以自拟，就可以沉思翰藻，写出思想成熟

---

①见吴忠匡《先师钱子泉先生学行记》，《华中师范大学学报》1987年"纪念钱基博先生诞生百周年专辑"。
②郭晋稀《心丹而颅则雪，容老而意未衰》，《华中师范大学学报》1987年"纪念钱基博先生诞生百周年专辑"。

文笔较工整的篇章。第四学年随着读书稍多，训练日久，一小时完篇，既求多，又求快，是渐次上进了。当时我们深以为苦，毕业后才知道这种训练毕生受用不尽，教课时既不为批改作业所苦，写其他文字，如有所见，笔下有不生滞碍。四年写作课，除二年级间周一次（一次作文、一次作诗）外，其余几学期，以所学文体为类：学了论说文，便作论说文；学了记叙文，便作记叙文；学了碑志传状，就作碑志传状。以散文为主，但对骈文，在讲授辞赋时亦令模拟习作，得以拾掇辞藻。四年级兼作诗词，由刘异搴龙先生任教。……先生对我们的作业，精批细改自不待说；批改之后，并不是发还了事，而重在个别讲评。特别是在我们意思已到而笔不能达或是笔力已尽而意境难明的地方，先生一点，如转关键，举重若轻。我们感到这样的讲评，使我们提高不但迅速，而且愉悦，增强自信心。"①

　　钱基博对于学生的教育非常严格，且言传身教。一次早晨，外面霜封冰滑，一位年龄较长的教授来参加学生的升旗仪式，由于年高，站不太稳，左右倾侧，差一点摔倒，学生队伍中有人笑出声来。礼毕，钱基博当众训辞，严肃地说："扶老将幼，民族美德，况于师长，而可非笑？诸君学为师范，慎修敦品是勖，不谨细行可乎？"说得学生一个个汗颜。②

　　钱基博的日记是一笔很有学术分量的财富，他同稍前一点的清代学者李慈铭一样，有着记日记的习惯，其日记是其一生学问的总结。他的女婿石声淮教授说："泉师几十年坚持每日写日记，有所述作，都写在日记中，不另作草稿。有的已经从日记中抄录而出版发行，如用作前国立师范学院教材的《中国文学史》由上古文学史至元代文学史（1939年至1942年在蓝田印出），如《湖南近百年学风》（1940年冬由蓝田袖珍书店印行），如《增订新战史例孙子章句训义》（1947年由商务印书馆发行）……有的虽未印行，而由泉师的弟子们抄录被保存下来。但绝大部分只载于日记。泉师逝世后，那几百册日记，我还没有通读和整理，逢上文化大革命，全被焚毁，宝贵的精神财富，就这样灰飞烟灭了。"③

第七章　殊途同归向光明

----

① ②袁勖《一的代教育家》，《华中师范大学学报》1987年"纪念钱基博先生诞生百周年专辑"。
②石声淮《记钱子泉先生捐赠图书文物事》，《华中师范大学学报》1987年"纪念钱基博先生诞生百周年专辑"。

1946年，在钱子泉、钱孙卿六十岁的生日时，无锡众多名流在太湖边风景区筑二泉桥为他二人祝寿。吴稚晖品题为"西神二难"，以元方季方、陆机陆云、宋郊宋祁、苏轼苏辙为比，意为兄弟齐名，不相上下。好友朱梦华作《二难校书图》，并题辞云："昔元方季方，以德慧双绝，时称难兄难弟。嗣后晋有机云，宋有郊祁、轼辙，并昆季齐名，世亦以'二难'目之。吾乡子泉先生与孙卿先生，产同胞，貌同型，幼同好学，长同以学行，树誉于时，而奋身为人排难释结，临节义而不挠屈苟从，则亦同。家庭之间，于于如如，子弟齐茁挺秀，则又吴稚晖先生品题为'西神二难'，咸曰当之。以两先生衡诸元方季方，吾不知其轩轾，若侪肩于机云、郊祁、轼辙之列，诚无多让焉。子泉先生，贯彻经子，博览坟典，著述逾等身，弟子满天下，蔚为东南国学大师。孙卿先生洞达时务，从政地方，为民众解痛苦，为邦国争献替，当世贤豪长者，皆愿虚衷就教，晋挹风采。则其树立虽各有所诣，而其为施利于公众，植名于方来，则又似异而实同。岁丙戌，两先生并届杖乡，邑人争献觞祝龉，引为人瑞。退而制昆玉相对校书之图，以志勿谖，冠以稚晖先生引题，于是两先生精神意气，跃然纸上，将疏广疏受悬车祖钱画图工传不朽，两先生其莞尔颔之乎？"其表兄孙北萱为诗祝贺，一云："少小清刚老益坚，早将经史苦钻研。雄文已授二三子，名世相期五百年。尽有声光分后起，若论著述过前贤。湖山昆玉堪同寿，万古长虹亘大川。"二云："政事文章两得先，一编年谱数从前。当筵睥睨无余子，照座须眉望若仙。百岁定符偕老愿，六旬试赋九如篇，连枝并茂我分羡，今夜湘江月更园。"1946年，钱基博回到了抗战以来久别的家乡，与旧日友人重逢话旧。人过六十，他觉得来日无多，很珍惜这些时光。经过八年的抗战，尤其是无锡沦陷以后的几年，他们七尺场的家也遭到破坏，老百姓民不聊生。当时汤恩伯驻扎在无锡，请无锡士绅吃饭，钱基博也收到了请贴。他在下面写几句话，说："抗战一起，誓不参加任何宴会。现在敌人虽退，民不聊生，誓言尤在，心领，请谅。"拒绝参加。过几日士绅要公请汤恩伯，每人出份子三万。钱基博将三万交给来人，在通知单上注："总司令饥溺斯民，敬献三万元以助振恤！"从此再也不敢来请他了。无锡县政府送来聘书，请他做临时参议员，他拒绝接受，议长留下聘函，说："知你身体不好，我替你请病假。"就走了。①

所幸的是钱基博一辈子节衣缩食买的几万册书籍只有一部分损失，大部还完好。他思考身后这些书籍的处理办法，觉得只有捐到公共图书馆才能更好地发挥它的作用。

1948年，钱基博又回故乡，与弟弟纪念父亲百岁诞辰，并着手整理自己的书籍。

1949年4月初，武汉解放前夕，钱基博老先生到汉口。次子锺纬所在的申新四厂，厂长病倒在上海，一些高级职员纷纷外逃，人心不稳，钱基博要儿子坚守岗位，保护工厂，迎接解放。他对锺纬说："从前你是副厂长，现在须得站起来当家！召集工厂大会，声明你自己坚持留下来的决心，调度物资，保证工友的生活，安定工友的心。"并代儿子草拟了布告，使申新四厂得以完整保留下来。钱基博是看了朋友送的《转变中之北平》的小册子，了解了共产党的政策，信任共产党，思想发生了转变，做出这个决策的。②

1949年10月，全国解放，钱氏一家，孙卿在无锡家乡，子泉在武汉，锺书在北京，锺韩在南京，锺彭在西安，都选择了留在国内，在不同的地方、不同的工作岗位，为新成立的共和国服务，贡献自己的才智。

---

① ②见钱基博《自我检讨书》，1952年。

第八章
政治热情与右派

◎

上书中央忠肝沥胆

　　新中国成立后，华中大学合并为华中师范大学。钱基博先生虽然已经是六十多岁的人了，但他仍不服老，仍然坚持在教育岗位，教书育人。他在新的社会里焕发了青春活力，对新兴的社会主义充满兴趣。他和一般人一样，对毛泽东主席充满敬佩之情，怀着极大的热情研究了《毛泽东选集》，对毛泽东著作给予了极高的评价。

　　1951年秋冬之际，《毛泽东选集》第一卷出版发行，钱基博先生怀着喜悦的心情，仅在十天之内便阅读完毕，阅后即在该书扉页上信笔写出如下文字：

　　一九五一年十月二十九日开卷，至十一月初八日读完，而观其会通，以籀其成功，凡得三点：

　　一、大处下手，小处著眼，千头万绪，快刀斩乱麻之手段，而难在细针密缕，不走一毫。

　　二、主义一定，方略万变，所以头头是道，无著不活，而能因祸而得福，转败而为功。

三、时势艰难，会值丧败，而能好学深思，心知其意，所以智败不亡。

《实践论》最启发人神知。①

钱基博

可见这位老先生思想能随着时代而进步，他的有些观点虽然不免书生气，但能有自己的看法，说真实的话，一针见血，议论极大胆。

新中国成立后，一改过去兵荒马乱的局面，社会安定，政权巩固，处处是欣欣向荣的景象，他觉得应当对新的社会做点什么。他以前在蓝田时曾多次对弟子说过，宋人李常在庐山僧寺读书，离寺后，把几千卷书赠给僧寺，供人阅读。钱子泉认为这种办法好，可以使藏书发挥它的作用。1950年春，他决定把全部藏书捐赠给华中大学。这二百余箱、五万册古籍是他在抗日战争前陆续购买的，包括文学、历史、哲学多方面，都留在无锡城内七尺场故居。他在1946回锡时曾加以清点，抗战中除了一小部分损失外，绝大多数都保存完好。他把这一决定告诉了当时任华中大学校长的韦卓民。韦先生很高兴，在全校师生员工大会上宣布了这件事，公书林礼堂响起热烈的掌声。这些书装满一节火车货运车厢，从无锡运抵华师，成为华师图书馆最重要的古籍藏书。这样，钱基博将他几十年来所购的珍贵书籍无偿地捐给了学校。1952年，他又将自己多年来收藏的殷墟甲骨、铜器、玉器、书画册页等211件文物，捐给了学校②，华中师大就是在他捐献的文物的基础上成立了校历史博物馆。

可惜的是，他二十年每日坚持不懈所写的论学日记共五百余册，数百万言，却在"文化大革命"时期被付之一炬，而且是毁于其弟子兼女婿石声淮之手。③

钱基博对新成立的国家是真心拥护的，他积极参加学校的政治学习，对于政治学习和思想改造有着近乎宗教的虔诚。1952年的思想改造运动

①据钱锺韩先生抄录见示。
②参见姜德明《油印小册——钱基博藏品说明书》，《书屋》1995年1期。
③钱之俊《历史旋涡中的钱基博》，《同舟共进》2013年3期。

中，他踊跃发言，检讨自己的思想，由于他的发言过长，方言很重，学生听不大懂，所以小组长让他以书面形式发言。他写了长达两万多字的《自我检讨书》检讨自己的思想认识。他在这份《自我检讨书》开篇说："思想改造，当得自动，不能被动；不过人类通病，自屎不觉臭，旁观者清；所以发动群众，帮助自己改造；最好自己不要掩藏自己的思想，欺骗群众，得到通过；宁可通不过，将我心里症结所在，赤裸裸地给群众看；通过，固好；不通过，正好鞭策我自己反省！"他从四个方面来自我反省：我的思想，多方面接受，不过不放弃我中国人的立场。我的社会意识很浓厚，而革命性则缺乏。我不能劳动，而人家劳动的果实，则不敢糟蹋。我不愿自己腐化以腐化社会；尤其不愿接受社会腐化以腐蚀我民族本能。从此真诚地表示，接受大家的批评，改造"个人主义"的我，成为"社会主义"的我。我们可以体会到他的至诚之心。

1957年4月，共产党号召党外人士提批评意见帮助党整风，所谓的"大鸣大放"开始了。钱基博老先生积极响应党的号召，本着帮助党整风的良好愿望，给湖北省委第一书记王任重写了一份长信，就是所谓的"万言书"，提出他对当前政治学习的一些真实的看法。他的女婿石声淮不敢寄，朋友们也都觉得不妥，拖延多日，但在他的严词催促下，这封"万言书"最终还是寄出去了。这下子震惊了湖北省委，湖北省委当即将信转交华中师院，作为反革命材料，要求学校组织批判。这时他已病重，在家休养，这件事也没通知他，而由他女婿代他参加。

严格的家教

钱孙卿的文名被其政绩掩盖，他虽不以文学名，实则文思泉涌，文采斐然。语言流畅生动，一如其口才，极富感染性和鼓动性。什么复杂的事情，棘手的问题，纷繁的头绪经他妙语一转，都能表达无碍。正如孔子所说的"辞达"，不在于多么华丽和多少藻饰，而在于言简意赅地表达思想。他的作品大多是应用性文体，却富有文学色彩。战时的重庆所印刷的《新公文程式大全》采录他从前所作的地价申报主张，上海世界书局所出的《中学国文教本》也收入了他民国初年关于义务教育及调查户口两种白话布告作为范文。居住在上海时，他的二女儿锺华、九子锺泰刚刚小学毕业，暑假在家里温习校课，他看看孩子们的课本，发现上海的小学教材不好，既没有中心意义，也缺乏文字的意趣。这还是"九一八"以前编的，他决意自编一套小学用的课本，根据小学生的特点，同时尽量吸收中国文学的优秀之处。他认为，文字贵在优美，让人感到有情趣，可欣赏，中心意义尚属其次，而不在于是文言还是白话。他说，意趣是天籁，意义是人籁。儿童教育首重启发，所以必先用意趣（天籁）而渐渐启发儿童的思想（人籁），这样才会有造就可言。这是其一。第二，他认为，古人各种事情盘根错节而不乏情趣，现在的人稍有不如意，就动言烦闷，这是因为人太追逐于物质利益，偏重于"意义"，而不解人生的"意趣"。所以，儿童意趣的培养，比意义更为重要。西方人以音乐调节身心，恐也是意趣调节之意。第三，小学语文教育以白话为主，等到入了初中高中及至进入社会，文言文仍不能不用，且越进一步学习，文言文就越重要。小学阶段没有一些古文的入门训练，至后来必定是格格不入。白话的长处是干脆，而文言的优点是简洁，白话与古文有不可分割的联系，没有古文的底子也就不可能精通白话。"文言者，文从字顺，初无异于白话，或可有其相通之道，藉为白话、文言之邮"，不仅学习文言得力，对于学习白话文，亦可参悟。他批评当时一些人喜滥用助动词，把文言中的"之乎者也"改为白话"的""吗"之类，这些并不是真正的白话。所以他自己尝试选择明白浅显的文章，定为课外读物。一是唐诗短篇，共三十六首，皆眼前景物，明白如话，即他所谓的"天籁"，借以使人知道，所谓白话，不过就是明白如话，并不在助词的异同。二是古文短篇及国策小品文短篇，如《战国策》、《世说新语》，苏东坡、王渔洋的小品文，立意新颖，共计二十来篇，即他所谓的"人籁"，选择点定，在暑假中依次授读。①

钱孙卿的家教很严，1943年，次子锺汉离家远游，他既不能止，就作一段文字给儿子，云："汝欲远行，手此相付，须知老人一生谨慎，遇事未尝敢稍以轻心掉之。而自问耿介拔俗，不致随人俯仰，实得力于不轻取与，故能自强不息自处于不夷不惠，做人在不亢不卑，守此吾之子也；不守此，虽成功，汝之幸也。天下获无妄之福者，必受无妄之祸；发横财者，必倾家赀；非分者，必显报。以他人性命博自己富贵者，尤祸不旋

---

① 钱孙卿《孙庵私乘》。

踵。往古不论，今世无限，唐花好景不常，以生机促也。政治充满杀机，吾愿汝无近之。"①由此可以看出孙卿的耿介。他之所以能在无锡工商界雄踞多年，树立崇高的威望，与这种品性是分不开的。他自己所经历的风波太多，儿子钱锺仪之死对他的打击太大了，所以他极力阻止儿子不要太接近政治，虽是老人久历世故之言，却充满着内心的痛苦。

解放初，钱锺汉已经做了无锡市的副市长，但父亲对他的要求仍然相当严格。钱孙卿不允许儿子抽烟，不允许晚上看电影。张一飞说："当时钱锺汉担任副市长。一天，他找我到七尺场他家吃饭，锺汉与我私交很深，解放前去苏北等都与我协商过。我到他家以后，不久钱孙老从苏南行署回来了，他看到桌上一包白锡包香烟，就问锺汉是哪里来的。锺汉说：'我请一飞兄吃饭买的。'后来他招呼了一声'失陪！'上楼去了。我就问锺汉，这究竟是怎么回事。锺汉说：'我父亲很严，我在他面前不敢吸烟，只好推说请你的，他才无话。'我说：'你这位副市长真是天晓得，连抽烟都要瞒父亲，太不像话了。'他说：'老头子很严。有次市委活动，晚上看电影，他叫我不要去了。半夜回来，他叫保姆睡觉，自己守门。到我打门时，他来开门。我一看他就问，怎么不睡觉。他说：我叫你不去，你一定要去，保姆辛苦一天，只有我来守大门了。我没敢开口，从此以后，晚上活动我再也不敢出去了。'可见钱孙老家教之严，虽然有些封建，但毕竟出于关心子女成长。"②

他又有寄从外孙秦文澜（秦文澜是钱基成的女儿梅安的儿子，孙卿的好友秦琢如的孙子）书，勉励外孙读书做人，很有启发意义。书云："老人（自指）衰病无俚，自念事业可毁，而精神不可磨灭，古人少年做事，垂老著书，亦即此意。而书莫于切身，事莫大于清算，此老人五十年以前年谱，所以为半生之清算也。五十以后，亦略有成书矣。接八月二十三日书，知已在家寓目，且言欲得一书，可以明心见性，又与世事相通，而为修养之资者，意亦莫过于此书矣。传记最足启发人神智，而近人传记尤可能近取譬况。老人与汝，真有骨肉之亲，则其感动当何如也。余兄弟以后事未可知，若论过去，自信立身制行，今日邑中尚鲜其比，差堪受汝辈后

---

① 钱孙卿《孙庵私乘》。
② 张一飞《我所认识的钱孙老》，《无锡文史资料》第二十二辑。

生矜式，特再寄汝一部，可即收阅。汝为吾家最长之外孙，亦吾伯兄子兰公之嫡胤，谚云：外孙不出舅家门，又云：小看大样，甚望汝为最好外孙，能作后来榜样，毋愧舅氏家声也。而富贵利达则所谓天也，非人之所能为也，故不与焉。其次则作中国人，不可不读中国史，汝母前购《资治通鉴》，事变时未遗失，汝如有志读书，可向汝母索阅原书，不足三百卷，日阅一卷，约亦一年可毕，此书非一读可了，余季舅孙寄舫先生，尝诏汝三舅祖曰：昔薛耘叔阅《资治通鉴》二十八遍，故能以布衣名重公卿。薛耘叔者，吾邑先辈，名福成，实中国第一名外交家也。此余舅家故实，今乃转以劝汝，就令不能多读，即作小说翻阅，上者可见古来忠臣孝子，决不失其国民性，次亦可明处世做人，应事接物之道。下者可知乱世一二君子，何以得全其生，而小人行险侥幸，往往得祸尤惨。吾观南北朝事，多与今日相类，真所谓鉴影莫如水，鉴人莫如史也。吾又喜劝人读《三国演义》，以其最详乱世做人之道也。诸葛公淡泊明志，宁静致远，即善处乱世者。故言苟全性命，必曰不求闻达也。汝其志之。"[①]

钱孙卿与其兄长一样，治家过严，不免有一些封建家长的作风，如解放前，他不经过儿子同意，就将一个同事的女儿认作干女儿，与钱锺汉订亲。（钱锺汉《关于〈钱孙卿和无锡商会〉的补充意见》）杨绛说《围城》里的方遯翁有二三分像钱锺书的父亲，更有四五分像他的叔叔，可以看出这位老先生的性格。

为共和国出力

1949年10月中华人民共和国建立后，钱孙卿担任苏南暨无锡市首届各界人民代表会议协商委员会副主席、苏南人民行政公署副主任（1950—1953）等职。1954年至1957年任江苏省工商联主委，江苏省人委委员。他任职勤勉，兢兢业业，完成自己的工作。作为党沟通工商业资本家的桥梁，对做好民族资本家的工作起了重要的作用。

1951年6月1日，中国人民保卫世界和平、反对美帝侵略委员会向全国人民发出了"关于推行爱国公约捐献飞机大炮和优待烈军属的号召"，钱

① 钱孙卿《孙庵私乘》。

孙卿任抗美援朝苏南分会主席。他热烈响应号召,在苏南区党委的正确领导下,配合无锡市工商联筹委会负责同志冯晓钟、张凤鸣等,完成了工商界捐献飞机二十七架的光荣而艰巨的任务。

1953年江苏省工商业联合会筹备期间,他任第一召集人,全力负责筹备工作。1954年当选省工商联主任委员,民建省工委副主任委员,历任全国第一届人民代表大会代表,江苏省第一届人民代表大会代表,江苏省人民委员会委员,中国人民政治协商会议江苏省第一届委员会副主席,民建中央委员和全国工商联常务委员。在此期间,他为贯彻党和国家过渡时期总路线、总任务和有关工商业政策,辅导私营工商业改善经营管理,接受国家加工订货,代购代销,推动企业逐步进行社会主义改造,团结教育全省工商业者在党和政府的领导下,加强自我改造,积极争取走国家资本主义道路方面做了大量的工作。

1956年,全省实行全行业公私合并以后,钱孙卿认为,中国共产党不但关心工商界的进步,也非常重视工商业者的生产经营,并且把技术经验和知识能力当作国家一份财富来看待,我们应该以社会主义主人翁的态度,把有用的知识经验积极地投入祖国建设,为国家建设服务。我国资本主义工商业社会主义改造的胜利完成,是我国和世界社会主义历史上最光辉的胜利之一。

钱孙卿在全国解放初期对无锡的平稳过渡、稳定民族资本家起了很大的作用,但后来对民族资本主义改造,没收民族资本家的财产,把民族资本和私有企业收归国有,他想不通。他感到自己当初极力劝说民族资本家留下来,本是想让大家能更好地做生意开工厂,没有想到现在却给没收,收归公有了。他感到后悔,也想不通,觉得对不起这些工商界朋友,正是自己害了这些朋友。这说明,他仍是站在民族资本主义的立场上考虑问题的。

1957年,反右斗争扩大化,钱孙卿也被波及。此时钱孙卿已经年过古稀,仍然受到审查和批斗。钱孙卿与其子钱锺汉被划为右派,钱孙卿坚持认为自己是跟党走的,没有什么错误。极"左"路线的人掀起了批判他的高潮,一连很长时间,组织市工商界人士批判钱孙卿的"右派反动言论",对他进行诽谤。"文化大革命"中,钱孙卿再次被批斗。1970年成立的"七·三一"专案组,将钱孙卿父子和李惕平等大批人集中隔离审查两年多，硬说"无锡人民公私社团联合会"迎接解放是伪装的，是企图潜伏的反革命行动。[①]虽处逆境，但他立场很坚定，对党的信念并未动摇。

从后来所见到的有限的材料可以看出，钱孙卿晚年的心境是很落寞复杂的，对大锅饭、公有化有自己的看法。他晚年不问政事，谢事家居，以读书为乐，号室名"还读书楼"。（《还读书楼记》）他写的《七尺场住宅记》，怀念当年自己一家所建的偌大的旧居，感叹这些年的世事沧桑，对自己的旧居以后能否传下去深表怀疑，进而对整个社会充满了幻灭感。结尾说："叔兄云亡，吾亦旦暮，子侄牵于远役，未必能有归省也。社会主义不容私有，屋不必毁，而绝不能传诸子孙，无疑也。而先人杯卷，手泽所存，吾父之教，何忍遽忘。所谓有典有则者何义，所谓自求多福者安在？" 这确实是对位老人无情的打击。晚年他的精力大多数用到读书和整理以前的文章上去了，自己编了《孙庵晚年文存》，收的大多数是一些题跋唱和之作。

1973年12月，钱孙卿在无锡因病逝世，终年八十七岁。1979年9月，经中共江苏省委复查批准，予以改正，恢复名誉。1987年，无锡市和江苏省分别召开会议，纪念钱孙卿百岁诞辰活动，江苏省委对钱孙卿爱国的一生给予了高度的评价，认为他是党的诤友，一位爱国志士。他的家属遵照他生前意愿，将他在"文化大革命"后应补发的所有的工资捐献给他生前所任董事的江南大学，设立了钱孙卿奖学金，以资助江南大学的学生。

---

① 孙翔凤《回忆李愓平的一生》，《无锡文史资料》第八辑。

◎

钱锺书参加"毛选"英译

解放前夕，钱锺书拒绝外国的高薪聘请，毅然留在祖国，与杨绛一同回到清华大学任教。步入中年的他显得比以前成熟一些，狂气稍减，正如他所说的"三十以后还狂就是没有头脑的"，他逐渐由年轻时的狂傲变得谨慎。家庭里的钱锺书富有童心，有侃侃而谈、纵横不羁的名士风度。然而在外界，在学术上，他又是极为严肃认真的学者。解放后政治形势的变化，他从事的英译"毛选"的工作，使他不敢轻易地发言。由于他英文造诣高深，从1950年起，中央领导数次邀他担任"《毛泽东选集》英译委员会"主任委员。他应承了，这样他就参加了《毛泽东选集》的英文翻译、审稿、定稿工作，与一位外国专家共同负责。这是一项极为重要、严肃的工作，要把毛泽东的著作译成英文，公诸全世界，是关系到毛泽东思想与中国社会主义革命和建设的大事，不允许有丝毫错误与疏忽大意。接受了这项严肃而又艰巨的任务之后，钱锺书为之耗费了大量的心血。他对待这项工作认真负责，一丝不苟。他首先仔细研读"毛选"，在遇到翻译中的学术问题时，从不随声附和，不轻易放过任何一个微小的枝节问题，在这种情况下，困难与烦恼自然难免。在生活上，他家住西郊中关村，工作地点却在东城区，每天要坐车走很远的路。那时，他写过一首诗，中间一联是"疲马嬮劳追十驾，沉舟犹恐触千帆"，就表现出严肃认真、焦虑不安的心情。有好几年时间，他全身心都扑在这项工作上。凭着他们的忠信与能力，英译委员会终于把"毛选"四卷信、达、雅地翻译出来了，而且公认基本上达到他所标举的翻译的"化"的境界。据参加"毛选"翻译的王佐良（也是钱锺书在西南联大的学生）回忆，这个委员会由留美的清华老校友徐永焕主持，委员中有各方面的专家，包括哲学、文学、经济、教育、社会学各科。其中有金岳霖、钱锺书，还有一些青年翻译家。金岳霖译了《矛盾论》《实践论》，钱锺书译了《在延安文艺座谈会上的讲话》等，为后来工作改进奠定了基础，确立了译文的总的框架，确定了哲学、经济、政治、文学理论等专门名词的译法，把过去从未公开过的篇章传播到外面世界去。钱锺书在这第一个"毛选"英译委员会里起了一定的作用。

钱锺书对政治不感兴趣，不轻易表达自己的看法，这一点他始终如一，似乎很谨慎。而他的父亲钱基博虽然年龄很高，但对政治局势非常关心。1956年底或1957年初，钱基博曾作万言书湖北省委，除了对党的工作中的失误提出批评意见外，还痛斥苏联的狼子野心，说苏联如同战国时代的秦国一样，志在吞并六国，称霸全球，我国要以史为鉴，切不可同它联盟。这表现了中国传统文人对政治的关心，但在当时一般人看来，这种言论显然不合潮流，后来的事实证明了他这话有一定的道理和预见性。

1957年6月初，《人民日报》即发表社论《这是为什么》，要"反击右派的猖狂进攻"，此后就在各单位批判"右派言论"，在全国各地开展大规模的反右派斗争，斗争严重地扩大化。钱基博的这些信正好为反右提供了"右派言论"，这时老先生已生病住院，卧床不起。他作为华中师院的创始人，德高望重的老教授，学校并没有把批判他的事告诉他本人，也不要他参加，他对此事可以说一无所知，直到10月病逝①。

这年秋，钱锺书得到父亲病重的消息，立即请假从北京赴武汉省亲。当时整风运动的鸣放已近尾声，反右即将开始。山雨欲来风满楼。钱锺书

---

①此段内容系钱锺韩先生书面提供。

对时代的变化不定特别敏感。他内心忧虑，心事重重，在路上作《赴鄂道中》诗五首，抒发了自己的心情。

> 晨书暝写细评论，诗律伤严敢市恩。
> 碧海掣鲸闲此手，只教疏凿别清浑。
>
> 弈棋转烛事多端，饮水差知等暖寒。
> 如膜妄心应褪净，夜来无梦过邯郸。
>
> 驻车清旷小徘徊，隐隐遥空振蛰雷。
> 脱叶犹飞风不定，啼鸠忽噤雨将来。

那时候，钱锺书正在写《宋诗选注》。由于政治环境的影响，他不愿屈己徇人，又不能完全按照他的选择标准来编写，内心非常痛苦。加上当时的政治高压气氛，他苦闷彷徨。上面所举的三首诗从不同侧面反映了钱锺书当时的思想状况。第一首写自己对选注宋诗的态度。虽然是一本"小书"，但他丝毫不敢大意，而是晨书暝写、仔细评论；选录标准宁愿伤严而不愿迁就，有所偏袒。理出宋诗的源流脉络，别裁伪体，选择佳作，后两句代用了杜甫诗"或看翡翠兰苕上，未掣鲸鱼碧海中"，元好问诗"谁是诗中疏凿手、暂教泾渭各清浑"。第二首写在极"左"思潮下谨慎处世的心态：时局如弈棋变化不定（语本杜甫诗"闻道长安似弈棋"），世情如转烛明灭难测（语本杜诗"世情恶衰歇，万事随转烛"），从身边已能明显地感到政治气候有危险的变化，自己的一切妄心、梦想都不敢再有（苏轼诗"妄心如膜褪重重"），远离政治，缄口不言，明哲保身。第三首，喻当时的社会局面。雷声隐隐，山雨欲来，脱叶纷飞，啼鸠失声。"脱叶""啼鸠"，比喻他也是所有知识分子当时的心理。"邯郸无梦""妄膜褪尽"，言他没有也不敢有任何妄想，是"山雨欲来风满楼"的社会画面，真实地反映了"大鸣大放"过后知识分子恐惧不安的心理状态。

反右运动开始后，中央通知华中师范学院党委，要重点批判这个"万言书"。大致在1957年冬至1958年，钱基博被划为右派。当时钱基博老先生已经生病住院，卧床不起。由于他德高望重，又是这个学校的前身国立师范学院的创始人之一，博学敦行，严于律己，一向受人景仰，所以学校党委最后决定，让有关群众"背靠背"地开展批判，以"肃清流毒"，但不要求他本人参加，事后也不将批判意见告知他本人。他在病中一直受到校方的照顾，直到当年11月31日病逝于武汉。因为当时并没有公开对他进行批判，他也不清楚自己被划为右派分子的事。《华中师范大学学报》1987年出的"纪念钱基博先生诞生百周年专辑"中，只是说"对党的披肝沥胆的忠直之言，横遭粗暴的批判"，并未提到划右派之事，"文化大革命"之后，也没有说起为他平反的事。父亲去世后，在清理遗物时，钱锺书发现父亲把当年他在清华大学读书时写给家里的信一封不少地收在一起，用几个大本子贴起来，

钱基博六十一岁在武昌合影

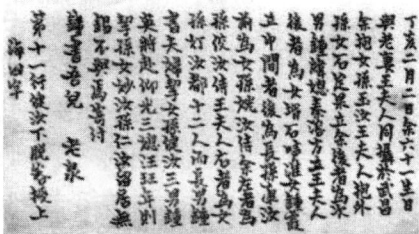

老泉先生六十一岁与子锺伟、女锺霞全家合影，下为照片后题给钱锺书的文字

分别标上《先儿家书》（一）（二）（三），读罢恻然良久。

钱基博去世后，友人孙伯亮邮挽联云："韩柳欧苏无此寿，闽关濂洛有其人。"南通费范九，以诗挽之，曰："四载论交见真情，渊源德教重荀陈。方期庠序征专著，忽痛衣冠谢劫尘。青眼向人文作贽，白头造士气如春。可叹汉上琴台黯，空祝公为盛世民。"其侄婿许景渊挽联："一代雄文从此绝，千秋著述应长垂。"钱孙卿知道兄长去世，自己亦是衰年，恐将失坠，花三年时间，整理梓行其遗文《潜庐家藏稿》。

选本名著《宋诗选注》

五十年代末，钱锺书的学术研究也受到很大影响，几年之中，只有

一本《宋诗选注》出版。以钱锺书的才学，选编《宋诗选注》这么一本引导文学青年入门的普及性读物，即使不说是大材小用，至少可以说是一件轻而易举的事吧。虽然宋诗零散，不像唐诗一样有《全唐诗》这类总集可资选择，但以他的博闻强记，从他读过的大量宋人别集中随手选两百来首诗、加些注释完全可以应付，但是他不这样。他做学问从来是极严肃、极认真的，从选篇到评注他都下了相当大的工夫。清代厉鹗的《宋诗纪事》和吴之振等的《宋诗钞》，再加上管庭芬的《宋诗钞补》、陆心源的《宋诗钞续补》、曹庭栋《宋百家诗存》以及陈衍前辈的《宋诗精华录》，宋诗的数量总和有好几万首了。从中选出二三百首诗，简直太容易了，可以一挥而就。但钱锺书并没有仅靠这几套大书来敷衍了事。他把这些书仔细读一遍，还不放心，又把《宋诗纪事》《宋诗钞》等书一一和善本核对，把这些书里的错误都找出来了。例如他发现《宋诗钞》抄得极为草率，前详后略，对刘克庄《后村居士集》只抄了卷一至卷十六里的作品，卷十七到卷四十八这三十二卷竟然一字未抄。而《宋诗纪事》呢，开错书名，删改原诗，辗转引用，错误也不少。陆心源的《宋诗纪事补遗》更是张冠李戴，错误百出。在这个基础上，他又翻阅了大量的宋人笔记、诗话、文集、方志，进行严格的筛选，连只有三五首诗流传的小诗人也不放过，并且从中选了一些被历代遗忘而在宋诗中确有艺术价值的诗作来。他几乎翻遍了北京大学图书馆和中国科学院学部图书馆有关这方面的藏书来挖掘宋诗遗产。

钱锺书在诗歌的挖掘上下了相当大的功夫，下功夫更大的还在诗歌的评注上。按照一般人的观点，把诗歌中的难点如用典、字词、中心思想，至多是艺术上的手法技巧等注出来，使读者能读懂就算是一部好的诗歌选本了。钱锺书当然做到了这些，但是他的诗注更有其特色。他不仅注出了用典、字词，更重要的是，他重在穷源溯流，品藻鉴赏，从总体把握方面入手进行诗歌批评，每一首都要挖掘出它的精彩之处，创出了一种与别人不同的新路子。

在一般人看来不足称道的一本古典文学的普及读本，钱锺书却对它倾注了大量的心血，它不仅让一般读者易于接受，而且让专家获得新知，雅俗共赏，从一滴水以窥江海全貌。从中也可见钱锺书治学的严谨、学识的渊博。

这本书虽是一个普及性的选本，但在写法上别出心裁，不同于一般的选本。首先，它不满足于就诗论诗，而是高屋建瓴，对一首诗的源流正变、继承与影响旁征博引地析出，把诗歌放在宋诗甚至整个古典诗歌的大背景下观照。其次，他对诗歌的品藻鉴赏也有自己的特色。他不是如一般的选本只注释不品鉴，也不是如时下流行的鉴赏辞典那般的串讲。他是抓住重点，着力对诗的精蕴、诗美与诗歌的创新性进行分析。如王禹偁的《村行》里的"万壑有声含晚籁，数峰无语立斜阳"二句的赏析已经成为带有经典性的段落，常常被征引。再次，他对每个诗人的评论极有特色。《宋诗选注序》无疑是一篇关于宋诗的精彩的总评，对整个有宋一代的诗歌作了概括性的论述，纠正了人们扬唐抑宋的错误看法，而它对每个作家的评论，用不多的话语就可以把一个作家的风格、得失与诗歌的全貌概括出来，着墨不多，却生动传神。以钱锺书这样的学问却两易寒暑始成其事，可见其用力之精。

此书还未出版，他的《宋代诗人短论十篇》先在《文学研究》1957年第1期上发表，同年第3期上，又发表了《宋诗选注序》。这时正是极"左"思潮盛行的年代，他遭到了激烈的批判。针对他的"六不选"，报纸上连篇累牍对他进行指责，批判他的"白专道路""唯心主义观点""白旗"，等等。

在这个批判的浪潮中，钱锺书青眼赏识的同事周汝昌被莫名地卷了进来。周汝昌晚年在《青眼相招感厚知》一文中说：

但到解放之后六十年代，一件难以名状的事态发生了，即是种种批判运动中忽然又出现了一个新名目，叫做"拔白旗"。

何谓"拔白旗"？原来那时讲的是一切要突出政治，学术研究而不带出政治性(其实指的不是思想水平实质，只是要引些革命词句作为装饰而已)，就叫做专而不红，叫"白专道路"，是要不得的(临近"反动"的危险)。运动一开启，纷纷寻找"白专"对象目标。

那时人文社领导人早都"黑"了，主管古典部的那同志最讲政治，紧抓运动最积极，在所出的书中，选定了钱钟书的《宋诗选注》是"白专"的大标本。于是组成了"批判小组"，要纷纷发言，务必分清"红""白"两条道路的大是大非。

"批判小组"里，业务上弄诗的是麦朝枢，我原是小说专业，但因也有了"诗名"，也安排在组内。在一个晚上，开会"批钱"。麦老广东人，口齿才能不高，讲"普通话"很不动听，我胜他一筹——天津人学说北京腔。大概就因此，我的"发言"就"好"了。但此乃内部运动。不料"组内"整理出一篇批判文章交《文学遗产》公开发了，而且使我异常吃惊的是不用"某社批判小组"的署名，竟落了贱名三个大字的款！

当然，这也许全出好意——是看重我，培养我，引导我(我本就是个"白专型")。但这么一来，事情"个人化"了，把我和钱先生公开放在了一个"对立"的地位。

别人议论我不及知。钱先生看了，心中作何感想?对我的"变化"又作何"评价"?那就不问可知了。①

就在国内如火如荼大批判的时候，《宋诗选注》却在国外产生了很大反响。日本的汉学家小川环树对它给予极高评价，认为"这本书的出现，大概宋代文学史很多部分必须改写了吧"。这使得国内的一些批评者立刻偃旗息鼓。远在台湾的胡适在谈话中也说钱锺书这部书"选目不好"，注却写得很不错，极有特色。胡适可能怕他的话连累了钱锺书，没有多说他与钱锺书的关系。

吴宗海《钱锺书精确一例》一文，说将《宋诗选注》译成日文的日本学者内山精野曾说过：在翻译过程中核对引文出处时，发现钱锺书先生的所有引文均很精确。选入小学语文课本第五册及常为人选的宋人张俞的《蚕妇》诗："昨日入城市，归来泪满巾。遍身罗绮者，不是养蚕人。"与这字句全同的一首见于清代厉鹗的《宋诗纪事》一书。《全宋诗》张俞部分字句小有不同，首句"入"作"到"，"市"作"郭"。而《宋诗选注》却作："昨日到城郭，归来泪满巾。遍身罗绮者，非是养蚕人。"(三书注出处均为宋代吕祖谦《皇朝文鉴》卷二十六)经查1982年3月中华书局版齐治平用通行的最早最好的版本及另六种古版校勘的《宋文鉴》(即《皇朝文鉴》)，字句全同于《宋诗选注》。可见《宋诗纪事》的传讹，《全宋诗》仍有差错，而钱先生的书则最为精确。②

---

① 见周汝昌《红楼无限情》，北京十月文艺出版社2005年版。
② 见何晖、方天心编《一寸千丝：忆钱锺书先生》，辽海出版社1999年版。

翻译毛泽东诗词及其他

六十年代初期，国内的政治形势渐渐温和，教学科研也相对稳定，钱锺书开始招收古代文学专业的研究生。当时北京大学的一位青年教师想报考，托人询问应该阅读哪些参考书，他回答说："用不着准备，准备也没有用。"他出的试卷上抄录了若干首无主名的诗作，要求辨认出它们是学习唐宋哪些大家的风格。又抄录了白居易一首代表作，要求指出其中有没有败笔，为什么说是败笔，等等。对于一般青年人来说，这些试题难度可能是太大了，但也正体现了他对教学和科研能力的高标准、严要求。1960年初，以袁水拍为组长的毛泽东诗词英译定稿小组成立，任务是修订和重译毛泽东诗词。乔冠华、钱锺书、叶君健为组员。袁、乔主要负责对诗词的解释，钱锺书和叶君健主要负责对诗词的翻译和译文润色。1963年，小组又增加了赵朴初和苏尔·艾德勒二人。他们共同合作，开始在《中国翻译》上对外翻译介绍毛泽东诗词。从事"毛选"和毛泽东诗词的英译工作，花费了钱锺书大量的时间和精力，也必然影响到他在其他方面的成就。

工作之余，钱锺书写作论文。1962年1月的《文学评论》上发表了钱锺书的著名论文《通感》。这篇文章揭示了中外文学中共有的一种艺术方法，即通感。人的视觉、听觉、触觉、嗅觉、味觉可以互通，也叫感觉移借。这种方法用在文学艺术上可以使原来很平淡的事物更能被人们所感受、体味。钱锺书举出中外文学中许许多多的例句来说明，如王维"山路元无雨，空翠湿人衣"。"翠"色的视觉给人以"湿人衣"的触觉，使读者更能感受这翠的清新。如"红杏枝头春意闹"的"闹"字，等等，经他这样一分析，以前人们习焉不察的诗词中的这一手法，就由感性上升到理性，由感觉上升到理论，成为人们现在公认的一种重要的艺术手法。

1966年初，政治形势又显得极不稳定，钱锺书预感到形势发展下去的危险性，他开始极力躲避政治，缄口不言，由年轻时的"任意臧否人物"发展到"口不臧否人物"。他还告诫友人，举陈简斋"微波喜摇人，小立待其定"为喻，又举自己诗中一联"不定微波宜小立，多歧前路且迟徊"来自诚且与友人共勉。然而，他还是在劫难逃，像大批知识分子一样毫无例外地被卷入了"文化大革命"这一场灾难的旋涡中。

1966年，不知道什么原因，钱锺书的一条腿忽然走不得路了，杨绛代他请了假，扶他看病，有一位好心的车夫老王主动送他到医院。到了医院门口，车夫老王把他搀扶下来，却坚决不肯收钱，老王说："我送钱先生看病，不要钱。"杨绛一定要给，他才收下。在"文化大革命"最为困难的时期，就是这位不知名的车夫老王在悉心照顾他们，背着造反派的监管，给他们送水、送香油、送鸡蛋，一直到车夫去世。后来杨绛还写了一篇散文《老王》来纪念这位不知其名的车夫，表达对这位纯朴、善良的老人的崇敬与感激之情。

"文化大革命"劫难

史无前例的"文化大革命"无情地降临了中国大地。1966年8月9日，杨绛被"揪"了出来，三天之后钱锺书也被"揪"了出来。那时候，钱锺书在文学所，杨绛在外文所，同属学部，命运也相同。造反派在大会上控诉他们的严重"罪行"，并公布以后的待遇：不发工资，每月发给生活费若干元；每天上班后，身上挂牌，牌上写明自己的身份和罪状；组成劳动队，由"监管小组""监督劳动"。

有人写匿名信，说"钱锺书蔑视领袖著作"，并贴了一张大字报。钱锺书与杨绛听到后大怒，大骂这些红卫兵凭空陷害人，就是捕风捉影也得有个风影呀。杨绛知道自己丈夫"如果说这话，肯定不是这口气，他会说得更俏皮些"。他们夫妇草拟了一份小字报，提供一切线索请求实地调查。写好后他们匆匆吃过晚饭，带着糨糊、手电和小字报到学部去，把这份小字报贴在了那张大字报下，这一下闯下了大祸。

1967年夏，被揪斗的情况稍有缓和，陶铸到学部来过一次后，"专政"松动了些。陶铸为了保护学部的高级专门人才，亲自到学部来（同来的还有陈伯达、关锋、戚本禹）做了重要的讲话，提出学部是"富矿"，不要死盯住"反动学术权威"不放，还要"抓根根、须须、爪爪"。陶铸讲话之后，学部大乱，人们不再有兴趣理会那些打成死老虎的"反动学术权威"了，开始互相混战，大方向转移了。于是钱锺书、杨绛夫妇才得以喘息，稍稍可以做一下"逍遥派"。

最令他们痛苦的是造反派的"掺沙子"，把一对造反派夫妇"掺"到他家来，把他们住的房子分走一半，他们原本平静的生活一下子被打破了。家里的东西放不下，得处理掉，所以钢琴、红木家具都贱卖给了收旧货的，把房子腾出来给革命男女。整天得小心翼翼地看这对革命男女的脸色。后来，下放干校回来以后，为洗衣服的纠纷，女儿被"女沙子"打了耳光，杨绛钱锺书忍无可忍，与这对造反派夫妇打了一架。[①]

1969年，钱锺书、杨绛与学部里全体知识分子一道，开始接受"工人解放军宣传队"的"再教育"。全体"受教育者"集中在一起，六七人甚至九人、十人一间屋，过上了"集中营"式的生活。他们清晨得集体练操，每天的时间被划分成上午、下午、晚饭后三个单元分班学习。

从1969年4月到10月，钱锺书与学部一些"反动学术权威"度过了七个月劳动改造，他每天都要学习马列、毛泽东著作和各种各样的文件，还要接受批斗，做一些粗活儿来"改造"思想。当时，除了领袖著作外，其他书是一律不准看的。马克思是十九世纪伟大的思想家，他的辩证唯物主义与历史唯物主义思想以及社会主义、共产主义理论代表着社会发展的潮流，钱锺书很认真地阅读。他找出一部德文原版的《马克思恩格斯书信集》来阅读，读得很有兴趣，书中的辩证法思想也给了钱锺书以不小的影响。在当时，只有读这样的书最合理合法，也最安全，而且可以堂而皇之地借此复习久违了的德文。

1969年11月，钱锺书下放到河南五七干校。他与俞平伯等人因为身体虚弱，受到特殊照顾，只干些轻活、杂活，如烧水、看菜园等。钱锺书在干校反而受到了尊重，特别是一些年轻人，对钱锺书更为尊敬优待。钱锺书的书生气在干校常闹出一些笑话，如分派他烧开水，算是照顾他了，可是对他这样的书生来说，烧开水也大非易办，他和所里另一位老先生、大语言学家丁声树忙前忙后大半天也烧不开一炉水，反弄得狼狈不堪。干校人多，开水用得也多，刚烧一炉，又得加水，水老是半开，两位老先生被戏称为"钱半开""丁半开"。

钱锺书下干校后，杨绛留在文学所里接受教育。当时正是清查"五一六"反革命分子之际，许多青年人被打成所谓的"五一六"反革命分子，遭严刑逼供。干校里查，北京学部也日日夜夜不停地开会清查，大打"攻心战""歼灭战"，仅被迫害至死的就有十余人。杨绛自己身处

① 杨绛《从"掺沙子"到"流亡"》，载《南方周末》1999年11月19日。

逆境，还对被诬为反革命"五一六"分子的年轻人给予了极大的关心和鼓励。与此同时，钱锺书在五七干校也不停地鼓励这些孤立无援的年轻人，使他们在黑暗中见到光明，鼓起勇气，顽强不屈地生活下去。

1970年7月20日，杨绛也由北京下放到河南息县的五七干校。临行前，一位素不相识的年轻人主动来找她，愿为钱先生带热水瓶和其他东西，杨绛便把不宜邮寄的东西交给这位年轻人先带走了。杨绛下干校那天，只有女儿为她默默送行，女婿王得一已于一个月前被诬为"五一六"分子，因军宣队逼迫而自杀了。车子启动了，母女二人欲哭无泪，挥手作别。

杨绛到了息县，大为吃惊，钱锺书的样子使得她几乎认不出来了。他又黑又瘦，而且脸上出了脓包。因为有病，领导特许他休息几天，并给他改派工作。他不必再烧锅炉，而改为与吴晓铃一起看管工具，钱管发放，吴管登记，据说吴老先生把做学问的方法用于工具管理，为大小零碎的每一件工具编好号码、做了卡片，偏偏碰上不善数学的钱锺书，总是对不上号，气得吴晓铃跟他吵架。

1972年3月，又一批老弱病残的人被"特赦"送回北京，钱锺书、杨绛也在其内，他们终于结束了两年多可怕的"流放"生涯，回到了北京。

据说把钱锺书调回北京是周恩来总理的意见，主要的目的是让他重新参加《毛泽东诗词》的翻译工作。据赵朴初先生讲，他也参加了《毛泽东诗词》的英译工作，常与钱切磋一些诗意的翻译问题。1974年秋，已恢复自由的袁水拍、叶君健会同钱锺书讨论《毛泽东诗词》英译本的定稿工作。钱锺书认为译诗是很困难的，尤其对待毛泽东的诗词，更得慎重，不能有丝毫失误。他引用西方一句话说，诗即是"翻译中失去的东西"。他认为译诗不是得罪译，就是得罪诗，两害相权，只好择其轻者，主张以诗意的准确为主。由他翻译成英文或定稿的《毛泽东诗词》有些没有押韵，不如他译其他的诗成功，似乎并没有达到他所标举的"化"境。不过，这也是无可奈何的事。

1976年，十年"文化大革命"终于到了尾声，历史将掀去这沉重的一页。在"文化大革命"中，有多少正直的知识分子被迫害而死，一个又一个朋友的噩耗接踵而至，使他们都来不及反应。傅雷夫妇在同一天双双自杀，吴晗也以自杀来控诉这一场"阳谋"。钱锺书和杨绛还记得在清华时，傅雷和朱梅馥从上海来北京，在他们家小住，吴晗一心想请傅雷来清华教授法语，央他们夫妇挽留傅雷，这些话宛在昨日。转眼间，傅雷夫妇与吴晗一南一北都以自杀结束了自己的生命。还有他们清华大学的同学陈梦家、亦师亦友的陈麟瑞、学部的同事陈翔鹤，以及著名的作家、学者老舍、邓拓、以群、闻捷、杨朔、翦伯赞等都以自杀来逃脱这无道的年代。

钱锺书夫妇不断地被批斗、被折磨，但他们不管在任何凄风苦雨的恶劣环境中，都风雨同舟，患难与共，并没有颓唐、消沉，更不随波逐流，他们的人生是真正的人生。这些年他们虽然没有发表一篇作品，杨绛的译作《堂吉诃德》手稿也差点被红卫兵毁掉，但他们始终不懈地读书、思考、积累、准备，不屈不挠地与命运抗争。终于苍天有眼，钱锺书的《管锥编》得以顺利地写成出版。杨绛的《洗澡》《干校六记》《将饮茶》等作品也是在那一场噩梦中孕育出来的。

《管锥编》：中国文化的宝库

钱锺书、杨绛从干校回到北京，家中房子仍被"掺进"的那对造反派夫妻占着一半，两家发生打架纠纷后，与强邻难以相处，钱锺书与杨绛只好流亡，由北京师大搬到外文所的一个杂物间，清扫以后住下。三年有家难归。当时，文学所里的年轻人出于对这两位老先生的同情、崇敬，都愿意去帮他们的忙。这些年轻人把办公室打扫得干干净净，擦洗好门窗，配好锁钥。因为钱锺书患哮喘病，一遇冷即咳嗽不止，他们担心暖气不足，又给他装上炉子，拉来煤饼摞在外边走廊上，还装上特制的风斗，以免他们煤气中毒。在当时险恶的环境中，能得到这些正义的青年人的关心和照顾，钱锺书和杨绛从心里觉得温暖。

稍稍安定下来后，钱锺书便偷空看书，偷空写《管锥编》。这个"偷"字确实名副其实。从造反派的手下、眼皮下偷来一分一秒的时间写作。他在干校患过重病，虽然从死神手中挣脱出来，但体质已明显衰弱。1974年左右，他又因感冒引发哮喘，差点失去了生命。就在这样与死神赛跑中抢夺分分秒秒，完成了他一生的巨著。1979年，这部洋洋四大册、近百万言的巨著由中华书局出版发行，这是当年学术界的一件大事。

《管锥编》是一部用典型的文言文和札记形式写成的研究中国古代文化的学术著作，已出版的一至四册只是第一辑，它主要是对中国古代的10

部重要典籍（包括《周易正义》27则、《毛诗正义》60则、《左传正义》67则、《史记会注考证》58则、《老子王弼注》9则、《列子张湛注》9则、《焦氏易林》31则、《楚辞洪兴祖补注》18则，《太平广记》215则和《全上古三代秦汉三国六朝文》277则）的研究。这10部典籍分别属于经、史、子、集四部，内容极为渊博浩大。钱锺书的这部学术著作沟通中外、贯通古今，博大精深，文采斐然。它以文艺为主，囊括中外文、史、哲等方面；既有从古到今、从中到外的重要典籍的大量引用，又征引别人不经意或不屑援引的笔记、小说、戏曲。1982年《〈管锥编〉增订》出版，1991年《〈管锥编〉增订（之二）》出版。《管锥编》简直可以说将人带进了中外文化海洋，全书共征引4000位作家的上万种著作，其中征引的西方学者和作家达千人以上，征引1780种包括数种语言的著作。内容之博实为空前。

　　这本巨著虽是札记性质的书，实际上涵盖今古，无所不包。钱锺书从这两千多卷书中，每读到会心处，即摘出书中一两语作为引子，展开论述，把这个问题从古到今的发展、评论以及外国与之相同相近的内容都原原本本引证出来，穷源溯流，对比同异。每一个问题都会引证数十甚至上百个古今中外的例证，参以作者的见解评价，使人一目了然。要研究文、史、哲，《管锥编》是不可不看的工具书。"管锥"二字，指管之所窥，锥之所指，自谦小见，源出于《韩诗外传》。在这部作品中，钱锺书发扬光大了《谈艺录》沟通古今中外、打通一切文学体裁界限的治学方法，而且更为老成，更有气势。《管锥编》对文化研究的贡献很大，它几乎囊括了古今中外人文科学的所有门类，可以说是百科全书式的著作。它的气魄是前无古人的。在清儒中，王念孙、王引之父子的《读书杂志》《经义述闻》只偏重于训诂，王鸣盛《十七史商榷》、钱大昕《廿二史考异》、杭世骏《订讹类编》只偏重于史实考据，皆拘于一隅。稍近而似的有顾炎武《日知录》、王国维《观堂集林》，穷源溯流，博古通今，然而也没有钱锺书打通中西的广博。《管锥编》涉及文学、历史、哲学、民俗学、心理学、文化学、人类学、语言学多种学科的内容，引用古今中外七种语言的数千部书籍。它所论述的许多问题，由于中西文化的共通性，已经超越了一般历史现象，上升为哲学上的问题，因此可以说《管锥编》是一部特殊的哲学书，对于开阔、训练人的思维有着重要的作用。作为百科性质的书，这部巨著提供了无数的知识，古今中外几乎任何带有共性的问题都能在此书中找到答案。当然，其侧重点仍在文学方面。《管锥编》充满了钱锺书自创的新见，是钱锺书独特的发现。它已经成为研究文学不可少的案头必备书。

钱锺书的小说已翻译成各种文字，但他的这部《管锥编》问世十余年，至今无人能将它全部翻译成其他语言，书中涉及的语种之多、内容之博，尤其是文中的典故与思辩的艰深，如果没有中西学兼长的通人合作翻译，其难度是不可想象的。前几年，不少人建议把《管锥编》译成白话文，起到普及"钱学"的作用，但实在是没有必要，因为此书初非为消闲解闷而著，曲高自有知音在。

钱锺书的著作，最为引人注目的特点就是博极群书。古今中外，经史子集，甚至自然科学、小说戏曲、民俗谣谚应有尽有。如果把《谈艺录》《管锥编》《宋诗选注》等援引的参考书目统计一下，总数恐怕数以万计，也就是说与中国古籍书目的大成——《四库全书总目》的数量不相上下。令人难以置信的是，这涵盖文、史、哲、心理学方面的书目中，牵涉英、法、意、德、拉丁语等多种语言，甚至包括那些不见经传的二、三流外国作家作品都直接援引原文。

他之所以在那么艰苦的条件下能写出这样的皇皇巨著，得力于多年来的读书积累。他的读书笔记是《管锥编》的基础，正像他父亲每天记日记一样，钱锺书不仅有惊人的记忆力，更佐以数十年勤奋不辍的笔记，海纳百川，巨细靡遗，杨绛说，在写《管锥编》时，光整理他的读书笔记，就有五大麻袋之多，放在屋里像一座小山似的。有趣的是，钱锺书自己的藏书却很少，他的书斋中只有一两个不大的书架，而且放的只是一些工具书和出版社、作者赠送给他的书籍，与他书中所涉及的参考书目之浩繁形成强烈而有趣的对比。他的这些知识全靠多年来的笔记，这也是钱锺书的一个大特色。

钱锺书的读书笔记是他一生读书的结晶，是一座学术的宝山，历经劫难，这些笔记都完整保存下来了，后来，商务印书馆将这些笔记影印出来，出版了《钱锺书手稿集》，中文外文笔记共有40卷。

第十章
新中国的第一代科学家

◎

上课多面手

1949年夏，国立中央大学改名为南京大学，钱锺韩任校务委员会常委、工学院院长，并被推选为南京市人民政府委员。当时解放战争尚未结束，国家百废待兴，首先是要稳定社会秩序和恢复工农业生产。为了适应国家建设的需要，作为工学院的院长，钱锺韩做了大量工作。如当时为了反封锁和恢复电力生产，急需恢复电厂中已损坏的外国进口的汽轮发电机，钱锺韩带领系里的几位老师，自力更生制造出汽轮机叶片，在工学院机械系组织少数四年级学生专攻汽轮机设计和制造。这些学生离校后，多数成为新兴汽轮机制造厂的骨干。

钱锺韩1951年2月加入九三学社，从1952年9月起，历任九三学社第三、四、七届中央委员会委员。

新中国建立之初，百业待兴，一片欣欣向荣的局面，钱锺韩以前所未有的振奋精神投入到祖国的建设中去。1952年院系调整后，他任新成立的南京工学院副院长兼教务长，领导并组织学习苏联教育经验，实施统一的教育计划。他虽然做了领导，但仍不忘教师的本色，课上得比一般教师多。当时各行各业人才奇缺，为了尽快培养各类工业人才，按照国家高教部的要求，钱锺韩开设了动力检修两年制的专科，在国内首先开"热工仪表""热力设备自动调节"等新课，为当时新建的电厂及时地输送了大批专业工程技术人员。由于他在教学和科研上的贡献，获得一系列的荣誉：如当选为江苏省第一届全国人民代表大会代表、江苏省科学技术普及协会副主席、江苏省第一届政协委员，被聘为国家电力工业部科学技术委员会委员，并且于1956年4月加入中国共产党。

新中国成立初期，是我国经济恢复发展时期，每一个新中国的学者都为中国的飞速发展流汗出力，钱锺韩参加了我国第一个科学发展规划。他全部身心扑在教学和科研上，探索着在机械和热电方面的突破。当时苏联派了一批科学院院士来华，帮助中国制订发展规划。由中国专家执笔草拟有关的计划，然后请苏联专家审阅。一位苏联专家建议，在这份规划中应列入一个"电加工"专题，其中包括电化学加工和电火花加工等。电加工在当时的苏联也是正在开发中的新技术，这位专家称之为"未来的加工方式"。中国机械制造专家对此都不是很有研究，觉得难以下笔，钱锺韩刚刚接触这一新课题十几天，所以中国专家临时委托他起草。他经过一番深思探索，写出了一份研究方案，博得了苏联专家的赞扬。这些苏联专家惊讶地说："想不到在中国还有这么一位研究电加工的专家。"为了自力更生地创建我国动力机械制造专业，钱锺韩又带领三位助教开设了汽轮机设计专修班。据施载义、顾明训的回忆文章中说："机械系主任钱锺韩教授的讲课，经常都是精辟地抓住每一事物发展中的矛盾实质问题及其演进转化过程，从而把理论与实践二者紧密结合，远远超越了书本中刻板内容，使同学领会到科技进步历程中，事物矛盾的发展及其转化的因果规律。他在关于热辐射（Heat Radiation）研究的讲座中，独特地运用'镜像法'（Mirror Method），论证解决了当时国外学者们研究论述的文献中，若干理论对实验所得的某些不同结果无法说明的问题。在他关于'生物的力学'（原题已记不清）的讲演中，抓住生物界里许多司空见惯而又从未被人注意思考的问题，说明千万年来生物在适应自然环境的各种不同生存条件中不断进化，存优汰劣的问题，妙语连珠，奇趣横生。使学生们理解到如何注意观察身边的各种自然现象，从活的事物中学会认识和考虑解决问题。这种富于哲理的深入观察，科学的分析方法，使听讲者受益无穷。有些事例，至今还略能记得，例如：从人的一对眼睛与某些动物长在头部两侧的不同，说到视角问题和形成思维上三度空间与两度空间的概念的差距。从四足动物的内脏（要害部位）处于坚强脊梁与胸肋的庇护下免受外来侵害，而直立的人体内脏暴露形成品受攻击的薄弱环节的缺点，谈到腾出两手得以进行劳动，两者相衡，所得远远超过所失。又如从树木生长的例子，说明其各部位功能及力学作用，如植物的根茎深扎地下向四处蔓延，既利于吸收更多水分与养分，而本身处于最安全、不易受外来侵害的地位，同时又成为地上粗大躯体的牢固基础；树枝生长向梢头逐渐变细，符合强度应力悬臂梁的力学理论和省料原则，其与树干分枝部位的圆弧倒角，则符合弹性力学原理；至于起光合作用的绿叶，当环境适宜时繁茂生长，而不利时则枯萎脱落，减少树木养料消耗。叶枝与树枝的联结，方式的奥妙之处是能牢固生长输送养分，秋冬又自然萎落。当狂风来临，危及树木本身时，则首先落叶断枝，减少风阻力，以保存主体等等。这种在恶劣条件下最大限度地牺牲次要的局部而保存生命的能力，是在千万年自然斗争中赖以延续生存的要法，为工程设计提供良好的借鉴。一堂讲演中，以大量事例昭示听众，使懂得如何从周围事物中吸取有益的知识。此外，在另一次讲演中，从材料品种的发展，性能的改进，必然导致设计理论、模式、方法的变革，从秦砖汉瓦一直谈到新型材料塑料。许多事例日益证明其预见的合理与准确性，这种思想方法，指引了大家从现实基础上理论结合实践探索发展的途径。"[①]

　　1958年的大跃进和反右斗争中，钱锺韩也受到错误的批判，因此离开院行政领导岗位。从领导岗位上下来，他如释重负，正好有更充裕的时间，着手深入研究热工自动控制问题，为后来筹建这个实验室做理论上和实践上的准备。1962年2月，他参加了周恩来总理在广州主持召开的全国科技工作会议，随后，参加修订我国科学技术发展十年规划，被聘为国家科学技术委员会学科组成员。他创建了南京工学院热工自动化研究室，与同事们合作，提出了正在规划的国产60万千瓦发电机组的热工监测和自动调节方案，得到一机部和电力部的表彰；主持国家十年规划项目《生产过

---

① 施载义、顾明训《回忆抗战时期浙大遵义的学术活动》，见《钱锺韩教授文集》，东南大学出版社1994年版。

程动力学及其数学描述》中的《热工对象的低阶近似模拟》课题研究，获得突破性的成果。他所提出的低阶近似方法统一解决了用较小的模拟装置来对各种复杂对象进行模拟的问题，达到同期国际先进水平，被列入国家《科学技术研究成果公报》。

从反右到"文化大革命"

1949年新中国建立以后，校园一派欣欣向荣的景象，中国共产党注重团结一切党外人士，共同建设好新的人民民主专政的国家，各民主党派在南京市委统战部的领导下，开始恢复活动和发展组织，九三学社首先在南京成立两个学习小组。1950年底，钱锺韩参加九三学社，介绍人是当时南京大学校长潘菽（1956年起调任中国科学院心理研究所所长）和干铎（时任南京大学秘书长）。钱锺韩所在的这个小组，包括南京大学和中国科学院的一些主要行政负责同志，如潘菽、干铎、金善宝、李海晨、赵金科、赵九章等。1956、1957年，钱锺韩还被选为九三学社的中央委员。他想在新的社会主义社会国度里，积极参政议政，充分发挥自己的才能和抱负，为新中国干出一番事业。钱锺韩是积极要求进步的，有参与政治的热情。1956年，时任南京工学院党委书记的汪海粟找他谈话，鼓励他申请入党，他又积极提出入党申请，入党介绍人就是汪海粟和管致中。

但是不久，就出现了极"左"的思潮，政治空气一下又显得十分紧张。

在整风运动中间，这些受西方教育的知识分子天真地认为，作为民主党派，应当多向党提出批评意见，以利于充分发扬民主。在整风鸣放期间，他们响应党的号召，组织党外民主人士向党组织提出自己的看法，帮助党整风。九三学社南京分社的几位知识分子，主要有高觉敷、钱锺韩、时钧、倪鹤笙等，拟了一份"帮助党整风的工作计划"，钱锺韩最后修改定稿，对党提出真诚谠言。后来在九三分社委员会扩大会议上讨论通过后，上报九三中央，又经九三中央通报到九三学社全国各地方组织。在这个计划里，他们不过就是鼓励大家对党多提批评意见，帮助党把整风工作做得更好。他们组织了一些小型的座谈会，钱锺韩一次在座谈会上说："九三学社是分工联系文教科技知识分子的，大家可以把它看做是自己的组织，有意见可以代为反映。"这些话并没有什么不对的地方，但是后来在反右中，有人指责他"把发展组织与对党提意见结合起来，有意在党和知识分子之间制造对立"。无限地上纲上线，显出极"左"的倾向。

钱锺韩提出，知识分子要关心国家大事，但亦希望他们的特殊工作方式得到领导的照顾，使他们的专业学习和实践时间得到保障。在1956年省人大发言中，他批评了高等学校在学习苏联中的教条主义和形式主义倾向，其中包括对本国知识分子的不信任、不依靠。例如：过于强调集体活动，不让教师有足够空闲和自由掌握的时间进行备课和科研；过分强调"教学法活动"（研究统一的步骤方式），不相信教师的自觉性和教学经验，不提倡个人特色；有些人不仅不鼓励教师去深入钻研教学内容，还说"备课是教师个人的事，不该占用工作日时间。——只有教师与学生见面的时间才能计入教学工作量"；勉强教师在课堂上作违心之论，按照苏联框框去批判西方的"唯心主义学说"，等等。这种错误倾向不但严重损害了教学质量，亦破坏了严谨务实的科学传统；教师身受其苦，而青年学生受到影响，习以为常，其后果更为危险。

在1962年省政协发言中，他又呼吁："多留一些时间让有专长的知识分子多搞一些本门业务；珍惜专家的劳动和精力，不要随便抓差。"又说："如果让老年中年、青年知识分子有机会在一起多谈谈共同业务问题，则他们之间的关系自然会变得更正常，而学术界的继承、发展和革新问题亦会解决得更好。"

钱锺韩虽然对政治一向比较关心，但是他反对那种极"左"的思想，反对一切以政治挂帅。在那个极"左"的年代，政治是压倒一切的，但钱锺韩敢于对一些不符合实际的极"左"的做法提出自己的看法。如在九三、民盟联合召开的各校行政领导人座谈会上，当时讨论的主题是党如何领导高校的问题。有些人认为党是领导一切的，因此高校当然也是一切由党委决定。这种看起来似乎很有道理的提法实际上是经不起推敲的。钱锺韩直言不讳地说：高等学校组织条例上规定的是校长负责制，党委治校没有明确的规定，"所谓党委治校，不论在苏联还是在其他地方都没有这样的说法。我们的国家也没有这样的规定。可是有些高等学校的党委在讨论问题的时候，不征求与不尊重非党人士的意见，实际上是党委决定一切。当然行政上贯彻措施，应征求党委的意见，因为缺少党委的支持，不依靠党团员，行政上的措施就不能够很好地贯彻，但是党委决定学校的一切是不对的。"他这话意思是说，在学校的大政方针上，当然由党委决定，但在具体的业务，尤其是在教学科研上，不能全被党委包办，还是要有所分工的。这一番话不久以《党怎样领导高等学校，教授们如何参加治校》座谈纪要的方式，在《新华日报》1957年5月13日发表，为后来批判他的"右派"言论提供了一个很好的口实。

在校内，他与几位教授讨论教学中的"因材施教""民主办校"等意见，鼓励教授们坚持搞好教学和科研。这种意见在《人民南工》上发表了，在极"左"的空气已经很浓厚的氛围中，他仍然坚持自己的看法。

1957年6月8日，《人民日报》发表社论《工人说话了》，开始批判储安平"党天下"的言论。钱锺韩实事求是地说："储向党中央领导同志提出意见，这是他的民主权利，虽然他的意见不一定正确，亦应当允许他提出。"他认为，客观地讲，储安平的话也有一定道理。在那种全国上下铺天盖地批判储安平右派言论的氛围中，能够说出这样的话需要很大勇气，是非常难能可贵的。6月17日，在批判储安平的言论高潮的时候，有人顺带对他也提出了一些批判，批判钱锺韩"混淆社会主义民主与资本主义民主的区别"。（《新华日报》1957年6月17日）又说：钱锺韩这话，就是"支持右派分子向党进攻"，给他戴上了高帽，钱锺韩被错划为右派。在反右斗争中，他受到多次批判。如1957年8月21日在南京工学院党委会上，12月20日在九三学社南京分社委员会扩大会议上，1958年6月在南工党委扩大会议上都受到了批判。1958年10月下旬，成立了专案批判小组，还在校内大字报栏中点名批判了他的"反动教育观点和科研思想"。①

在1957的反右运动中，钱锺韩根据学生的实际情况和要求，提出待学生考完课后再搞运动。"文革"时期，钱锺韩为此话受到猛烈的批判。他在新中国成立后原被定为一级教授，月薪330元，在院级领导里这是很高的了，其他的副院长没有一个比他的工资高。到1957年时，"为了与其他副院长取得平衡"，他主动向党委提出申请，将自己的工资降为275元。他下乡参加"四清"时，三个副院长同住在一个房间，带了行军床、帐子，在农民家里搭伙吃饭。这些他都无怨言，但是对不正确的现象，他坚持自己的观点，敢于站出来，说真话办真事。

---

① 据东南大学档案馆钱锺韩档案。

1966年"文化大革命"开始了，一切科研活动都被中止，钱锺韩也毫不例外地受到冲击，副院长的职务被剥夺，被打成"资产阶级反动学术权威"，下放劳动。在被"监督劳动"时，他也没停止思考和钻研。在1957年反右斗争中，他受到了错误批判；在"文化大革命"十年浩劫中，他又受尽折磨。但这两次挫折都未使他对科学和教育事业灰心丧气，他在逆境中钻研新学科，利用"靠边站"的空隙进行学术上的补课。1957年反右后他就着手深入研究热工自动控制问题，为不久以后筹建这个实验室做好了理论上和实验技术上的准备；"文化大革命"中他被"监督劳动"时，抽空掌握了半导体电路技术，系统发展了建模理论，为未来的南京工学院的自动化研究所奠定了学术方向。

就是在"文化大革命"中身处逆境的情况下，他仍然忍辱负重，忘记个人的一己利益，关心着我国的热电和自动化事业的发展，并利用一切可能的条件，为国家做出自己应有的贡献。一方面是不停地被批斗，写检查，另一方面是抽出一切可能的时间来进行科研工作。比如"文化大革命"中，造反派勒令他写检查、交代，他工工整整地写了许多本，每一份材料上除了稿纸上印的"毛主席万岁"和"最高指示"外，还要在上面恭敬地写上"敬祝毛主席万寿无疆"，再抄一段"最高指示"，然后才是"禀报"——检查的正文。1969年5月21日至6月28日，到湖山煤矿参加劳动改造，"改造"结束后回来继续写检查交代。就是这样，他仍然没有停下手中的工作和头脑的思考。1971年，他以通信的方式指导天津军粮城发电厂的自动化试点工作和陕西省秦岭发电厂的大型单元机组仿真工作，把分析热电系统运行的近似简化方法首次成功地运用于大型热力机组的全面仿真，把仿真计算机所需的容量降低到一半以下。20世纪70年代初，半导体技术开始应用于生产实践，动力部门大量使用的电动单元组合仪表面临由电子管式到晶体管式换代，急需培训新的设计、运行、维修人员，钱锺韩从一开始就参加了华东电子培训班的教材编写工作。1973年他主办了江苏省电业局半导体仪表训练班，独立编出三种全新的教材。1975年，他为阿尔巴尼亚进修教师举办自动化学术进修班，并撰写了《模拟技术》的教材。像这样的事情，在当时还有不少。

他的妻子沈慧贤教授与他同舟共济，几十年的风雨，不管再困难的事、再大的打击，他们都能够互相扶持互相鼓励，走出困境，走向光明。

钱家有个良好的家风，夫妻之间都恩恩爱爱，从没有过去那种常见的男尊女卑的思想，也没有"文化大革命"时夫妻反目成仇的事。他们的家既有中国传统家庭的和谐稳定，又有西方的平等民主的精神，这在现代社会中是很圆满的典型。

科学狂想曲——钱锺韩在"文化大革命"后期的思想

在"文化大革命"后期，周恩来同志主持政府工作，顶住逆流，提出了"四个现代化"的宏伟目标。在这之后，邓小平同志主持工作，逐渐扭转了一些被"四人帮"破坏的局面，革命和生产得到了进一步的发展，科学技术方面也有了一定的进步。虽然这时候进行科学研究还受到一些限制，但毕竟快要见光明了。钱锺韩在"文化大革命"后期，曾经十分热切地幻想未来，1975年，他写了《通向共产主义天堂的捷径——一篇科学幻想曲》。这既是一篇大胆的科幻文章，同时又有一点讽刺的意味——写着玩的，并不可能实现；或者说，如果他所幻想的实现了，这个世界又是一番情景。

他幻想到了2000年的元旦，中国人向全世界人发表一个重要的声明：中国进入了共产主义社会。"在史无前例的'文化大革命'以后，按照无产阶级司令部的伟大部署，我国进行了大规模的社会实践和科学试验，现在已经在修正主义的废墟上，培养出'无私无我'的新一代人，并'脱胎换骨'改造了一批老人。这两句话并非是空洞的政治口号，而含有十分确切的政治意义。事实上我们正确地贯彻了'中西医结合'的最高指示，主要通过生物医学的途径来实现'文化大革命'的崇高理想。这个伟大的转变过程涉及以下几个重要方面：（1）人口与就业；（2）领导班子；（3）政治思想工作；（4）速成教育。"

人类的生活在许多方面发生了根本性的变化。

一是人口政策，从计划生育到试管婴儿和定向生育。他看到虽然经过五十年代的大跃进和共产主义，"我国从1957年就开始了吃大锅饭的革命创举；但子女（劳动后备军）还有私有和私育的。各家父母从小就向幼儿灌输'望子成龙'的错误思想，不顾计划比例，人人都想争取社会上少数的特殊地位。我们发现，人们对子女的偏爱乃是私有制的思想基础，亦是家庭制度的心理与生理根源。而家庭影响则是旧传统旧观念的最大巢穴，亦是对共产主义思想教育的最大干扰。"因此，他参考蜜蜂社会的组织形式（他说这是生物界中最近共产主义的一种社会体制）设想出"计划出生——定向培育"的方法。他说：首先按照国内资源开发规划、社会发展规划和新陈代谢计划，来确定我国若干年内所需要的各种门类的人员数目及补充速度（脑力劳动者、体力劳动者、文艺工作者、科学研究人员、运动员、领导班子、战士和将军、服务人员、保育工作者，还有极少数需要特殊造型和适应锻炼的太空探险人员，等等），试管婴儿一经出生，就按其预定目标，进行高度分化的培育和训练，其中最重要的一条就是心理定型，要使他们唯一愿望和最大乐趣就是在各自的预定岗位上发挥作用，决不会见异思迁和相互攀比。……这样合理设计和严格组成的新型的"计划社会"将是无比和谐无比稳定的！"当无产阶级造反派完成他们砸烂旧世界的历史使命后，可以期望今后将不再出现'群众造反'的场面了。"目前残存的"私生私育"一代虽然还没有完全被淘汰，但随着"良种基因库"和细胞工程的研究，已经逐步让位。

钱锺韩所幻想的第二点是领导素质的变化。想象将来通过科学实验，人的进化从器官移植到气质控制和心理搭配。人体的器官移植已经发展到"插件化"，器官移植可以引起性格和气质的变化。"无产阶级司令部高瞻远瞩，从中看到了这种生理——心理现象的重大政治意义。为了更好地发挥民主集中制，我们现在能够有意识地在各级领导岗位上安排一个左、中、右三结合的工作班子（心理搭配和生理搭配），这里所发生的一切争论都是为了有效地树立对立面，活跃会场气氛。"他说："我们还总结出各国无产阶级专政的历史经验并参考了历代封建王朝的兴亡故事，得出一条结论：以往历史上一些高级领袖和独裁决策者的气质不稳定（心血来潮甚至蜕化变质），和领导班子中间的性格冲突和内耗，乃是对高级社会组织的最大威胁。现在我们更注意的乃是对领导班子中各个成员进行定期或不定期的性格检查和心理测试，看看他们的判断能力、公正态度、牺牲精神、民主作风、反应速度和应变能力等是否正常和合格，看看整套班子是否合理搭配（不要清一色）、协调默契（不要搞内耗）。检查的方式是在繁忙的实际政务活动中，有意插入一些假设的典型事件，或从过去的历史上摘录出来的案例（已经有定论或标准答案），看看各个成员和整个班子对此作出的正确反映。如果一旦发现某些领导成员有心理病变的苗头，就立即发出内部警告以便及时进行性格矫正，或作必要的撤换。”

第三是思想改造，从思想监督到脑电集控和精神融合。发明一种双向收发的脑电波对讲机，无产阶级司令部根据“洋为中用”和“技术为无产阶级政治服务”的原则，作出了“彻底革新思想政治工作”的重大决策，从消极监视和事后消毒转变为主动熏陶。“首先我们决定为一切公民（包括未判死刑的囚犯在内）免费安装微型脑电收发器并建立一个全面覆盖分区设站的无线电思想集控网络。中央集控台利用睡眠时间进行潜移默化的思想灌输，可以在一夜之间把现行的领导意志变为广大群众的自发要求。”而且这种措施还有一种意想不到的作用：由于群众之间脑电波收发的交叉感染逐步形成一种强烈的集体意识和区域感情，人与人之间变得休戚相关。

还有一个问题是速成教育，就是知识和记忆的移植，使下一代人可以用更少的时间快速地学习吸收人类以往的知识技能。直到现在，这些仍是人们比较关心的话题。

这篇狂想曲，一半是讽刺，一半是科幻，可以说是用科幻形式写的讽刺文章，表现出他对“文化大革命”的不满，对极“左”思潮的嘲讽。但他在那个时候就提出试管婴儿、器官移植、基因库、脑电波等概念，说明他的眼光是非常超前的。这也可以算做一个科学家进行的文学创作吧，恐怕是不能实现的，如果实现了的话，那么人类社会该是一个什么样子呢？

科学的新生

粉碎“四人帮”结束了“文化大革命”十年的灾难，迎来了科学技术的一个春天。我国的科学技术出现了突飞猛进的发展，党提出了在20世纪末实现工业、农业、国防和科学技术现代化的宏伟的奋斗目标。1978年11月，钱锺韩创办了南京工学院自动化研究所，兼任所长，这个自动化研究所在1983年由国家教育部批准为南京工学院第一批设立的自然科学研究机构之一。钱锺韩还当选为江苏省自动化学会理事长，被聘为国家科学技术委员会工程热物理学学科组成员和自动化专业组成员。1980年9月，他光荣地当选中国科学院技术科学部学部委员，为南京工学院最早的学部委员之一。时任南京工学院党委书记兼院长的吴觉同志，主动向高教部提出辞去院长职务的请求，并大力推荐钱锺韩出任院长。吴觉是革命多年的老干部，他不居功，不恋栈，推荐优秀知识分子做院长的人选，这在政工型的干部中是极为难能可贵的，在全国开了风气之先。因此，钱锺韩又被任命为南京工学院院长。

　　1980年11月至1983年11月，钱锺韩教授任南京工学院院长，这是他在南京工学院从事领导工作的第三阶段，是"文化大革命"后拨乱反正最艰苦也最富有成效的一段。这期间，在党委的领导和帮助下，他从整顿教学秩序，抓本科生的学籍管理、学习质量开始，在教学、科研、行政管理、后勤服务等各方面重新制订了一套制度，把全校几千教职工的人心从政治运动后期那种惶惑、冷漠、混乱状态逐步吸引、凝聚到教学、科研上来。上任第二年，学校各项工作稍稍就绪，这位钱院长就向大家提出了新目标——"以重点学科的建设来带动全校教学和科研"。他指出："考虑问题不能只看到眼前的事。我校今天弱一些，钱和物少一些，这并不是决定性的。我们要考虑五年、十年后的事，一个系、一个专业都要有个五年、十年的打算。一个重点学科的建立，需多种学科、多种人才的支持和配合。例如计算机科学这次虽然没有被列为我校的重点学科，但如果在计算机应用方法上没有广泛的发展和新的突破，则目前已指定的几个重点学科亦就可能上不去。建筑结构、自动化、电子学固然如此，建筑设计亦何尝不是如此。"他亲自用英文撰写了申请贷款报告和项目论证书，争取到首批世界银行贷款，建成了计算中心。他在校内扎扎实实建设学科，同时开始与日本、美国等高等院校进行学术交往。在短短的几年时间里，学校呈现一派欣欣向荣的景象。六年以后，昔日的南京工学院（后改名东南大学）有四个学科（含五个博士点）被国务院学科评审组正式批准为国家级重点学科。

　　钱锺韩说，学校是研究学问、培养人才的地方，本身就是清苦的，要有办法把追求学问并以此为乐的人吸引到学校里来。他认为解除教职员工生活上后顾之忧是必要的，但更重要的是注意改善他们的岗位工作条件，使他们能在事业上有所作为，有所成就，这样才能以饱满的精神状态来克服物质生活的清苦。因此，在每一阶段的工作中，他都致力于改善工作条

丹桂满庭芳——无锡钱氏家族文化评传

件，如添置图书资料、设备仪器、教师备课的书桌，等等，这是有形的工作条件；还有无形的，主要指时间上、精神上的条件。

理工科的学术研究与文科一样，也要有个宽容精神，倡导学术自由，能够兼容并包。这是一个优秀的大学校长的必备条件。他受过西方的高等教育，深知学术自由的重要性。机械系一位教师吴慈生，为解除断臂残疾人的痛苦，着手研究机械假肢。这在当时的校内引起有些人的非议，有人认为作为国家重点大学，科研应当为重工业做贡献，这种假肢研究学术方向不明，水平不高，是"不务正业"。钱锺韩却不这样看，认为科技为社会服务，是极有意义的事，他还建议该教师从机电自动控制结合着手，集思广益，制造出新型的电动假肢，这就成为更高水平的学科研究。吴慈生等受到鼓励，经过数年的奋斗，终于研制出达到国际先进水平的电动全臂假肢，产生了很大的社会效益，受到国家的奖励。

1981年底，刚刚从德国获得博士学位的青年教师韦钰提出创建生物医学电子学科，这是跨越不同门类的交叉学科，属于前沿学科。当时有许多人不理解，反对的人很多，但钱锺韩认为学科应当走向社会，相隔很远的学科领域，如果结合交叉，会诞生新兴学科。他敏锐地看出这门新的交叉学科的前景。在他和其他领导的热情支持下，以韦钰为带头人的生物电子学、分子电子学科成立了，在后来的十年时间里成为国内一流的学科，在国际上也有重要的影响。

他不断向同事、向学校师生员工宣传"机电结合"的学术思想。他在大学学电机工程，后来转研究热工，他把机电（甚至还包括化工等）学科融会贯通起来，培养了一批又一批人才。例如，20世纪70年代初，他曾与一些青年教师和工人探讨测振仪表的研制问题，在他的参与、鼓励和出任院长以后的关心支持下，当年这个测振问题的萌芽研究在东南大学已发展成为一个规模宏大的测振中心，为国民经济创造了数亿元经济效益，建成国家级的重要科研基地。东南大学的磁流体发电研究也得益于他的最早参与和以后的支持，现在已形成我国能源研究方面一支国家级学术梯队，承担着国家许多重大科研项目。

钱锺韩在教学上也可以说是一代名师，对学生的教育富有启发性，注意方法上的创新。他曾谦虚地说："我什么专家也不是。当专家们干得顺利时我从不插手，而当他们搞不下去或争执不休时，就说明那个问题

钱锺韩八十寿辰照片

还没有标准的答案和现成的方法，我这个'外行'就可以插手了。一般专家解决问题靠系统知识，而我靠的方法上的突破。"重视解题方法和技巧，是从他少年时代就开始的。初中学数学，他发现求答数，往往有几条不同的途径。从中他悟出一个道理：重要的不是求出一个具体答案，而是去找寻解题方法。在若干种可行办法之中进行优选，力求采用最直接的思路和最简洁的方法，就可能在一份理科作业或试卷之中反映出自己的个人特色。在高中和大学学习期间，这种独特的思路和尝试曾引起好几位老师的注意，令他们惊讶。这种经历，对于他养成独特的治学方法起了决定性的影响。在科研中，他在热和电两个学科领域之间架起桥梁，利用电模型来阐明热力设备和热物理现象的动态变化，就是一个突出的范例。他把"等效电路原理"应用于旋转窑辐射热交换、锅炉——汽轮机协调控制系统的动态分析，得出了出人意料的科学结论，仲裁了电力部门同行间长期的技术争论；同时从理论上阐明了机电联合发生共振的根本原因和处理方法，澄清了过去技术文献中的一些错误观点和混乱思想。

在教学上，他用这种注意方法和追求直观性的思想启迪学生，使青年人头脑活跃，善于融会贯通。五十多年来，为国内外动力工程事业输送了大量优秀的科技人才。如在美国从事航天科学研究，为1969年成功发射"阿波罗号"宇宙飞船做出杰出贡献的冯绥安博士，在美国工程科学界享有盛名的刘振亚教授，都是钱锺韩的弟子，他们每次返国，必首先拜望老师。他们非常感激老师当年的教育栽培，因为他们受益于老师所示范的治学方法和思维方式，从而取得了成就。

他动手能力很强，勇于实践，不是从书本到书本。在他工作过的实验室里，所有仪表都经过他亲自拆装和改造。他修旧利废，不断改进现有设备，以发挥其最佳功能。他说："实践与理论相结合是获得真知最快的方法。多动手，可以加强形象思维和求实观点，亦可以拓宽解决问题的思路。因此如果教研人员轻视实验室工作，把具体的实践活动完全交给助手去做，这将是一个严重失策。"他在家里也不断对家用电器不断进行改造。他常说："我是利用业余活动为专业研究开路的。"

他身上兼着众多的社会工作，他是国务院学位委员会首届学科评议组工学组成员、自动控制学科评议组组长，国家能源部热能动力类专业教学指导委员会主任委员，第五届、第六届江苏省政协主席，江苏省科协主席等。他曾多次向组织申请从领导岗位上退下来，但不管如何忙，他从没有从教学岗位上下来过，一直坚持在教学第一线，指导博士研究生，从事自己的科研活动。物理系的热电和机械专业的课，他几乎都开过，而且都是自编教材。他的同事们说，他开过的新课有二十门之多。由于他在自动化和热能方面的贡献，1985年，他荣获美国南加利福尼亚中华科学家工程师学会授予的"特别奖"荣誉证章。这是继中国科学院院长卢嘉锡之后获得此项奖的第二个中国科学家。

虽然他身为省部级干部，又是中国科学院院士、著名教授，却非常平易近人，他对学生也是一样的宽容，乐育英才，富有牺牲精神。他的学生龚家彪说："至于他对向他'问道'的学生的热诚对待更是有口皆碑的。不仅对他身边的学生，对本校的学生，而且对外地外单位的、谈不上门生故旧也一视同仁。凡是书稿请他提意见的、论文初稿请他先审阅的，他都认真地提出指导性意见，有时往复通讯多次，塞者凿之，陡者级之，会写成长达万字的书面意见。而且向他求教的问题各式各样，有应用物理方面的，有仪器仪表方面的，有人工智能方面，甚至还有数学、天文学和哲学方面的。他都有求必应，认真翻阅材料，做出中肯的、有指导意义的答复。所以他的私淑弟子也不少。他常常为一个与他正在从事的研究工作毫不相关的问题夜以继日地思考、推导，希望对别人有所帮助，做出正确的答案。从我多年和他接触中看，对此他不仅不认为是负担，也不认为是道义上的责任，我看他是以此为乐的。有时解决了一个问题，在讨论时他往往比提问的人还显得高兴。这是什么精神？我想用他自己的话可以说明：'作为一个教师，必须有一个信念，就是要使自己的学生将来超过自己，否则科学怎么会发展，人类怎么会

前进？'这是多么崇高的境界！" ^①

    1990年，在他的八十寿辰时，中国科学院院长周光召和国家科委主任宋健联合给他发来贺电：

    几十年来，您为开拓我国的热工学，发展我国的教育事业、培养优秀人才方面，作出了卓越的贡献。我们深表敬意。

    祝愿您健康长寿，万事如意。

    这是代表国家科学院和科委对钱锺韩的高度评价。

---

① 龚家彪《戛戛独造，一代师表——钱锺韩先生的育人之道》，载《钱锺韩教授文集》，东南大学出版社1994年版。

第十一章

晚年岁月

◎

"钱学热"中的钱锺书

　　粉碎"四人帮"以后，钱锺书作为中国著名学者，曾代表中国出席过在意大利召开的欧洲研究中国协会第26次会议，又应邀到日本讲学。所到之处，无不引起人们的景仰。如在意大利，他对意大利文学旁征博引，随手拈来，使会场的气氛空前活跃。演讲后，他答各国学者的提问更精彩，对英、法、德等国文学典故、民间谚语如数家珍，使会议的气氛进入了高潮。法国学者于儒伯用汉语向他提问，钱锺书当即用法语引用法国文献加以解答，于儒伯听了，吃惊地大声说"他知道的法国东西，比我还多"。会场一片赞叹声。法国《世界报》对这次会议写的报道中，特意提钱锺书，说："听着这位才气横溢、充满感情的人的讲话，人们有这样的感觉，在整个文化被剥夺近十年后，思想的世界又开始复苏了。"会下，钱锺书成为欧洲学者包围的对象。[1]从1980年出访日本回来后，他就打定主

---

[1] 丁伟志《送默存先生远行》，何晖、方天心编《一寸千丝：忆钱锺书先生》，辽海出版社1999年版。

意，以后再也不出去了，一心一意从事自己的研究工作。

　　钱锺书不爱应酬，但名气太大了，总逃不掉纷繁的俗务。胡乔木请他出任中国社科院副院长，条件是允许他只挂名，不管事。他写给友人的信中说："弟7月（1982）起忽蒙命承乏敝院副院长，尸位挂名，捉将官里去，不待人笑，弟复自笑。"他这个副院长是连办公室都没有的虚衔。他当选为政协委员后，也总是因病"逃学"，不理"政事"。1981年美国普林斯顿大学曾以荣誉文学博士和十六万美元高薪并赠价值四千美元的书籍邀他与夫人短期讲学，半年授课时间只有八个小时，他却辞谢不干；1984年法国政府以其对"中法文化交流的贡献"，拟授予他勋章，他"因自忖并无这方面贡献，不敢冒牌"，坚辞不从；英国一家老牌出版社想以重金购买他写满批语的英文大字典，他坚决不卖；美国好莱坞片商与他签下《围城》摄制权，多次邀请他与夫人做客观光，他摇头不去，声明不挂空名，不做监制，谢绝采访。

　　他对于世事常抱漠不关心的态度，尤其是名利纷争，许多事情，他都不置可否。前几年，有人曾将某名人前妻回忆录寄给钱锺书，希望他发表意见，他复信云："××之争，曲直昭然……仗义主持公道，先生之志则大矣，先生之事则不可。"①

　　1987年，正逢钱基博先生诞辰100周年，华中师大召开纪念会，《华中师大学报》特设《纪念钱基博先生诞生百周年专辑》，给钱锺书去信，希望得到他的同意与支持，请他光临纪念会，钱锺书没有回音。连去几封信后，钱锺书才回信表示答谢，信中说："奉读惠函，不胜惶悚，前叠得彭祖年先生来信，道追念先君事，为人子者感刻心骨。而七月以还，疾病缠身，迄今五旬，尚未痊可。痰嗽失眠，心身俱惫，以是迁延未能报命。尚乞垂体下情，许其免役。"钱锺书这种精神是难能可贵的，他对华中师大同仁为纪念他父亲而编写纪念文集并不热心，事实上他也从未发表过纪念父亲的文章，这充分说明了他对名利的淡漠态度。同时，他对当前流行的各种巧立名目的纪念会也深为不满。他在给华中师范大学友人的信中曾说过自己不参加这种会的原因：

① 吴忠匡《记钱锺书先生》，《中国文化》1989年4期。

……盛谊隆情，为人子者铭心泼髓，然窃以为不如息事省费。比来纪念会之风大起，请帖征文，弟概置不理。今年无锡为先叔父举行纪念会，弟声明不参预。三不朽自有德、言、功业在，初无待于招邀不三不四之闲人，谈讲不痛不痒之废话，花费不明不白之冤钱也。贵乡王壬秋光绪九年日记载端午绝句云：'灵均枉自伤心死，却与闲人作令辰。'慨乎言之，可以移咏流行之某某百年诞辰纪念会。

钱基博故居照片

　　后来有一家出版社准备出版钱基博的《现代中国文学史》等著作，写信征询他的意见，请他作跋。他复书云："先君遗著有独绝处，然出版尚非其时，数年后必有知者，其弟子辈尊师而无识力，急求刊行，弟于此事不敢置可否。"也婉言谢绝了。

　　但对于学术研究上的是非他绝不含糊。对青年人有价值的学术论文，钱锺书与杨绛总不遗余力地推荐。学术界有些人物也像官场上那样党同伐异，一手遮天，压制别人的学术成果，钱锺书以"诗蛆"斥之。许多人以谈新理论、新方法、新思潮为时髦，钱锺书说有些人对西方的新理论与创作方法"不懂装懂，在报刊上行骗，时间也不会太长"。

　　《管锥编》的出版与《谈艺录》重印，在中国的学术界产生了轰动性的影响。人们面对着融古今中外多种语言为一体的博大精深的学术巨著，望洋兴叹。《围城》《人·兽·鬼》的重印，给钱锺书博学鸿儒的风采上又添了更迷人的一笔，文学青年也佩服他，钱锺书终于被骄傲无知的现代人"发现"了。是金子，总会闪光的，即使是被埋没多年，仍不会失去它的光泽。我们埋在历史里的金子，常常要等到国外的人挖掘拂拭之后，才知道是自己家中之宝。人情贱近而贵远，钱锺书由国外而"引进"，这是人生的讽刺。

　　早在20世纪60年代初，夏志清那本很有名的英文著作《中国现代小说史》就由美国耶鲁大学出版了。在这本著作里，他对钱锺书列专章论述，给予相当高的评价。不管夏志清的政治观点如何，也不论他在理论上有何缺陷，他对现代文学独到的评论和坚持自己观点的勇气是非常可嘉的。夏志清对他这本著作最引以为自豪的就是发现了钱锺书、张爱玲、沈从文等之前在大陆不被人注意的文学家的价值，事实证明，他的发现没错，现在已经基本得到公认。继夏志清后，水晶受夏志清的影响对钱锺书的小说非常重视，写了一些有关的研究文章。水晶在1971年夜访张爱玲时，曾询问张爱玲对钱锺书《围城》的意见。

到20世纪70年代末，美国人对钱锺书的研究多了起来，出现了许多有价值的专著，特别是美国学者写的三篇颇有影响的博士论文对钱锺书的文学和学术成就给予了充分的肯定。胡定邦的博士论文中有一部分是探讨钱氏的，题为《从语言——文学角度探讨钱锺书的长篇小说〈围城〉》，用现代西方语言学的理论分析钱锺书小说的比喻、象征以及对文学语言高超的驾驭能力。胡志德对钱锺书做过专门的研究，1976年发表《钱锺书〈围城〉中的中国小说传统之阐释》的长文，1977年又出版了长达370多页的博士论文《传统的革新——钱锺书与中国现代文学》，对钱锺书的小说、书评以及理论文章做了全面的论述。这位年轻的学者搜集阅读了所能见到的钱锺书的大部分著述，观点也不像夏志清那样偏颇。1982年，胡志德的最重要的著作《论钱锺书》被列入世界上极有名的大型作家丛书"泰恩世界作家丛书"第660种并在美国波士顿出版。这是第一部有关钱锺书的评传。

美国另一位中国文学研究专家耿德华的《被冷落的缪斯——1937年至1945年上海北京的中国文学》（印地安纳大学出版社1979年版）也是一篇博士论文，是耿德华最负盛名的作品。他把沦陷区时代的钱锺书、吴兴华、张爱玲、杨绛等作为反浪漫主义的作家论述，肯定他们在中国现代文学史上的地位和独特成就："在他们的作品里，没有任何理想化的概念，也没有英雄人物、革命或爱情。取而代之的是幻想的破灭，是骗局的揭穿，是与现实的妥协。高潮让位于低潮，唯情让位于克制、嘲讽和怀疑，机智代替了标语口号。"这是非常有见地的评价。他的《二十世纪中国戏剧集》还收录了杨绛的剧作。

在德国，波恩大学女汉学家莫妮卡·莫芝博士专门致力于钱锺书的研究，写过系列研究论文。她的中国文学造诣远在其他西方汉学家之上，对中国文化尤其是诗学有深入的研究。1994年出版了研究专著《〈管锥编〉——

从钱锺书的〈管锥编〉到对杜甫的新观察〉，钱锺书曾为之作序。

意大利汉学家、罗马大学教授朱利亚诺·白佐良对钱锺书著作中涉及的意大利文学非常感兴趣。1985年他看到《管锥编》，更深感兴奋。他在意大利《中国》月刊1986年第1期上撰文说："这些篇章中涉及的不只我们的许多大作家，较小的作家，甚至还有许多我们很陌生的作家，如瓜佐、卡萨布里、格拉夫、卡达雷利、布朗卡蒂、布鲁诺、利皮、乌贝尔蒂，另外，还涉及一些批评家和历史学家，如卡雷蒂、马佐尼、普洛温察尔、英布里阿尼和其他人。钱的博学多才使他得以谙熟我国文学的原著，这使我们深感兴奋，也弥补了在中国出版的（包括最近出版的）意大利文学、历史、哲学作品仍然从英文转译的缺陷。"他对《管锥编》艰深的文言和引据的经史子集的内容自然很难完全读懂，单就这本巨著和《旧文四篇》、《宋诗选注》中引用到的意大利文史哲方面的内容，就足以使他惊喜着迷了。

此外，苏联的艾德林、符·索罗金、李福清，日本的荒井健和中岛长文夫妇以及已故的汉学家小川环树，对钱锺书著作的译介都很有力。西班牙汉学家Taciana Fisac翻译了《围城》，译本名*La Ciudad Sitiada*，在巴塞罗那出版。国外的译介当然还不止这些，实在无法一一列举。

在我国港台地区，钱锺书的名字几十年间并不陌生。他的《围城》在台湾地区几十年虽列为禁书，但禁而未绝，还是有人能通过各种渠道看到，钱锺书的著作后来也一再在台湾地区重印。

钱锺书的女儿钱瑗也是一个著名学者，生前是北京师大外语系教授，惜英年早逝。她的英语很好，但在大学读的专业是俄语，除了20世纪50年代初的时代原因外，再一个原因，也是为了避免别人说她的英语学得好，是靠父母帮助。她本来也想让父亲帮忙，有不懂的地方向父亲问一下了事，但她的父亲并不这样，而是要女儿自己学习，不让她养成依赖心理。钱锺书最不喜欢那些自己不读书，靠道听途说的人。有一次她看书遇到一个怪字，查了五本字典都没有找到，便去问父亲，父亲却问她，"你为什么不查第六本？"边说边给女儿一本大字典让她去查，结果那个字还真的在那本字典里。从此，钱瑗看书遇到问题，总是自己查询、解决。

当然，做女儿的也会"报复"父亲，钱先生偶遇一俄文生词，问女儿是什么意思，女儿说："我给你一本俄语字典，你自己查吧？"钱锺书没学过俄语，不可能轻易查到，钱先生明知女儿的用心，却毫无办法，只能再等别的机会"回报"。

钱锺书对女儿的学习虽然要求严，但在家庭里却十分民主，这一点与他的父辈们不一样，因为他是受过西方教育的人，没有那么多封建家长作风。钱锺书和女儿常常"斗嘴""斗心"开玩笑。杨绛在《记钱锺书与〈围城〉》里生动地描述过钱锺书夫妇和女儿的亲密感情。钱瑗在报纸上看到某某学会成立的报道，其中提到钱锺书先生"特意打电话祝贺"。她明知实情，偏偏取笑父亲说："你是什么时候偷偷学会打电话的。"原来钱先生不会自己拨电话，所谓"电话祝贺"一事，其实是那家学会的某某人士打电话给钱先生，邀请他参加，钱先生谢绝时顺便说了一句"祝贺"的话，等到报道出来时却成了钱先生给该学会打电话祝贺。

钱锺书对社会上的"钱锺书热"置若罔闻。杨绛和钱瑗对钱先生的文稿、书信、笔记等很珍惜，觉得应该好好保存下来，便建议将一些手迹复印。钱先生觉得她们母女俩太麻烦，对女儿说，"你是不是也想赚我这个钱啊。"现在社会上有不少人靠钱锺书吃饭，他的著作常有盗版，有人甚至捏造出有关钱先生的故事，伤害钱先生的名誉。作为女儿，钱瑗却从来没有写过父亲，钱先生也最不喜欢别人写他。

钱瑗和父亲一样，钟情于书。1990年，她作为世界银行贷款高级访问学者，回到她的出生地、也是她学习过的英国，在纽卡斯尔（又译新堡）大学任客座教授。她给父母寄的生日礼物就是书。钱锺书也利用这个机会让钱瑗给他买书。钱锺书开的书单是分好类的，有"最好买""可以买""可以不买"等。钱瑗当时的生活费用并不宽裕，英国书价又很高，但她最了解父亲的心理，把那些"可以不买"的也买了下来。钱锺书非常高兴，说："看来学语言学很有用啊，连deep meaning（语言学术语"深层意义"，与"表层意义"相对）也能看懂了。"其实，钱锺书自己也是很懂语言学的，他引用的deep meaning这个术语，就是现代结构语言学奠基人索绪尔提出的。①

---

①李嵬、祝华《钱瑗和她的父亲钱锺书先生》，见《一寸千丝——忆钱锺书先生》，辽海出版社1999年4月版。

钱瑗的身体不好，常常生病，小的时候有时因病不能上学，这成为父母最大的心事。父母亲常跟她开玩笑让她开朗乐观起来。解放前，钱锺书放弃到英国去教书，一个重要的原因，就是女儿的健康，他认为伦敦的气候不适合。1995年后，钱瑗重病住院，父亲也长年卧病，杨绛一个八十多岁的老太太，既要看女儿，又要看丈夫，两头奔波，有时自己也累得生病住院。

甘添白发守校园

钱锺书与钱锺韩，一个在北京，一个在南京。年迈之后，他们见面的机会很少，有时偶尔通个电话，问问情况。他们兄弟分散在四面八方，有在上海，有在西安，有在武汉，很难见面，但他们都在各自的岗位上为社会贡献着自己的光和热。

钱锺韩是中国科学院院士，原江苏省政协主席，东南大学名誉校长，但他不恋高位，几次要求辞去省政协主席的职务，让年轻的同志上。退下来以后，他仍在孜孜不倦地从事理论研究，还经常指导青年教师，或为学生修改稿子。如一位博士生准备投向国际年会的论文稿，请他审阅，"一份长达30页的外文打印稿上，一处处用黑铅笔和红钢笔的改动分外引人注目：有的长数行，有的是几个单词，有的只一个字母、一个标点。文旁有多处眉批，文末还有圆珠笔密密麻麻写着的13条总意见。那清晰有力的字体，数百处一丝不苟的修改，无不表明修改人为之付出了艰辛的劳动[①]"。

有一篇文章说："无论过去，还是现在，钱锺韩一直把自己看成一个普通的教师，1983年，他还是南京工学院的院长，夜大招生归他主管。偏巧，他儿子报考，分数比录取线低了一点，有人提出照顾一下，钱锺韩坚决反对：'大学是为国家培养人才的地方，我个人怎么能够特殊？'他调省里工作后，行政关系一直留在学校。办公室的同志多次劝他转到机关，看病或者办什么事都要方便些。他总是摇头，'我现在这样，也很方便的。'前些年，有关部门动员他搬进一座独门独院的小楼，可他坚

---

①毛荣方《记原江苏省政协主席钱锺韩教授》，《钱锺韩教授文集》，东南大学出版社1994年版。

甘添白髪守校园
喜看桃李已竞妍
年勤志却余晖短
奋挥毛笔描尧天

八十抒怀　钱锺韩

钱锺韩先生八十抒怀

持：'还是住在学校里习惯'，硬是不肯挪动。如今，他仍住在三十年前学校分给他的一套旧房里。多年来，老夫妇俩一直和儿子、女婿们挤住在一处，供他们夫妇起居、读书的只有一个14平方米的房间。夜晚，儿孙们都回来了，房间里电视声、谈笑声交织在一起，十分热闹。钱老和一家人聊一会儿后，就又回到他的小天地里，一张泛着暗红色光亮的旧书桌前。"

　　自从担任省政协主席后，他就有了专车。可他公私分明，平时看电影、看戏，家里人来客往，办什么事情，从来不肯要车，也不要司机帮忙。有一次，家里的电冰箱坏了，他让儿子用小板车拉去修理。司机不解地同，为什么不找他用汽车拉一下？钱老笑着回答："这是我个人的事，哪能去找您呢！"

　　省级机关对老干部们有些照顾。寒冬将临，行政部门的同志照例要上门装煤炉，然而他们发现，每年钱老自己早早就装好了。旧管子有洞，他用纸糊一下，却不向机关开口。夏日炎炎，素有火炉之称的南京已有不少人家装上了空调，机关也为老同志作了安排。有关同志登门征询他的意见，他连连摆手："不行！不行！学校用电已经紧张了，我要装上那玩意儿，老师们不更要遭罪了？"他担任领导多年，喜欢动手搞电器仪表装修的习惯一直没变。他家朝北的一间小房里有张小方桌，那是他的工作台，上面用旧饭盒装配起来的电流测量表、在半导体外壳上改装的稳压电源，还有利用纸盒搞起来的正弦波发生器，都是他这几年制作的。即使到外地出差，他也喜欢随身带一些工具，发现哪里电器有毛病，随时修理。凡他住过的房间，收音机、电视机总被调修得好好的。

　　1989年钱锺韩从省政协主席岗位上退下来了。从此，除了整理自己一生的教育、科研思想和经验外，他把相当多的精力放在指导青年人的学业上。一些中青年教师有比较重要的题目、文稿，都习惯找他请教，送他

丹桂满庭芳——无锡钱氏家族文化评传

182

修改、把关。他对所有的来者都欢迎，从文章的内容到表达方式乃至单词、标点，他都一一指点、修改。人们说他是"义务的编辑兼校对"，他则乐呵呵地说："这是一个老教师的本分嘛！"仅他亲笔修改的外文稿就有十多篇。

他说："一个知识分子应该把学习活动作为自己生命的一部分，不断扩展自己学科领域的广度和深度，并不断煅炼和提高自学能力。"几十年来，他正是这样身体力行，博学广取，潜修深研，打下了雄厚的理论基础，积累了广阔的科学知识。每当学校里需要开设新课程而没有合适的教师时，他总是自告奋勇，乐于改行，而且认真备课，融会贯通，善于从邻近学科的角度来提出问题和说明观点，教学效果很好。当有新教师来接替他时，他总是毫无保留地把自己编写的讲稿送给刚任教的教师参考，帮助他们提高，逐步形成了一支富有特色的学术梯队。

钱锺韩一生献身科学，不求闻达。他几十年如一日，只要学生、同事或工业界同人向他请教同题，他总是立即放下手中的工作，热情接待，并不厌其烦地给予详尽指导。有时为了讨论某个学术问题，他能写出上万字的讨论意见，送给别人。他先后帮助别人解决了十多个电力和自动化系统中的重大问题，但他从不求名图利，他的创见和成果常常在别人的论文中和著作中首次发表，他不仅不计较，反而为同行队伍的日益壮大而感到高兴。学生谈起他都说："在我们的成长过程中，凝聚了钱先生的辛勤劳动。"前电力工业部的游景工程师现已成为计算机仿真和控制工程领域有名的专家，亦经常称颂钱先生对她的教诲和毕业后对她连续二十余年的"跟踪指导"。

钱锺韩所作的《贺顾一樵前辈九秩大庆》云："昆仲五博士，梁溪称望族。绛帐遍中外，乡思寄词曲。伉俪酬诗画，双修绝尘俗。盛德臻上寿，霞觞共遥祝。"（载《东南大学校友通讯》第四期，1991年12月。）这诗倒很像他自家——整个钱家的写照。

为霞尚满天

钱锺书昆仲辈目前健在的仅钱锺鲁与钱锺泰兄弟二人。钱锺鲁是我国著名的机械专家。1990年，没有留过学的他在退休后又到美国做研究工作，全是凭着自己对专业的浓厚兴趣。他在博客中记录了这段"留学"经历：

后来由于种种原因，出国留学梦一直未能得到实现。我的兄弟都曾留学深造，并成为国际学术界有一定影响力的专家。大哥钱锺韩是留英培养的电机工程师，一级教授，后来是中科院院士，自动控制专业的高级专家；三哥钱锺毅是留美的土木工程博士，同济大学三级教授，桥梁建筑工程技术专家；大弟钱锺彭是留苏培训的电力工程高级技术专家，西北电力局总工程师；小弟钱锺泰是留苏培养的微电计量研究员，曾任中国计量院副院长，全国劳动模范。与他们相比之下，我是"边干边学"在中国经济建设发展中成长的技术专家，虽然曾参加和组织过坦克及发动机工厂设计和产品开发重大项目，积累丰富的实践经验，但在数学基础和理论方面还有一定差距，特别在计算机技术更是一个缺口，一直期望能有机会再过过大学生活，补上一课。在退休前我未有机会能圆上这个深藏在心中的梦，看来终生已难于实现，总是一件憾事。

1990年访美的意外收获，是收到了威斯康星大学访问学者邀请信，圆了我长久期待的出国留学梦。在国外开始新的大学生活，时间长达七年，实是我前所未料的，这段美好的留学生活，确是我重新焕发青春，值得怀念的岁月。1990年我参加美国底德律CROSS总公司中国专家培训团期间，抽空到威斯康星大学访问，参观了发动机研究中心，美国一些大工业公司重大远期开发性项目，都在此中心作为研究生课题，进行探索试验。我还访问电机和计算机系，参观了微机与生物电子工程专业实验室，并与汤姆金斯教授（Prof Willis J.Tompkins）座谈。汤姆金斯教授对我从事的自动加工系统技术和丰富的工程实践经验感兴趣，认为如有可能到大学从事理论研究工作，威大可发访问学者邀请，并可在学校免费听课，使用电控实验室和学校图书资料。汤姆金斯教授是美国微机控制系统的理论和研究方面权威人士，实际应用在生物电子和医疗机械开发研究，培养了一批中国博士生，并得到如西门子、尼古来仪器公司等国际大公司资助，从事新的生物电子工程开发研究课题。他的微机系统设计和应用课程，不仅在学校教室直接讲授，并通过卫星通信向德国和日本大学生播放授课，每年寒暑假，还到德国和日本大学亲自指导。关于计算机和微机控制理论是我的缺门，如利用这机会能补上一课，对将来进入更高科技领域创造条件，这是一个意外而难能可贵的机会，切不可轻易放过。我为了专心学习，没有接受学校资助，完全自费，这样学习活动比较自由。我在学习期间，克服重重困难，坚持不懈，一个七十岁中国白头老翁坐在第一排中间听课记笔记，周围都是年轻学生，在课堂中显得非常特殊。二年艰辛学习，我从未脱课，即使在下大雪零下二十度气候，我还坚持站在大雪地里等候乘公共汽车准时到学校上课，因此得到教授的好印象。我坚持两年听课和理论学习，为今后进入高科技领域打下了坚实基础。我将学到的微机控制系统设计和理论应用在两个新技术领域：发动机废气排放控制技术和系统开发，及汽车零部件数控加工技术研究，引起大学合作单位浓厚兴趣，予以很高的评价。他们与威大联系，希望我能留美进一步合作从事这方面研究开发，将有利于环境保护和新的加工技术发展，因而威大正式聘请我为电机计算机系研究员，很快申请美国新闻处、劳动部和移民局批准工作签证，成为威斯康星大学正式工作人员，前后工作了七年。在这七年中，汤姆金斯教授一直是我的指导教授，不仅在学术上对我辅导和帮助，而且在工作上给予最好的条件，后来他任电机计算机系系主任期间，还在新的威大工程新楼为我提供专用办公室，工作条件更加方便。在这美丽的威斯康星大学城，我不仅重温大学梦，而且在威大工程楼有自己的办公室，参与一些重大的学术活动，确是我以前做梦也想不到。

钱锺泰是兄弟中最小的一个，和长兄锺韩差了二十四岁，差不多是两代人。解放时，他正在上初三，初中毕业考入无锡辅仁中学。1949年12月加入新民主主义青年团。抗美援朝战争发生后，国家号召知识青年参加军事干部学校，他是1951年1月第一批参加的，分配在杭州笕桥航空第四预科总队。一年后（1952年）因健康等原因复员。这是他生活中极为重要的一步，军干校这个革命集体教会他比较独立地管理自己，在这里，他学习了社会发展史和中国共产党史等初步的革命理论，经历了劳动锻炼。

复员后和辅仁中学联系复学，这时他的同届同学已在上高三下学期，他希望插班和同届同学在一起。学校的回答是，他是高二上学期离校的，按教育局的规定，复学必须从高二下学期开始。同时告诉他，当年大学招生人数将超过高中的毕业人数，如果他有把握在半年时间内自学完一年半的高中课程，可以以"同等学历"考大学。虽然他父母和二哥锺汉都希望

钱锺鲁先生一家三代合影（后排：钱祥汝　钱敏汝　葛效国　钱汝象　石莹　前排：钱丽丽　钱咪咪　陈霞清　钱锺鲁　葛小轩）

他正规复学，但他选择了自学的方案。他将团组织关系转到了高三原班级，在半年内自习了高中一年半的教科书，做了数学书上全部习题。在大学统考时，考入南京工学院电机系，这是他的第一专业志愿的第二个学校。他报考的第一学校是上海交通大学，他的哥哥和姐姐大部分是交大的高材生。没有考上大哥读书的学校，却考上大哥教书的学校，遗憾中也有欣慰。在家里自学是他人生第二个重要抉择，使他有机会抓住以后的很多机遇，并养成了认真的学习态度，在以后的学习中，他总是有独到之处。但他也不是没有缺陷和遗憾之处，这就是需要死记的一些学习内容花力气不够。他是兄弟中唯一没有把英文学好的人。

钱锺泰在南京工学院学习了一年，他的大哥钱锺韩当时是南京工学院的副院长。那时大学招收的都是本科生，国家经济建设急需人才，希望有部分学生转入专科专业，钱锺泰就是转入专科专业的一个。他学习的专业是工业企业电气化。他在班里担任过总课代表、团支部委员等职。他的班级是当时南京工学院先进班级，给他留下了良好的印象。第二学期时，国家在高校一年级和高中应届毕业生中选拔留苏预备生，他报了名，并作为南京工学院保送的60人之一，参加了在上海交通大学进行的选拔统考。考题是大学本科的学习内容，但在南京工学院保送的60人

本书作者与钱钟韩钱锺泰

中，录取了13人，其中有12人都是专科生，他是其中之一，本科生仅有一名。 1953年秋到北京俄语专修学校学习俄语一年，遇到很多上海交大或哈尔滨工大的学生，得知他们几乎是保送一个录取一个。后来交大的学生告诉他，在考试前学校为他们组织了辅导，辅导的练习题和后来考试的题是同一类型的。这大概是名牌学校统考录取率高的原因之一。在俄语专修学校时，每个月有30元的津贴，其中的17元用于伙食，13元发给个人，从此他不再向父母要钱。

1954年秋钱锺泰出国到苏联列宁格勒加里宁工学院留学，专业是电机系"电气测量与仪表"。他认为这段留学生活是他一生中最愉快的时期。生活和学习条件比较有保障，由于没有名利之争，他与中国及苏联同学的关系都很融洽。他一心学习，深受苏联老师的器重。当时中苏分歧还停留在两国高级领导层内，苏联人民对中国留学生是极其友好的。1960年2月，他毕业回国，火车到达北京站时，正在广播《列宁主义万岁》一文，从此中苏分歧公开化了，两国关系急转直下。

回国后，他分配在国家计量局电学处（1964年改为中国计量科学研究院电磁处）工作，一直到1996年2月退休。他是国家计量局第一个留苏学生，使他在计量院和电磁处有着某种特殊的地位。1964年他是国家计量局少数几个提升为工程师的人之一，在20世纪80年代以前，他是电磁处一百多位工作人员中唯一的一位工程师。虽然在1985年以前他并没有担任什么行政职务，但他在电磁处一直是一个有影响的人物。

钱锺泰比较幸运的是，包括"文化大革命"的历次政治运动，都没有严重冲击到他，这在他的家族中是唯一的。他认为主要原因是当时他不在领导岗位，因此不是运动的主要冲击对象。另一方面，当时他的思想是相当左的，他律己甚严，也难免伤及旁人，但比较实事求是，从不以整人为目的，因此大多数领导和群众对他比较谅解和信任，由谅解到某种程度的庇护，由信任到某种程度的器重。领导和群众的这种庇护和器重对他起了极大的保护作用。他心中非常感谢大家并努力不辜负这种谅解和信任。

别人说他头脑快，他认为自己是反应慢的，总是反复琢磨问题，慢慢地就把问题想清楚了。如果同一事件多次重复，他就能预见到事件的发生并事先准备好对策。别人感到他反应很快，其实他对同一问题不知想过多少次了。对问题的认真和反复思考使他对事物有较深入和异于常人的理解，他对事物的记忆是凭借它们之间的联系，在技术和政治上都是这样。他认为自己智力不过是中等偏上而已，很多事都做不到最高水平。

"文化大革命"结束后，由于形势的需要，钱锺泰作为国家计量局各方面领导都能接受的人物，1978年被推选为第五届全国人大代表，1980年被评为全国劳模，1983年任第六届全国政协委员，在担任人大代表和政协委员期间，他积极向国家反映我国计量工作的情况和要求。

形势发展把钱锺泰推向行政领导岗位。1983年他出任计量科学院副总工程师，1985年担任计量院主管计划、技术和财务的副院长。他认为自己在领导岗位上的工作不是很理想。主要是他没有担任过处一级领导，对应用行政权力不够熟悉，作决定时牵挂太多，不够果断；上下级关系处理得不够恰当，往往影响到决定的执行。他很快能了解到下级执行者对决定的真实想法，当发现他们不愿执行时，就换人或自己去做。不愿勉强人对普通人可能是一个优点，但对行政领导是一个重要的缺点。因为行政领导主要的任务是把握正确的方向和组织大家高效工作，只要一个决定利多于弊，就应坚决执行，有问题完成后再弥补；越是不愿意执行的越要督促，否则难以有行政效率。

钱锺泰担任过中国仪器仪表学会理事、顾问理事，电磁测量与信息学会副理事长，国家统计方法应用标准化技术委员会委员等职。

钱绳武堂的下一辈子弟也很杰出，如钱瑗（北京师大英语教授，已

丹桂满庭芳——无锡钱氏家族文化评传

逝），钱佼汝（南京大学英语教授），钱敏汝（北京外语大学德语教授），李越生（复旦大学物理系教授），石定果（北京外国文化大学文化学院副院长兼中文系主任），他们都曾在国外留学，获得学位，但没有一个移居国外，都回到祖国，报效社会。钱氏家族将推动更多的海外学子，在新的世纪为祖国更加壮大，为振兴中华民族做出新贡献。

钱绳武堂经历了一个世纪的风雨历程，它的第一代人钱祖耆，第二代钱基博、钱孙卿兄弟，第三代钱锺书、钱锺韩、钱锺汉等都已经成为历史，第三代硕果仅存的只有钱锺鲁、钱锺泰。绳武堂的后代也大都离开无锡，居于国内其他地方或海外。但钱绳武堂作为近代的文化遗产，得到保护重修，成为这个家族的中心。绳武堂不仅涌现出众多的文人学者，也集聚了清末民国各界名流，如革命先辈秦博古、陆定一、高山、章静波，文学大师唐文治、陈衍、钱穆、王蕴章，民族工商业的领袖荣敬宗、荣德生、荣毅仁、薛明剑、唐星海、唐君远、程敬堂，杰出教育家杨四箴、侯鸿鉴等，凝聚了无锡的人文历史，成为近代一个重要的文化符号。

绳武堂内钱锺书塑像

结语：绳武堂的启示

◎

回顾钱氏绳武堂的历史，我们可以看出，一个文化家族的家学家风，对于人才的培养，有一定的历史价值与意义。

钱氏家族与荣氏、薛氏家族不同，是单纯的文人家族，可以说是近代江南文人家族的一个代表。虽然钱孙卿先生执掌无锡商会多年，与无锡大大小小民族工商业打交道，但他本人并不是实业家，没有自己的企业，只是一个文人。正因为他没有自己的厂矿企业，才能够不偏不倚，没有私心，才能服众，才能领导商会几十年而人无异辞。钱家子弟也没有经商办实业的，基本上都是从事文科或理工科学术研究。钱孙卿本人虽然白天忙着商会事务，其他时间依然是读书做学问，仍然保持着书生本色。这样比较单纯的家庭氛围对于子弟们在学术上的追求倾向有着至关重要的作用。

首先，钱氏家族是一个有着良好旧学传统的文人之家，家教非常严格。家长有绝对的威严，甚至可以说是一个尊卑等级分明的家族。作为这个家族的长辈，钱基博与钱孙卿，在子弟的眼中是非常严格的家长，每个子弟无不敬畏。严父慈母，宽严相济，构成这个家庭严格与温暖的氛围。即使口没遮拦的钱锺书，可能在交谈中高傲自大，对父亲的学术观点持有不同的看法，但在父亲和叔父面前那毕恭毕敬，绝不敢有丝毫的"目中无人"。就是家庭中最小的一个孩子，钱锺泰从小受到比兄长多的"宠爱"，他出去留学时，父母年事已高，比较独立了，但在长者面前，绝不敢有一丝放肆。钱锺汉已经做了无锡市副市长，在父亲面前连烟都不敢抽，可以想见孙卿先生治家之严。严格的家教，使钱家子弟养成了良好的敬畏家长的性格，这种敬畏，使他们在为人处事方面极为谨慎，哪些可为，哪些不可为，非常清楚，不敢胡作非为，这是保证成才的大环境。钱家家教严格，但并不专制。基博、孙卿兄弟都是"望之俨然，即之也温，听其言也厉"。（《论语·子张》）他们对于孩子们的学业方向却是相当开明的。禀赋与个性各有差异，各有各的倾向。钱基博是研究国学的，钱锺书学的却是外国文学，钱锺纬学的是金融，锺韩兄弟几个学的都是理工，每个人各不相同，而都得到家长的支持。营造严格的教育与个性发展的宽松的家庭环境，对于子弟的成长无疑是极为有利的。

其次，清廉简朴。这是中国读书人的优良传统。钱家虽非家财万贯，但不至于贫穷，钱祖耆要求家中不能有剩饭，家里人吃饭有一两粒米落在地必须捡起来吃掉。钱基博一辈子做教授，月薪很高，除买买书籍字画，就是资助别人，银行没有存款。钱孙卿作为无锡商会的会长，管理全市大小所有民族工商业，家庭经济自然不会差，但更像一介书生，每天除了公事，其他时间都是看书写作。1978年，"文化大革命"中冻结的财产解冻，钱孙卿的所有遗产除了房子，只有3800元人民币。对于一个从二十世纪三十年代起就执掌无锡民族工商业的商会会长，这简直不可思议。说到底，钱家仍旧是一个书香门第，保持有良好的家风，在这个家族，世代无纳妾、离异现象。在钱锺书父辈的大家庭中，家里根本不见金银饰物及化妆用品，无赌、嫖、嗜酒等恶习。家人唯一的嗜好就是看书。可以说钱家每一个子弟在家中就是看书。钱锺泰说："家里就是书多，其他什么娱乐也没有，只有看书，没完没了地看书。"

再次，长于言传身教，应该是钱家的又一个风尚。子女在家，要汇报读了哪些书，有什么心得，如果在外，那就要定期写家书汇报自己的情况，子泉先生或孙卿先生都会及时用工整的楷书作复，进行教育，严中透露出父爱。尽管他们很忙，但写信是必须要做的功课，而且极为工整耐心。钱锺书在北京，在昆明，在蓝田，每每离开父母，都会不时书信问安，子泉先生也会极认真地不厌其详地作复，谈人生，谈学问，谈家庭，循循善诱。

这本来是中国家庭的家教传统，但西式教育普及后，此风渐灭。钱家子弟还保留着一些家书，如钱锺韩先生收藏父亲孙卿先生家书多封，每封信都很工整，没有一字潦草，可以说是极好的家庭教育材料。在清末民国，西学普及以后，一时间科学救国、实业救国成为一种风气，青年人从事理工科学习的人多了。钱家就是这样有旧学根底，同时又能适应潮流的一个文化家族。

第四，以读书为乐，淡于名利。这是从钱基博、钱孙卿就养成的风气。对于当官、发财不太积极。平时的兴趣主要就在于读书治学，努力工作，较少有做官之心。在钱家子弟身上这种家风尤为明显。出了众多专家教授学者，但没有纯粹的官员。虽然也颇有几个地位很高的官如钱锺书、钱锺韩，那都是"学而优则仕"，是因为业务突出而被委以"高官"的，都不是实权部门，大多是全国政协委员。钱家子弟中政协的"闲职"多，特别能说明问题。

当然并不是说钱家所有家学家风都很好，任何一件事情都不是绝对的。有传统中国家庭的优点，也不可避免地带有家长式独断独裁的特点，缺少新式家庭民主平等和谐的气氛。还有，可能受"万般皆下品，唯有读书高"的影响，钱家人读书都很好，但很少做家务，很少下力气，生活自理能力不是特别强。不愿让子弟经商做实业，只一味鼓励他们读书，虽然成绩都不错，但相对来说生活自理能力比较差，当然并不都像钱锺书那样极端，钱锺书只是一个特例。

钱家父辈的观念是偏于保守的，比如在解放前夕，许多人都选择了到国外，而钱家在国外留学的子弟众多，但无一例外回国。这种爱国的行为当然值得称赞，但在学术上，特别是自然科学上的发展受到较大的限制，不停的政治运动，非常简陋的条件，缺乏更高的平台，视野不够开阔，在学术研究上受到很大的限制。

文化世家的传承取决于多方面的因素，钱家的第三代如钱瑗、钱佼汝等仍然在文化上有一定的影响，但时代在变化，传统的家族文化观念在改变，现代学校教育体制使传统的家学不断瓦解，已近乎荡然无存。钱家的文脉能延续多久，能不能再出现众多专家学者文人大师，要等待历史的答案。

后记

◎

　　这本小书以无锡绳武堂钱氏家族为个案，记录这个文化家族人才成长的历程，意在展现近代传统国学家庭在西方文化影响下的变化，看一看家庭影响下他们的成才之路，旨在对今天的人才培养提供一些借鉴意义。以钱基博、钱孙卿与他们的长子钱锺书、钱锺韩为重点，穿插叙述家族其他人物。有些人事写得比较少，一则因为内容相对次要，有的也是限于史料，故而较简略。由于人繁事多，叙述头绪多，不容易驾驭。特别是一些地方性的史料不容易查找核实，深感不顺手。感谢东南大学档案馆、无锡市档案馆大力和无私的帮助，也感谢钱氏兄弟如钱锺韩、钱锺鲁、钱锺泰先生的指谬匡正，钱锺韩的孙女钱楠楠女士也通读了书稿，并提出一些修改意见。更希望广大读者和有关人氏能给予批评指正。

　　钱锺韩先生已于2002年仙逝，抚卷沉思，更加怀念这位德高望重提携后辈的老先生，剩下点余墨，作为对锺韩老的纪念吧。

　　二十多年前，我在《江苏高教》杂志社作编辑，负责一个栏目叫"名家谈治学"，先后发表过老一辈学者陈嘉、钱仲联、戈宝权、施士元等先生的访谈。有一次我异想天开，想写一篇关于钱锺书先生治学的文章，因为上大学时就把《围城》看了好几遍，还不揣冒昧地给钱锺书先生写过信。读研究生期间看了他的《谈艺录》《管锥编》，实在太崇拜钱先生了。1987年到社科院访学，在文学所办公室找专家学者的联系方式，记得那个通讯录第一个就是钱先生，我赶快抄下来，一个好心的老师告诉我："想见钱先生啊？你来得巧，钱先生就在那边某个办公室，你快去吧。"我赶过去敲开门，钱先生出来站在门口探出头来，我结结巴巴说了几句崇拜仰慕的活，说我们学校的吴奔星老先生介绍我来的，钱先生说他和吴老"神交已久"，说了几句，钱先生说有事以后可以书信联系。一年后我作了编辑，就一直想研究钱先生的文学创作与学术方法，我搜集了我所能够看到的资料，就着手写了，写着写着，竟有两三万字了，就想把它写成一本书，我给钱锺书先生写了一封信，说我想写一本研究钱先生治学历程的传记，还说我跟周振甫先生通过两次信。没几天，钱先生就回我一封信。说："庆茂同志，得信不胜遑愧。我的东西不值得你们研究，国内外许多人向我提出类似的要求，我都一概谢绝了，恕我不为你破例。对于你们寄来的东西，不论是毁是誉，我除了表示感谢之外，也一概不发表意见。"我兴奋了好几天，就大胆地写起《钱锺书传》了。初稿完成后，正好东南大学校办的闵卓老师写了篇钱锺韩先生教育与治学的文章，我就请闵老师介绍，拜访了钱锺韩先生，把我写的十来万字的初稿带去请锺韩先生提提意见。现在想起来当初真是大胆胡闹，我手写的稿子东补一点西删一点，字又写得很不工整，竟然这样就拿过去了。

没想到钱锺韩先生爽快地接收下来。我把我对钱锺书先生崇拜以及钱先生的回信的事说了一下，说主要是对钱锺书先生的学术感兴趣，想通过传记总结钱先生的治学方法。锺韩先生马上说："方法是为愚笨的人准备的，只有愚笨的人才需要方法，天才不需要什么方法，钱锺书在文学上是有特殊的天赋的，而不是得力于什么方法。"说得我一时语塞，我真佩服他分析问题的犀利。我正好就此请教钱锺书读书学习生活上的有关问题。这真是找到了最好的采访对象，从童年到高中毕业，与钱锺书接触最多形影不离，对他最熟悉的人无疑是锺韩先生了。锺韩老为我讲述了他从小与堂兄生活学习的经历，讲钱锺书天才的种种表现。他很谦虚地说自己比较笨，家里有这么个天才，日子不好过。所以逼着自己舍弃父辈所喜欢的文史，转向理工。因为自己笨，在学习工作中特别注重研究解决问题的方法。第一次谈话就谈了整整一个下午，到天完全黑了我才告辞。

过了半个多月，钱锺韩先生打电话给我，说书稿看好了，有空来拿吧。锺韩老把我的书稿从前到后通改了一遍，有的地方写的密密麻麻，还用修改液涂来涂去。他还写了一份长达七八页纸的修改说明，详细说明书稿中存在的错误，修改的理由。老先生真是太严谨太认真了。

锺韩先生说：他前段时间到北京开全国政协会议，利用出差开会的机会抽空看我的稿子，给我修改的。他还跟钱锺书先生说了我写的书稿，认为写的还不错，很有可读性。钱锺书先生说：知道此事了，让他自己去找资料，你们不必为他提供资料，也不要说书稿经过你的修改。但锺韩先生依然还是给我认真修改了，我不知道该用什么语言表达我的感激之情了。

我的书稿交到江苏文艺出版社时，出版社已经收到北京一个作者写的同题的传记，经过比较，责任编辑认为我的这本读起来生动流畅，可读性较强，就选了我的准备出版，而把那份稿子退了。出版社有人作梗，我把钱先生的信给他们看，有人就给钱锺书写信问他不同意别人写他的传记，为什么同意孔某写。钱先生回信说，我并没有同意哪个人写。这人就拿这信来阻止出版。

这时候社里左右为难，责任编辑执意要出，我就同他一同再去拜访锺韩老。锺韩老说："书写的可读性强，很流畅生动，没有关系。"我弱弱地问一句："钱先生会不会不高兴，跟我打官司？"锺韩老开心地笑了："不会，不会！你是研究他的生平学术的，研究他也不必要经过他同意，况且他给你的信明确表示不反对。不反对也就是同意嘛。"一番话让责任编辑信心大增，顶住压力准备出版。

我那时很不通世故人情，书出版后，我只寄了一本样书，上面写"请钱锺书先生、杨绛先生哂正。"而江苏社科院的钟来茵先生在书店看到后，认为挺好的，一下子买了八本寄过去。钱先生收到后致信给我，说："我对大作拙著不感兴趣，且很反对。江苏文艺出版社有同志来信，我表示过我的态度，你也许是看到的，想来也是先斩后奏一下的。"他很感谢钟来茵的慷慨寄书。钱先生在致钟来茵的信中，说我奔走于锺韩先生和周振甫先生门下，借他们说项，并指出书中七八处人名地名时间的错误。钟来茵先生给我看了那封信，批评我"太小气"，"为什么只寄一本书？"我不是小气，而是幼稚，也不知当时怎么想的，反正就给两位老人寄了一本书。

《钱锺书传》出版后，那位书稿被退的作者，也写信给钱锺书先生，质问钱先生"说不同意别人写传，为什么同意南京孔某写？"连续组织了好几篇书评骂我。我后来又写了《钱锺书与杨绛》，一出来又被围攻，可谓"四面楚歌"。我不喜欢与人争辩，随别人怎么说，从不回应。钱先生后来觉得我是一个诚实的孩子，虽然有一些错误，但不像别人公然侵犯他的著作权，进行人身攻击。再后来两个钱学家，还有两个有权有地位的人，结合起来，给我施加压力。钱先生让助手打电话提醒我，说：你是一个老实人，但你的对手很有来头有背景，你要提防一点。我很感谢钱先生杨先生，说：我无权无位一个平民百姓，有什么关系。果然后来有电话找到出版社的，有找到我单位的，甚至打电话要单位调查我的。我才知道钱先生的提醒是很有深意的。

在我最狼狈的时候，锺韩老给了我很大的支持，我把报刊上的文章复印给他，他笑笑，说要换一种思考，任何批评都是有帮助的。他可能担心钱锺书先生对我有意见，特意给我一个"讨好"钱先生的机会。有次他拿出三张一寸大小泛黄的旧照片，说："这是1935年冬天我在牛津大学给他们夫妇照的，由于第二年我就离开英国了，后来一直夹在书里忘记了。你拿去翻拍一下，寄给他们一份。"我如获至宝，连续几天在照相馆请朋友帮忙复制。杨绛先生看到照片很惊喜，这是最能体现他们年轻时代风华正茂神采的照片，其中一幅就用作后来出的《钱锺书与杨绛》的封面。

我后来出的书都送给锺韩老一本，他每次都会认真地看，并提出修改意见。尤其让我感动的是我写的《林纾传》，跟钱家没有什么关系，他也给我写了详细"读后意见"。他是从小读"林译小说"长大的，能说出好多读过的书。可能林琴南特别引起他的怀旧感，有一个下午专门跟我讨论林琴南和"林译小说"，他说：写传记就是要还原传主的生活，了解他的为人，把握他的性格，挖掘他的内心，让人读过以后不仅像见到真人一样，更要把他真实的内心表达出来。他给我详尽地剖析林琴南的思想，林译小说的积极作用，林琴南晚年时落寞的心态。他不认为林琴南是顽固的守旧派，而是对中国传统文化面临西方文化入侵深切的忧患与捍卫，不能简单的一笔否定。

后来，我想把视野扩展到钱氏家族的研究，我发现，钱家子弟的成才，学校教育只占很小一部分，跟家庭教育则有很大的关系，父辈耳提面命的严格要求，频繁的书信往还，暑假时在家里开设的文史课，对他们的思想观念，处事方式、读书治学都有至关重要的作用。每次请教，锺韩老都跟我详细地谈。他说他自己性格与伯父最接近，一生受伯父影响最大。说钱锺书是跟父亲、叔父都不一样，是超于常人、特立独行的，我说：钱锺书文采是不是更像他的舅舅？他点头笑笑称是。他跟我谈到他父亲钱孙卿的晚年，说："他到晚年内心是非常痛苦的，他后悔当初劝说无锡实业家留在国内，结果这些民族工商业被公私合营，收归国有，这些实业家不仅家产被充公，后来还被不停地批斗。他觉得自己是一个罪人，对不起无锡工商界的朋友。"钱锺韩先生见解很深刻，又非常严谨，坚持自己的见解，又通过深入的论证和大量的例证支持自己的观点。这些对我都产生很大影响。

后来，锺韩老生病住院，我去看他，他每次都在看书。有次，钱锺泰先生来南京看望他，我接到电话，赶到省人民医院去。锺韩老已经非常消瘦，但见到久别的最小的弟弟，特别高兴，跟我谈起他们的家庭，谈他们兄弟之间不同的人生道路，还详细地跟我讲他的家庭优缺点……听着两位老人的谈话，我心头一热，眼泪差点出来。

过了不久，听到锺韩老去世的消息，我打电话给杨绛先生。杨先生很惊讶，详细询问了病情。杨先生叹口气说："锺韩人非常好，很稳重厚道，他跟锺书就差半岁，从小在一起，他们兄弟的感情比亲兄弟还近。"杨先生当天就写信给锺韩老的夫人，表达她的悼念之情。

十多年过去了，往事并不如烟，记忆依旧那么清晰，附于书末，聊表我的纪念吧。

孔庆茂
2013年9月9日五十初度

后记

197

钱氏家族简表

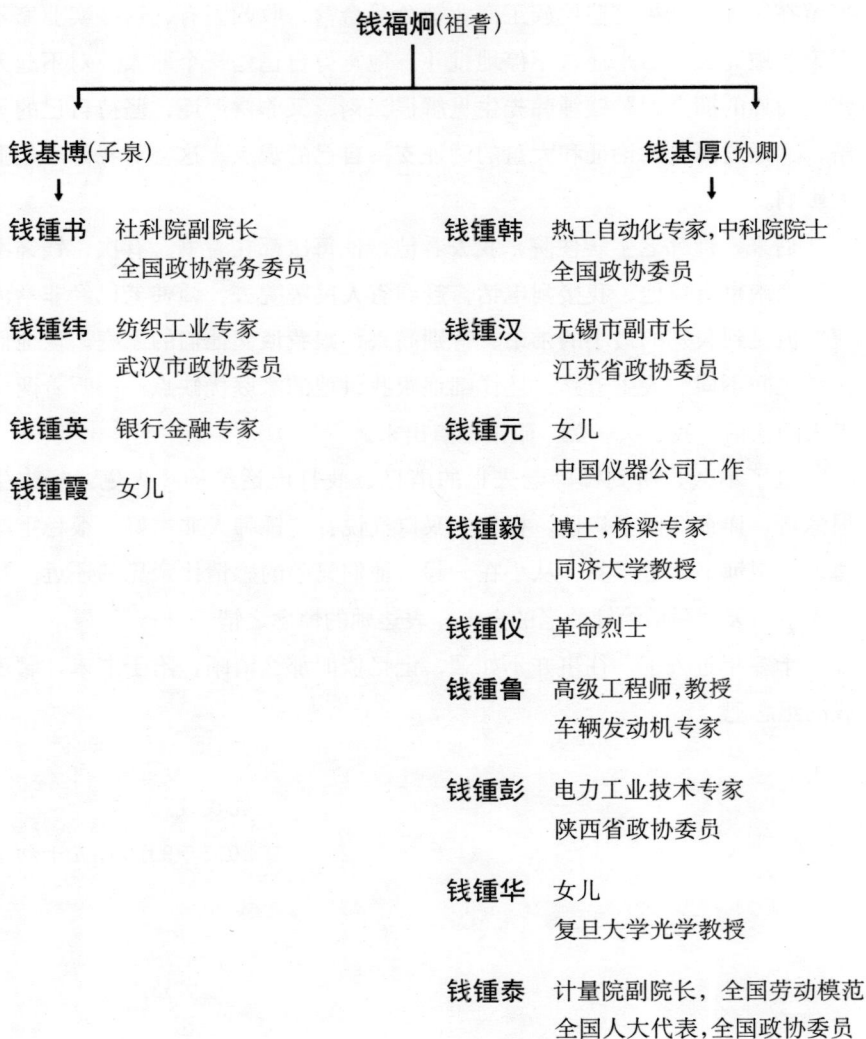

钱福炯(祖耆)

钱基博(子泉)

钱锺书　社科院副院长
　　　　全国政协常务委员

钱锺纬　纺织工业专家
　　　　武汉市政协委员

钱锺英　银行金融专家

钱锺霞　女儿

钱基厚(孙卿)

钱锺韩　热工自动化专家,中科院院士
　　　　全国政协委员

钱锺汉　无锡市副市长
　　　　江苏省政协委员

钱锺元　女儿
　　　　中国仪器公司工作

钱锺毅　博士,桥梁专家
　　　　同济大学教授

钱锺仪　革命烈士

钱锺鲁　高级工程师,教授
　　　　车辆发动机专家

钱锺彭　电力工业技术专家
　　　　陕西省政协委员

钱锺华　女儿
　　　　复旦大学光学教授

钱锺泰　计量院副院长，全国劳动模范
　　　　全国人大代表,全国政协委员

主要参考文献

[1] 杨绛.记钱锺书与《围城》[M].杨绛.杨绛作品集.北京：中国社会科学出版社，1993.

[2] 杨绛.我们仨[M].北京：生活·读书·新知三联书店，2004.

[3] 田蕙兰，马光裕，陈珂玉.钱钟书杨绛研究资料集 [M].武汉:华中师范大学出版社，1990.

[4] 吴忠匡.吾师钱基博先生传略[J].中国文化，1991（1）:190—198.

[5] 吴忠匡.记钱锺书先生[J].中国文化，1989（1）:195—199.

[6] 钱孙卿.孙庵晚年文存[M].香港：香港凸版印刷公司，1971.

[7] 钱基博.钱基博自传[J].江苏研究，1935，1（8）:31—45.

[8] 钱基博.自我检讨书[J].天涯，2003（1）:65—78.

[9] 陈其昌.钱基博先生传略[M].中国人民政治协商会议江苏省无锡市委员会文史资料研究委员会.无锡文史资料第九辑.中国人民政治协商会议江苏者无锡市委员会文史资料研究委员会，1984.

[10] 钱锺书.石语[M].北京：生活·读书·新知三联出版社，2001.

[11] 钱锺韩.钱锺韩教授文集[M].南京：东南大学出版社，1994.

[12] 钱锺汉.无锡光复志括遗[M].中国人民政治协商会议江苏省无锡市委员会文史资料研究委员会.无锡文史资料第三辑.中国人民政治协商会议江苏者无锡市委员会文史资料研究委员会，1981.

[13] 钱锺汉.回忆解放前的苏北之行[M].中国人民政治协商会议江苏省无锡市委员会文史资料研究委员会.无锡文史资料第四辑.中国人民政治协商会议江苏省无锡市委员会文史资料研究委员会，1982.

[14] 李伟.耿介刚直一老人——记钱孙卿[J].民国春秋，1994（1）:41.

[15] 无锡市政协文史委.钱孙卿与无锡商会[M].中国人民政治协商会议江苏省无锡市委员会文史资料研究委员会.无锡文史资料第二十二辑.中国人民政治协商会议江

苏省无锡市委员会文史资料研究委员会，1990.

[16] 陈韧军.我党团结无锡工商界护厂商的经过[M].中共无锡市委党史工作委员会，无锡市档案局.无锡革命史料选辑，第十三辑.

[17] 汪春.雄踞地方三十年——浅析民国时期无锡绅界领袖钱孙卿[J].江南大学学报（人文社会科学版），2010，9（5）：55—60.

[18] 刘桂秋.无锡时期的钱基博与钱锺书[M].上海：上海社会科学院出版社，2004.

[19] 傅宏星.钱基博学术与人生[M].武汉：华中师范大学出版社，2002.

[20] 群忠.慷慨赠书图书馆的大学者钱基博[J].图书馆界，2000（3）：59.

[21] 姜德明.油印小册——钱基博藏品说明书[J].书屋，1995（1）：69—70.

[22] 钱之俊.历史旋涡中的钱基博[J].同舟共进，2013（3）：85—88.

[23] 贵州省遵义地区地方志编纂委员会。浙江大学在遵义[M].杭州：浙江大学出版社，1990.